미군정기 억압기구연구

안 진 지음

미군정기 억압기구연구

초 판 1쇄 인쇄 1996년 03월 20일
초 판 2쇄 발행 2012년 5월 31일

지은이 안 진
편 집 김 영 권
발행인 이 미 숙
디자인 EG 디자인
인 쇄 예일정판
제 본 대명제책
발행처 **새길** 아카데미
주 소 서울특별시 마포구 서강로 11-24
주문처 02-325-5534 FAX 02-324-6799
ISBN 978-89-97759-33-0(93340)

미군정기 억압기구 연구

안 진 지음

아카데미

■ 책을 내면서

이 책은 필자의 학위 논문 「미군정기 국가 기구 형성 과정에 관한 연구」(1990) 와 그 이후에 쓴 글들을 모은 것이다. 학위 논문을 제출할 당시에는 미국 국립문서기록처를 샅샅이 뒤져 이 주제와 관련된 자료들을 더 발굴하고 분석 틀도 더 정교화시킨 연후에 한 권의 책으로 출판해야겠다고 생각했었다. 그러나 여러 가지 사정으로 인하여 원래 계획했던 바대로 연구를 진척시키지 못했고 출판이 늦어지게 되었다. 애초의 소망대로 연구를 심화시키지는 못했지만, 최근 민족문제 연구소(전 반민족 문제 연구소) 와 역사학 연구소에서 한국 근현대사의 올바른 인식의 대중화를 위해 추진하고 있는 프로그램에 참여하여 미군정기에 활동했던 몇몇 인물들을 연구하게 되었고 이 책으로 결실을 보게 되었다.

제한된 연구 시간 속에서 의미 있는 연구 주제의 선택에 대한 갈등을 겪어야 하는 모든 연구자들과 마찬가지로 필자 또한 어려움을 겪었음에도 불구하고, 인물 연구라는 작업이 제도의 연구 못지않이 중요하다는 것을 깨닫게 되었는데 그것이 인물 연구를 학위 논문의 출판에 포함시킨 한 이유일 것이다.

필자가 미군정기 억압 기구에 대해 관심을 갖게 된 내력은 간단히 설명하기가 쉽지 않다. 강단 학계의 학문적 분업에 의해 석사 과정에서 범죄학과 사회 통제를 전공했던 필자는 석사 논문에서 다루었던 비판 범죄학의 문제의식으로 인해 제도화된 폭력에 의한 범죄, 국가 기구에 의한 사회 통제와 지배의 문제로 시야를 넓히게 되었고 정치사회학적인 통찰력이 일탈과 범죄학을 전공하는 사회학도에게 필수적인 소양이라고 생각하게 되었다. 이러한 문제의식 속에서 연구 주제의 선택으로 고심하다가 결국 억압적인 국가 기구의 형성과 그것의 정치사회학적 배경의 연구에 정착하게 된 것이다. 따라서 필자가 사회학도로서 한국 현대사 연구에 입문하게 된 것은 어찌 보면 우회적인 경로를 밟아 온 셈이 될 것이며 의도치 않은 행로였던 것이 사실이다. 그렇지만 이러한 의도치 않았던 행로가 필자를 전통적인 사회학적 연구가 주기 쉬운 권태감으로부터 해방시켜 주었고 사회학적인 분석에 역사적인 통찰력을 가질 수 있게 해주었기 때문에 퍽 다행스러운 일이었다.

해방 후 일제 잔재 청산과 통일 민족 국가 수립이라는 한국 사회의 역사적 과제가 해결되지 못한 것이 한국 사회의 제모순 구조의 시원이다. 또 한국 사회의 사회 통제의 기본 골격은 통제 기구의 측면에서나 통제 이데올로기의 측면에서 해방 이후 미군정기에 형성되었다. 일탈 사회학의 기존 연구들은 새로운 이론들의 등장에도 불구하고 사회 통제의 구체적 내용이나 역사적 실재를 본격적으로 다루지 못했는데, 여기에는 반공 이데올로기의 영향 등 사회 통제 연구에 대한 통제가 심했다는 것이 한 요인일 것이다.

1980년대 중반 이후 현대사 연구의 축적에도 불구하고 역사학과 정치학 분야의 기존 연구들 또한 민족운동에 초점을 두고 있거나 미국의 대한 정책, 국내 정치 세력들 간의 갈등의 연구에 집중되어 있으며 미군정의 '지배'라는 측면을 소홀히 다루는 편이다. 한국 사회의 모순 구조의 시원을 총체적으로 규명하기 위해서는 '미군정의 지배'에 대한 연구가 더 축적되어야 할 것이며 필자의 연구서는 그 연구의 출발점으로서 의의를 가질 수 있으리라고 본다. 그러나 필자의 문제의식과 뜨거운 가슴에 비해 냉철한 분석력이 미흡하다는 느낌을 떨칠 수 없다. 앞으로 좀 더 안정된 연구 여건 속에서 이 주제에 대한 연구를 더욱 발전시킬 수 있기를 스스로에게 기대한다.

맨 처음 범죄로서의 반민족 행위 혹은 친일 행위에 대한 연구를 시작할 때만 하더라도 미군정 억압 기구에 대한 경험적, 역사적 연구가 가능할 것인지 회의적이었다. 친일파에 대한 본격적인 연구는 극히 최근의 일로 당시만 하더라도 고인이 되신 임종국 선생의 연구를 제외하고는 기존 연구와 출판된 자료가 거의 없었기 때문이다. 필자가 연구 주제를 정할 무렵 김남식, 이정식, 한홍구 씨 등이 『한국 현대사 자료 총서』(제1권-제15권, 1987)를 편찬한 것은 필자에게 퍽 행운이었다. 이 자료집 덕택으로 연구에 착수할 수 있었기 때문이다. 그 밖에도 이 연구는 미국 측의 공식 자료인 주한 미군 사령부의 『정보 보고서』(제1권-제15권, 1986)와 『주한 미군사』(제1권-제4권, 1988), 한림대 아세아 문화 연구소가 간행한 『자료 총서』(제2권-제4권, 1989)에 실린 자료들에 힘입은 바가 크다. 엄청난 인내심을 요구하는 자료의 발굴과 편찬을 위해 애쓰신 분들께 연구자로서 이 자리를 빌어 진심으로 감사의 말씀을 올린다. 최근에 출판된 정용욱(편), 『해방 직후 정치 사회사 자료집』(제1권-제12권)의 자료들은 미국 국립문서처의 자료들을 샅샅이 뒤져야 한다는 필자의 무거운 의무감을 다소 벗을 수 있게 해주었다. 이후의 연구에서는 이 자료집이 많은 도움을 줄 수 있을 것이라고 생각한다.

자료집의 편찬과 함께 빠뜨릴 수 없는 것은 현대사 분야를 연구하는 소장 학자들의 도움이다. 1980년대 중반 사회 과학계에 한국 현대사에 대한 연구가 본격적으로 시작될 무렵 서울에서 함께 공부했던 동료, 선후배들의 새로운 문제 제기 방법과 지적 통찰력은 이 연구의 지적 토양을 마련해 주었다. 이 때의 작업들은 『해방 전후사의 인식』(제1권-제6권)으로 이미 결실을 맺었다.

무엇보다도 분석들을 객관화시키고 학위 논문의 세세한 내용까지 지도해주신 신용하 선생님과 심사 위원으로서 많은 조언을 해주신 김진균 선생님, 한완상 선생님, 한상진 선생님, 강정구 선생님께 충심으로 감사를 드린다. 대학 시절부터 많은 가르침을 주셨고 비판 범죄학적 문제 제기로 필자의 시야를 넓혀 주시고 이 주제에 대한 연구의 계기를 만들어 주셨던 심영희 선생님께도 깊은 감사를 드린다. 또 몇 해 동안 일탈과 통제 분야를 비롯하여 전공 강의를 계속할 수 있게 해주셨던 전남대 사회학과의 교수님들께도 감사드린다.

이 작은 결실을 맺을 수 있도록 오랫동안 어린 선우의 엄마 노릇을 대신해 주신 어머니, 생생한 현대사 얘기를 들려주신 아버지와 구술 자료 수집에 도움을 주신 많은 증언자들, 불안정한 연구 여건 속에서 정서적 긴장을 이겨낼 수 있도록 건강을 보살펴주신 오라버니들께도 감사의 말씀을 빠뜨릴 수 없다. 필자와 같은 학문의 길을 함께 하면서 일상 생활의 번잡함 속에서도 집중력을 요하는 글쓰기 작업을 중단하지 않게끔 항상 가까이서 격려해준 벗 박연성, 좌절을 딛고 일어설 수 있도록 멀리서 격려해준 하와이 대학의 옥선, 그리고 용미에게도 고마움을 전한다. 학자로서의 삶을 이해해주는 친구이자 남편인 진에게도 고마움을 표하고 싶다.

끝으로 사회 과학 출판계의 불황 속에서도 선뜻 출판을 맡아주신 새길출판사의 고훈석 사장님과 여러분들께 감사드린다. 아직도 출발 단계를 벗어나지 못한 한국 현대사 연구 분야에 대한 경험적, 역사적 연구가 축적되어 사회 과학도들이 1차 자료들과 씨름해야 하는 지리함에서 해방되어 이론적 재구성에 몰두할 수 있도록 이 연구서가 작은 도움이라도 되었으면 하는 바램이다. 이 분야의 연구자들께 자료의 사용과 해석에 대한 비판과 새로운 자료 발굴, 이론적 재구성에 관한 조언을 기대한다.

1995년 무더운 여름

광주에서

□ 차　례 □

□ 표 목 차 □

제1장 서 론

제1절 연구의 범위

현대 한국 사회의 기본 성격은 해방 직후에 틀 지워진 측면이 강하다. 그럼에도 불구하고 최근에 이르기까지 한국 현대사, 특히 해방 직후사는 사회 과학자들의 본격적인 연구 대상이 되지 못했으며, 간혹 그것이 다루어진 경우에도 학문 외적인 제약과 이론적 관점의 취약성 때문에 피상적인 관찰로 끝나는 경우가 대부분이었다. 따라서 최근에 사회 과학자들이 한국 현대사에 대해 관심을 집중시키는 것은 때늦은 감이 없지 않지만, 그 의의는 작지 않다.

지금까지 '사회 과학'의 영역 안에서 이루어진 해방 직후사에 관한 논의들은 대부분 국내의 여러 정치 세력들 간의 이합집산을 기술하는 수준에 머물렀으며, 또한 설사 2차 세계대전 이후의 국제 정치적 맥락을 고려하더라도 그 대부분은 국제적인 '변수'와 국내적인 '변수'를 매개 없이 기계적으로 결합시키는 성향이 강하였다. 그러나 최근에 들어 해방 직후의 사회 변동에 관하여 본격적으로 과학적인 접근이 시작되어 일정한 연구 성과를 내놓고 있다. 특히 이 시기에 주요한 연구 과제인 농지개혁, 귀속 재산 불하 과정, 사회 운동 등에 관한 몇몇 본격적인 연구들은 과거의 제한된 인식 틀을 넘어 국내의 사회 갈등과 외세의 규정력을 접목시키려는 노력을 보이고 있다는 점에서 주목할 만하다.[1]

이 연구는 이러한 연구 성과에 주목하면서, 해방 직후의 한국 현대사가 주로 미국이라는 외세에 의해 규정당한 측면이 압도적이라는 관점에서 시작한다. 그렇다고 해서 해방 후 한국 사회의 변동이 외부로부터 부과된 힘에 의해 일방적으로 조형되었다고 보는 것은 아니다. 어떤 사회이든지 그 발전 과정은 내재적인 모순과 외적 규정력의 상호 작용으로 나타난다. 내적 모순의 자기 전개와 외부의 힘 사이의 대립 구조를 파악하는 것이 한국 현대사를 이해하는 데 있어서는 무엇보다도 중요한 점이다. 이 때 초점이 되는 것은 내적 모순과 외부 규정력 사이의 매개 고리일 것이다.

미군정은 그러한 내적 모순과 외적 규정력 사이의 매개 고리의 위치에 있다. 1945년 2차 세계대전의 승전국인 미국은 한반도의 38도선 이남 지역을 군사적 점령 지역으로 선포하고 군정을 성립시켜 한국 사회의 재편을 도모했다. 그 후에 전개된 한국 사회의 기본 골격은 미군정에 의해 구조화된 측면이 크다고 볼 수 있다. 따라서 미군정의 구조와 역할에 대한 과학적 분석이 이루어지지 않고서는 해방 후 한국 사회를 올바로 이해하기가 힘들 것이다.

이 연구의 기본 목표는 미군정이 국가 기구를 어떻게 형성시켰는가를 파악

1) 이러한 관점에서의 대표적인 연구는 다음과 같다. 농지 개혁에 관한 본격적 연구인 Kang, Jeong-Koo, *Rethinking South Korean Land Reform : Focusing on U.S. Occupation as a Struggle against History* (Univ. of Wisconsin–Madison, 1987) ; 강정구, 『좌절된 사회 혁명 : 미군정 하의 남한, 필리핀과 북한 연구』(열음사, 1989) 에서는 해방 후 남한의 경제 재편에서 핵심적 과제였던 농지 개혁이 제한된 방식으로 이루어진 것은, 일제하에 뿌리를 둔 농민의 투쟁 역량이 미군정의 반혁명 전략에 의해 와해되어간 과정의 산물이라고 보았다. 미군정의 귀속 재산 처리와 그 관리에 관한 실증적 연구로는 김기원, 「미군정기 귀속 재산에 관한 연구」(서울대 경제학과 박사 학위 논문, 1989) 가 있다. 정해구, 「10월 인민 항쟁 연구」(열음사, 1988) 는 국내의 지방사에 관한 사료들을 발굴하여 10월 인민 항쟁을 체계적으로 고찰한 것으로 해방 정국의 사회 갈등을 좌우익의 대립으로 보았던 기존의 관점을 극복하고 10월 인민 항쟁을 미군정 및 구식민지 지배 계급에 대한 민족 자주 세력의 투쟁으로 보고 있다. 최장집, 「한국의 초기 국가 형성의 성격과 구조」, 『산업 사회 연구』, 제2집 (한울, 1987) 은 미군정 초기를 점령 국가 권력과 자생적 권력 기구가 병존하고 있는 이중 권력기로 보는 관점을 제시하고 있다. 그 밖에도 외국 학자의 연구로 B. Cumings, *The Origins of the Korean War* (New Jersey : Princeton Univ. Press, 1981) ; 김자동 옮김, 『한국전쟁의 기원』(일월서각, 1986) 이 주목할 만하다.

하려는 것이다. 미군정은 일제 식민지 통치 기구를 자신의 점령 목적에 따라 재편하였는데, 이 논문은 미군정이 재편한 억압적인 국가 기구를 경험적·실증적으로 분석하는 데 일차적인 목적을 두고 있다.

국가 형성에 대한 기존 연구들은 선진 자본주의 사회를 대상으로 하든, 아니면 주변 자본주의 사회를 대상으로 하든 간에 대부분 사회 정치 세력 혹은 사회 계급들의 갈등에 대한 연구들이며, 상대적으로 제도로서의 국가 기구 자체에 대한 경험적, 실증적 연구는 많지 않다.[2] 이 연구는 제도적 실체로서의 국가 기구의 재편 과정을 국가 기구의 조직 원리, 인적 충원 등에 초점을 맞추어 경험적, 실증적으로 분석하려는 시도이다. 구체적으로 이 연구는 미군정의 점령 정책들을 배경으로 하여 미군정의 행정 관료제(제4장), 경찰(제5장), 군(제6장), 사법 체제(제7장) 등의 국가 기구들의 재편 과정을 각 기구들의 조직 원리, 인적 충원 등을 중심으로 분석하고자 한다.

국가 기구는 대체로 억압적 국가 기구와 이데올로기적 국가 기구로 구분된다.[3] 이 책에서는 억압적 국가 기구에 초점을 맞추어 미군정기 국가 기구의 형성 과정을 분석한다. 미군정 국가 기구에 대한 총체적 분석을 위해서는 억압적 국가 기구뿐만 아니라 이데올로기적 국가 기구들도 분석되어야 할 것이다. 미군정 전기간을 통해 미군정의 권력은 헤게모니를 수립하지 못한 상태에서 주로 억압 기구들에 의해 지배를 관철시켰지만 이데올로기적 통제 또한 중요하다. 그러나 이데올로기 정책과 이데올로기적 국가 기구에 대한 연구는 방

---

2) 국내의 연구 결과들을 살펴보면 국가 기구의 형성 과정에 대한 실증적인 분석은 거의 없는 실정이다. 국가 기구의 개별 분야, 예컨대 군대의 창설 과정에 관한 연구로 한용원, 「한국군의 창설 과정과 미군의 역할」(고대 정외과 박사 학위 논문, 1982)과 허장, 「초기 군사 제도와 군부의 구조 형성」, 『한국 현대사 I』(열음사, 1985)이 있고, 경찰 기구의 형성 과정에 관한 연구로 안진, 「미군정 경찰의 형성 과정에 관한 일 고찰」, 한국 사회사 연구회 편, 『해방 직후의 민족문제와 사회 운동』(문학과 지성사, 1988)과 류상영, 「초창기 한국 경찰의 성장 과정과 그 성격에 관한 연구: 1945-1950」(연대 정치학과 석사 논문, 1988)이 있는 정도이다.

3) 상세한 논의는 제2절에서 전개할 것이다. Althusser, L., *Lenin and Philosophy and Other Essays* (Monthly Review Press, 1971) 참조.

대한 작업을 요하는 별도의 연구 과제이므로 이 연구에서는 억압적 국가 기구에 분석의 범위를 한정하였다.[4]

분석의 범위는 시간적으로는 한국이 일제 식민지로부터 해방된 1945년 8월 15일부터 대한민국 정부가 수립된 1948년 8월 15일까지이며 공간적으로는 미국의 점령지인 남한으로 국한하였다.[5]

제2절 개념 정돈과 이론적 논의

1. 권력 기구, 국가, 국가 기구

해방 직후 한국과 같이 급격한 사회 변동의 시기를 대상으로 하여 분석하는 데에는 상대적으로 안정적인 사회를 분석하는 사회 과학 개념으로는 한계가 있다. 이 연구에서는 국가의 개념을 비롯한 여러 개념들을 동태적으로 적용하여 사용할 것이다.

국가는 기본적으로 권력 현상의 하나이다. 베버의 고전적인 정의에 의하면 권력이란 "사회 관계 속에서 한 행위자가 타인의 저항에도 불구하고 자신의 의지를 관철시킬 수 있는 가능성"[6]이다. 그러나 권력 현상이란 항상 일정한 사회적 관계 속에서의 행위자의 문제가 아니라 사회 관계 그 자체의 문제로

---

4) 단독 정부 수립 이후의 국가 기구의 형성이 이 시기에 이루어졌다는 점을 고려하면 미군정기의 교육 정책이나 언론 정책 등으로 나타나는 이데올로기적 국가 기구들의 형성 과정은 특히 중요성을 갖는다. 지금까지 미군정의 교육 정책에 관해서는 다소간 연구가 진척되어 있다. 이광호, 「미군정의 교육정책」, 『해방 전후사의 인식 2』(한길사, 1985); 강순원, 「민립대학 설립 운동과 국대안 반대 운동」, 강순원·이규환, 『자본주의 사회의 교육』(창작과 비평사, 1984) 참조.

5) 미군의 남한 점령 시기는 1945년 9월 8일부터 남조선 미주둔군이 철수한 49년 6월까지라고 볼 수 있지만 이 논문에서는 국가의 일 형태로서 미군정을 분석의 대상으로 하고 있기 때문에 미군정이 남한 총선거 후 토착 지배 세력에게 형식적으로 주권을 이양한 1948년 8월 15일 단정 수립 시기까지로 분석의 범위를 제한하였다.

6) Weber, M., *Economy and Society, 1* (Bedminster Press, 1968), p. 53.

발현된다. 다시 말해 권력은 개인적 수준에서 지배를 행사할 수 있는 능력일 뿐 아니라, 집단적 수준에서 특정한 집단이 사회 관계를 변화시킬 수 있는 역량을 의미한다.

이러한 권력을 행사하는 기관을 권력 기구라고 한다. 한 사회에서 권력 기구는 그 행사의 범위가 전국적일 수도 있고 지역적일 수도 있다. 또 그것은 사회의 특정한 부문에서 발현될 수도 있고 하나의 통일체로서 사회의 전 영역에서 지배력을 행사할 수도 있다. 또한 그것은 일시적일 수도 있고 상대적으로 안정되어 제도화된 것일 수도 있다. 국가 기구는 전국적인 범위에서, 사회의 모든 영역에서 공적인 권위로서 상대적으로 안정적인 지배를 행사하는 제도화된 권력 기구라고 볼 수 있다. 국가 기구 외에도 여러 유형의 권력 기구가 존재할 수 있다. 지방 권력 기구도 있을 수 있고 일시적인 권력 기구도 있을 수 있으며 부문 권력 기구도 있을 수 있다.

사회 변동, 특히 급격한 사회 변동의 과정에서 사회 운동 세력의 결집체로서 나타나는 권력 기구를 이 연구에서는 '자생적 권력 기구'라고 개념화한다. 이것은 문자 그대로 내재적 사회 발전의 과정에서 자생적으로 생성되는 특징을 가지고 있다. 자생적 권력 기구는 대체로 다음과 같은 몇가지 특징을 갖는다. 첫째로 그것은 사회 운동 과정의 산물이며 출현 과정에서 일시적 성격을 갖는다. 그것은 상대적으로 안정적인 권력 기구를 지향하는 데 존재이유가 있다. 둘째로 그것은 지역적 수준에서 출현하는 것이 보통이다. 그것이 기본적으로 민중의 사회 운동을 매개로 생성되는 것이기 때문에 설사 전국적 수준의 권력 기구가 하향적으로 조직된다 하더라도 지역적 수준에서 권력을 장악하지 못하면 취약할 수밖에 없다.

맑스주의 이론에서는 국가를 기본적으로 경제적 토대 위에 서 있는 상부 구조로 개념화한다. "생산 관계의 총체는 사회의 경제적 구조로서 사회의 실제적 토대를 형성하며, 이 위에 하나의 법적 또는 정치적 상부 구조가 세워지고, 또 이 토대에 일정한 사회적 의식 형태가 조응한다." 그리고 국가는 화해 불가능한 계급 적대의 산물이고 사회의 상부에 위치하면서 사회로부터 스스로를 점점 소외시키고 있는 권력이라고 본다.

이러한 정의에서 대체로 전제되는 가정은 정치적 구조 및 정치투쟁은 사회경제적 세력의 관계나 계급투쟁으로 대치될 수 있다는 것이다. 국가는 단지 사회 및 경제적 이해 관계를 둘러싼 갈등이 일어나고 전개되는 계급투쟁의 場으로 간주되는 것이다. 단지 계급투쟁의 場에 불과한 국가가 중요성을 가지는 이유는 국가가 강제력을 독점적으로 가진다는 점과 공공선에 호소하는 구호를 사용할 수 있다는 데 있다. 이렇게 국가를 개념화하면 국가 기구 그 자체를 분석하는 것의 의미가 최소화된다.

국가가 한 사회의 경제적 토대 위에 선 상부 구조로서 그 사회의 계급 관계를 반영하며, 따라서 그것은 계급투쟁의 場이라고 하는 맑스주의의 명제는 거시적인 차원에서의 논의이거나 한 사회가 상대적으로 안정적으로 재생산되고 있다는 전제 위에서는 구조적 시각을 제공하는 유용한 관점이라고 할 수 있다. 그러나 사회구성체의 이행기나 또는 그와 비슷한 격심한 사회 변동의 시기에 있어서는 이 개념이 포괄하고 있는 구성 요소들의 작용은 대단히 역동적일 수밖에 없을 것이다. 따라서 우리는 구체적인 상황 변화에 직면해서는 국가 기구의 개념을 다소 조작적으로 정의해서 사용할 필요가 있다.

맑스주의 내에서 도구주의와 구조주의의 논쟁은 국가를 분석의 중심 문제로 제기하면서 국가 개념을 구체화하는 데 다소 기여하였다.

도구주의 이론의 대표자인 밀리반드는 맑스가 국가를 '부르주아지의 집행위원회'라고 한 것을 중요시하여 지배 계급이 마음대로 국가를 조작한다는 관점을 받아들이고 있다. 그리하여 그는 국가 내에서 지배 계급(자본가 계급)의 결정적인 우위성을 인정하고 있으며 특히 경제적 위기에 지도적 자본가들이 국가 개입의 필요성을 개진함으로써 결과적으로 하나의 계급으로서 자본가들은 이익을 얻게 된다고 주장한다. 또한 그는 국가가 지배 계급의 수단인 것은 국가 기구를 구성하는 관료들의 인적 충원에서 잘 나타난다고 주장한다.[7]

이에 비해 알뛰세, 풀란짜스와 같은 구조주의자들은 자본가와 국가간의 직

---

7) Miliband, R., *The State in the Capitalist Society* (Basic Books, 1973) 참조.

접적인 관계보다는 객관적 관계, 즉 국가의 기능과 자본가 계급의 이해가 일치하는 사회구성체인 자본주의 체제 자체의 논리가 보다 근본적인 것이라고 본다. 자본가 계급은 국가에 직접적으로 참여하지 않고도 국가의 활동을 통해 자신의 이해가 관철된다고 하는 것이다. 여기서 국가의 상대적 자율성의 개념이 도출된다. 국가는 기본적으로 사회구성체를 통합하는 요소이며, 체제의 생산과 재생산의 요소이기 때문에 사회의 계급들, 특히 지배 계급의 직접적 영향력으로부터 자율적이라는 것이다.[8)]

국가론에서 구조주의자들의 중요한 기여는 국가 기구의 개념을 세련화시켰다고 하는 점이다. 이들에 의하면 국가 기구에는 억압적 국가 기구와 이데올로기적 국가 기구가 있다. 이들은 억압적 국가 기구에는 행정 관료 기구, 의회, 군대, 경찰, 사법부, 감옥, 정보 기구 등 강제적 지배를 수행하는 기구를 포함시키고, 이데올로기적 국가 기구에는 정당, 종교 기관, 노동조합, 학교, 보도 매체, 가족 등 동의를 얻어내는 기구들을 포함시켜 국가의 지배를 파악한다. 이러한 개념화는 자본주의 발전에 따라 국가의 영향력이 전 사회 영역에 확산되어 가는 측면을 잘 설명해 주는 이점이 있는 한편, 국가의 기능에 따른 분류이기 때문에 사회와 분리되어 물리적 강제력을 독점하고 공적인 권위를 행사하는 제도적 실체로서의 국가 기구(억압적 국가 기구)와 여타의 사회 제도를 구분하지 못하는 약점이 있다.[9)]

이들의 논쟁이 맑스주의 내에서 이제까지 거의 논의되지 않던 국가를 연구의 중심 주제로 부각시킨 점이나 국가를 단순히 지배 계급에 의해 창조되거나 조작되는 것이 아니라고 확증한 것은 하나의 중요한 성과라 할 것이다. 그러나 이들 국가 이론들은 모든 자본주의 국가에 적용되는 지나친 일반 이론을 추구하였다. 구체적인 국가의 상황에 대한 구체적 분석을 위해서는, 사회 경제적 구조와 관련하여 국가 구조는 어떻게 상이해졌으며 국가 행동은 어떻게 발

---

8) Poulantzas, N., *Political Power and Social Classes* (NLB, 1973) 참조.

9) 앞에서 지적한 바와 같이 이 논문에서는 억압적 국가 기구만을 분석의 대상으로 삼았다. 국가 기구에 관한 상세한 논의는 Althusser, L., *Lenin and Philosophy and Other Essays* (Monthly Review Press, 1971) 참조.

전하는가 하는 문제라는 다른 차원의 작업이 필요하다.

스카치폴은 모든 자본주의 국가에 적용되는 일반 이론을 거부하고 각 국가의 상이한 조건에 주목하면서 사회와의 관계 속에서 하나의 독립 변수로서, 즉 자체의 역사와 발전 과정을 겪는 독립체로서, 사회를 만들어 나가는 행위자로서의 국가에 충분한 고려가 주어져야 한다고 주장한다. 그는 국가를 "특정 지역과 그 안에 사는 국민들에 대하여 강제력과 정치적 권위를 행사할 수 있고 그러한 강제력과 조세를 통하여 자원을 동원할 수 있는 조직이다"라고 정의하였다.[10] 스카치폴의 국가 개념에서 가장 중요한 것은 국가를 조직으로 본다는 점이다. 그는 우선 정부와 의회와 당의 체계 및 그 안에서의 각 부분의 상호작용을 포함하는 국가 구조와 조직적 능력을 국가의 개념 안에 포함시키고 있는 것이다. 그는 스스로 자신의 국가에 대한 시각을 '조직적' 그리고 '현실주의적'이라고 이름 붙이고, 국가를 단순히 추상적으로 표현된 생산 양식의 분석적 측면이나 구체적 계급 관계 및 계급투쟁의 정치적 측면으로 간주하기보다는 오히려 "영토와 국민을 통제하는 (혹은 통제를 시도하는) 실체적 조직"이라고 주장하는 것이다.[11]

국가를 하나의 실체적 조직으로 보는 이러한 스카치폴의 개념화는 그것이 구조적 관점을 견지할 수 있는 한 국가 기구를 분석하는 데 유용한 분석 도구로 사용할 수 있다고 생각된다. 이러한 개념에 입각할 때 우리는 제도적 실체로서의 국가의 조직적 능력, 인적 충원 과정 등을 분석의 대상으로 놓을 수 있는 것이다. 특히 우리가 다루는 미군정은 명백히 외부로부터의 강제적 권력이 남한 사회에 대립하고 있다는 점에서, 그리고 이때의 국가 기구가 제도적 실체로서 식민지 시기와 연속성을 가지며, 또 다음 시기에 연속되고 있다는 점에서 국가를 실체적 조직으로 분석할 필요성이 더욱 크다고 할 것이다.

---

10) Skocpol, T., "States and Social Politics", *Annual Review of Sociology*, 12 (1986), p. 131, 정진성, 「스카치폴의 비교 역사학적 연구」, 한국 사회사 연구회, 『서구 사회사 이론의 조류』 (문학과 지성사, 1987), p. 42에서 재인용.

11) Skocpol, T., *States and Social Revolutions* (Cambridge Univ. Press, 1979) ; 한창수·김현택 역, 『국가와 사회 혁명』 (까치, 1985), p. 45.

스카치폴의 국가에 대한 개념화가 가지고 있는 또 하나의 장점은 모든 사회에 적용되는 일반 이론을 구성하기보다는, 국가를 각 나라의 독특한 국가 형성의 역사, 즉 오랜 제도 형성 과정의 산물이라고 보고 있다는 점이다.[12] 또 그녀는 이 맥락에서 한 국가의 내재적 발전 과정뿐만 아니라 국제 정치적 맥락을 특히 중요시한다. 스카치폴은 국민 국가를 보다 "근본적으로는 국내 영토와 인구에 대한 통제력을 유지하고 국제 체계에서 타국과 사실상의 또는 잠재적 경쟁을 수행할 수 있는 조직"으로 간주한다.[13] 스카치폴에게 국가는 계급으로 분화된 사회 경제적 구조와 국제적 국가 체계라는 이중적 조건에 대처하는 야누스적 얼굴을 가진 것으로 보인다. 따라서 사회 변동의 과정을 이해하기 위해서는 사회 집단의 행동만을 고찰해서는 안되며, 한편으로는 국제적인 조건 및 압력과 다른 한편으로는 계급 구조와 정치적으로 조직된 이해 관계의 상호 교차에 주목해야 한다고 주장하는 것이다.[14]

이 논문에서는 구조적 차원에서 국가의 개념을 전제로 하고 제도적 실체로서의 국가 기구를 구체적으로 분석하기 위해서 스카치폴의 개념화를 수용하여 국가를 다음과 같이 개념화하고자 한다.

국가란 기본적으로 한 사회의 계급 구조를 반영하며, 그것은 일정한 영토 안에서 상대적으로 안정적이며 배타적으로 강제력을 독점하여 중앙 집중화된 권력을 행사하는 제도적인 실체로서 국제적 관계와 일정한 관련성 속에서 작용한다.

국가 기구는 국가 권력을 행사하는 기관이다. 따라서 위의 국가에 대한 정의에 의하면 국가 기구는 구조적 관계를 추상한 국가 그 자체이다. 따라서 국가를 분석의 대상으로 한다면 국가 기구의 분석이 핵심적인 과제가 된다.

---

12) 정진성, 앞의 논문, p. 49.

13) Skocpol, 앞의 책, p. 36.

14) 위의 책, p. 46.

2. 토착 국가, 식민지 권력, 점령 권력

해방 직후 미군정 국가 기구를 분석하기 위해서는 단순히 국가, 국가 기구의 개념화만으로는 부족하다. 위에서 규정한 국가의 개념은 기본적으로 토착 국가를 분석하기 위한 개념이다. 그러나 미군정은 자생적인 토착 국가가 아닌 외부로부터 이식된 권력 기구이다. 따라서 한 지역의 권력 기구의 몇 가지 하위 유형 구분이 필요하다. 제국주의 지배라는 세계사적 규정성 속에서 나타나는 권력 기구의 유형은 토착 국가, 식민지 권력, 점령 권력으로 나누어 볼 수 있다.

제국주의 지배하의 토착 국가는 기본적으로 그 국가의 성격이 국내의 계급 관계에 의해 규정된다. 물론 세계 자본주의 체제 속에서 제국주의는 규정력으로 작용한다. 그러나 이러한 제국주의 지배는 국내의 계급 관계를 매개로 한다는 점이 중요하다. 그러한 매개가 어떻게 되는가에 따라 토착 국가의 성격이 달라질 것이다.

식민지 권력은 제국주의 모국의 국가 기구의 확장 및 외연으로 나타난다. 일제하의 조선 총독부가 그 전형적인 사례이다. 일반적으로 제국주의 국가는 자신의 국가 기구를 식민지에 이식한다. 이 때 식민지 권력은 식민지에서 효율적인 경제적 착취를 일차적인 목표로 한다. 물론 이를 위해 식민지에서의 계급 관계와 기타 사회적 관계를 활용한다. 봉건적 토지 소유 관계나 신분제적 질서를 활용하기도 한다. 그러나 그것은 제국주의 국가의 기본적인 질서를 해치지 않거나 경제적 착취에 유용하게 이용될 수 있을 때에 그러하다. 따라서 식민지 사회의 사회 관계는 봉건적인 데 반하여 식민지 권력 기구는 가장 발전된 관료제적 구조를 가지는 경우가 많은 것이다.

점령 권력을 이해하기 위해서는 군사적 점령이라는 특수한 상황을 파악하는 것이 중요하다. 국제 관계상 영구 점령은 사실상 어렵기 때문에 점령 권력은 우선 일시성을 그 특징으로 한다. 점령 권력의 또 하나의 중요한 특징은 그것이 기본적으로 점령 시기가 끝난 다음의 시기를 겨냥한다는 점이다. 점령의 목적은 점령 지역에 점령 당국의 지배를 관철시키기 위한 것이다. 따라서 점령 권력은 점령 지역의 사회적 관계를 자신의 목적에 맞게 물리적으로 재편할 뿐 아니라, 자신의 지배를 정당화할 수 있는 이데올로기의 보편화를 시도한다. 이 때에 국가의 모습은 계급 관계의 구조화의 결과로서 나타나는 측면보다는 오히려 계급 관계의 재편성의 행위자로서의 측면이 강하게 나타난다.[15) 이 연구가 다루는 미군정은 전형적인 점령 권력의 하나이다.

3. 국가 형성의 이론

이 연구는 기본적으로 국가를 형성의 과정으로 파악한다. 한 사회의 국가는 그것이 아무리 기존의 사회 관계를 안정적으로 재생산하는 제도적 실체로 존재한다고 하더라도 그것은 상대적일 수밖에 없다. 한 사회에서 사회 갈등이 부단히 일어나고 있기 때문에, 국가는 끊임없이 사회 세력들의 힘 관계를 반영하는 것이다. 특히 급격한 변동의 시기에서는 국가 그 자체를 형성 과정으로 보지 않으면 안된다. 여기서는 사회의 대변동의 시기를 주로 다루는 국가 형성의 이론을 일별하고 해방 직후 시기의 한국의 국가 형성을 분석하는 데 몇 가지 시사점을 끌어내 보고자 한다.

1) 유럽의 국가 형성 이론

근대 국민 국가는 역사상 서구에서 처음으로 나타난 정치적 지배 질서이다. 서구의 국가 형성은 민족 형성과 동시에 진행된 것으로서 봉건제에서 자본주의로의 이행기에 일어났다. 서구에서의 근대화 과정은 자본주의화이면서 동시에 정치적 중앙 집권화의 과정이었다. 자본주의화와 동시에 진행된 서구의 국가 형성을 설명하는 데에는 몇 가지 서로 다른 견해가 있다.

우선 틸리는 중세 말기의 시장 경제의 형성과 도시·농촌 사이의 유대 강

15) 물론 점령 지역의 계급 관계와 사회 갈등이 점령 정책과 점령 권력에 중요한 영향을 미치기는 하지만, 그러한 것들은 점령 권력의 압도적 군사력에 의해 무력화되는 경우가 보통이다.

화로 전통적인 공동체 구조가 파괴되고, 이러한 사회 경제적 변동의 결과로 정치적 중앙 집권화가 나타난다고 보았다.[16] 그는 국가의 형성과 자본주의 사이에 상당한 기능적 관련성이 있다고 하면서 그것을 다음과 같이 세 가지로 요약하고 있다. 첫째로 자본주의 발전이 조세 수취를 용이하게 함으로써 이전의 분산된 사유권을 중앙 집권적으로 통제할 수 있는 가능성을 높인 점, 둘째로 자본주의가 발전함으로써 대지주와 국가 형성의 주도 세력 사이의 동맹에 도움을 준 점, 셋째로 자본주의적 사유 관계에 기초한 사적 소유권을 정교화시켰다는 점 등이 경제적 변동과 정치적 변동 사이의 상관관계의 핵심이라는 것이다.[17]

왈라슈타인은 틸리의 견해를 발전시켜 자본주의 발전과 국가 형성 사이의 인과 관계를 명확히 설정하고 있다. 그에 의하면 절대주의 국가는 발흥기의 자본주의가 만들어 낸 정치적 산물에 불과하다. 그의 세계 체체론에 의하면 중심부의 국가는 새로이 탄생한 경제 조직과 이 조직에 의존하는 새로운 지배계급을 보호하며, 농업에서 공업으로의 전화를 촉진시키고 새로운 시장을 개척하는 데 힘씀으로써 자본주의화에 기능적인 역할을 수행한다. 이와 반대로 주변부에서는 강력한 국가 구조가 없기 때문에 중심부의 지배 체제가 강요하는 단일 경작 체제가 재생산된다는 것이다.[18]

자본주의와 국가 형성 사이의 관계를 왈라슈타인이 기능론적 관점에서 보고 있다면 앤더슨은 발생론적 관점을 취하고 있다. 앤더슨은 발생기의 절대주의 국가를, 봉건 사회 말기의 위기와 시장경제의 발흥에 대한 봉건 사회의 자원 재분배의 결과로 파악한다.[19] 그는 낡은 방식의 사회적 분업에서 새로운 방식의 사회적 분업으로 이행할 때 부딪히는 어려움이 보다 큰 사회에서 국가가

---

16) Tilly, C., *The Formation of National States in Western Europe* (Princeton Univ. Press, 1975) 참조.

17) 위의 책, p. 71-71.

18) Wallerstein, I., *The Modern World System 1* (New York : Academic Press, 1974), p. 51, 193.

19) Anderson, P., *The Lineages of the Absolute States* (NLB, 1974) 참조.

발생할 가능성이 크다고 본다. 예컨대 가장 일찍이 세계 경제의 중심이 되었던 네덜란드는 그 경제 활동을 조정하기 위한 권위주의적 정치 구조를 필요로 하지 않았으며 영국 자본주의의 경우도 그 발전에도 불구하고 약한 국가 구조를 지속시켰다.

거센크론은 왈라슈타인과 정반대의 입장에 서서, 국가 형성의 유일한 하부 구조적 요인이 될 수 있었던 것은 바로 경제적 후진성이라고 주장한다.[20] 그는 원시적 축적 모델은 오로지 영국에서만 적용될 수 있으며, 경제 발전이 늦어지면 늦어질수록 그 사회적 대가를 크게 치른다고 주장한다. 그 이유는 후발 자본주의에서는 자본 축적과 경제 활동의 조정에 특수한 제도적 장치가 요구되기 때문이다. 그는 독일이나 러시아와 같이 단기간에 자본을 축적해야 하는 곳에서는 국가가 경제 발전의 대행체가 될 수밖에 없고 따라서 국가 권력이 강력해지기 쉽다고 주장한다.

국가 형성에 대한 발생론적 관점은 국가 권력의 성격이 국가의 형성 과정의 차이에 따라 상이하다는 점을 부각시켜 준다는 점에서 의의가 있다. 다만 거센크론의 논의는 자본주의 발전 과정의 애로, 혹은 경제적 후진성에만 연관시켜 국가의 형성을 논하고 있다는 데 문제가 있다. 국가의 형성을 역사 발생론적으로 파악하기 위해서는 보다 폭넓은 시각이 요구된다. 근대 국가의 형성이 결과적으로 봉건 체제의 해체의 방향으로 나아가는 것이라면 기존의 봉건제의 성격이 각 지역마다 어떻게 상이하게 나타나는가 하는 것이 관심의 초점이 될 것이다. 앤더슨에 의하면 봉건제가 전형적으로 성립된 곳에서 근대 국가 형성에 유리한 조건이 조성되었다. 봉건제 후기의 지배 계급이 이원화되어 있었기 때문에 한 부류의 지배 계급이 상대방 세력을 견제하기 위하여 국가에 자신의 권력의 일부를 양도함으로써 정치적 위기를 피해가려고 한 노력이 바로 절대주의 국가의 본질적인 성격이라고 앤더슨은 주장한다.[21] 브렌너는 도시

20) Gerschenkron, A., *Economic Backwardness in Historical Perspectives* (The Belknap Press, 1966) 참조.

21) Anderson, 앞의 책, p. 18-19.

의 성장과 농민 계급의 결속의 정도도 국가 형성에 중요한 요인으로 작용한다고 본다.[22] 농민 계급이 공동체적 전통을 가지고 지배 계급에 대항할 수 있는 여건이 조성되어 있었던 서구에서는 위기에 대응하여 지배 계급이 계급 권력만으로는 농민 계급을 폭력으로 누르기 어렵기 때문에 국가라는 지배 장치에 호소할 수밖에 없었다는 것이다.

서구의 국가 형성에 관한 논의는 이상과 같이 내재적인 발전의 과정에서의 여러 문제들, 특히 자본주의의 발전, 봉건제의 성격, 도시의 성장, 농민 공동체의 결속 등을 중심으로 하여 한편으로는 일반화를 추구하면서 다른 한편으로는 지역적 차이의 원인을 밝히는 방향으로 진전되어 왔다. 관심을 동구로 돌려보면 논의의 방향이 달라진다. 동구의 국가 형성 과정을 설명하는 논의들은 대체로 외재적 요인으로서 국제 정치 체계의 개념에서 시작한다.[23] 앤더슨에 의하면 동구형의 절대주의 국가는 서구의 절대주의의 국제적 압력으로 인해 동구의 귀족이 중앙 집권적 국가 기구를 채택하여 국제 사회에서 생존하려한 결과였다. 만약 중앙 집권적 국가 기구를 채택하지 않으면 보다 강력한 절대주의 국가의 군사력이 결국에는 봉건적 경쟁 수단인 전쟁을 통해 복속시켜버릴 것이기 때문이다.[24] 또한 동구의 절대주의 국가는 서구와는 달리 지배 계급이 농민을 억압하는 수단의 성격을 띤 것이었기 때문에 국가 관료 계급을 끌어들이는 방식이 또한 매우 달랐다. 서구의 경우와는 달리 동구에서는 봉건 귀족과 관료가 처음부터 유기적으로 융합될 수 있는 가능성이 매우 높았던 것이다.

이상과 같은 유럽의 국가 형성에 대한 역사적 이론적 분석을 통해서 알 수 있는 것은, 국가 형성의 문제는 모든 사회에 적용되는 일반 이론으로 설명되기가 힘들다고 하는 점이다. 그것은 역사 이론이 되지 않으면 안된다. 어떤 나

22) Brenner, R., "Agrarian Class Structure and Economic Development in Pre-industrial Europe", *Past and Present*, 14/70 (1976), pp. 30-75.

23) Wallerstein, 앞의 책 ; Anderson, 앞의 책 참조.

24) Anderson, 앞의 책, p. 198.

라의 국가 형성 문제를 다루고자 할 때에는 항상 그 나라의 역사적 과정을 면밀히 검토해야 하는 것이다. 또한 서구의 선진 자본주의를 제외한 다른 지역의 국가 형성 과정은 그 지역의 내재적 발전의 과정뿐만 아니라 외적인 요인을 분석해야 한다는 점이다. 근대적 국가 형성이 시작된 시기가 자본주의의 형성과 발전의 시기와 맞물려 있고, 자본주의는 그 본질상 한편으로는 좁은 봉건적 공동체를 해체하고 국내 시장을 형성시켜 국민 국가를 형성하는 추진력을 가짐과 동시에, 다른 한편으로는 자본 축적의 무제한성으로 인해 제국주의로 귀결되기 쉽고 이는 필연적으로 세계의 전지역으로 확산되어 나갈 수밖에 없다는 점에서 다른 지역에 직접적인 영향을 미치기 때문이다.

2) 제3세계의 국가 형성

서구 선진 자본주의 사회에서는 정치사회학의 고전 이론가들이 가정한 바와 같이 시민 사회에서의 계급 분화에 의해 그것의 상부 구조로서 국가가 성립되었으며, 국가 기구의 형성 또한 내재적이고 점진적인 과정을 거쳐 이루어졌다. 이에 비해 식민지 경험을 가진 주변 자본주의 사회의 국가 형성은 중심부 국가의 개입에 의해 구조적으로 조건 지워진다. 제국주의의 규정력은 주변부 사회의 국가 구조 뿐 아니라 국가 형성 주도 세력을 육성하고 결집시킨다.

오도넬의 연구[25]는 제3세계 주변 자본주의 사회에서 자본주의 발전과 계급 형성은 식민지 시기 이전이나 이후나 할 것 없이 국가 기구의 역할과 불가분의 관계에 있다는 기본 전제에서 국가 기구의 역사적 형성 과정에 대한 연구를 강조하였다. 오도넬에 의하면 주변 자본주의 사회에서 국가는 고전 이론들의 가정과 달리 시민 사회의 반영물로서 형성되는 것이 아니며 오히려 국가가 사회의 기본적인 특징과 계급들을 형성하게 된다.[26] 그러므로 주변 자본주의

25) G. O'Donnell, "Comparative historical formations of the state apparatus and socio-economic change in the Third World", *International Social Science Journal*, vol. 32, no. 4 (1980).

26) O'Donnell, 앞의 글, pp. 253-254.

사회에서 지배 계급은 국가 기구의 산물이라는 측면이 강하며 주변부 사회의 국가 기구는 중심 자본주의 국가나 사회주의 국가들보다 사회 변동에서 독자적인 행위자로서 훨씬 중요한 역할을 수행한다는 것이다.

또, 오도넬에 따르면 제3세계 사회의 국가 기구 형성의 상이한 유형들을 고찰하는데 있어 핵심적인 준거점은 특정 국가가 세계 체제의 역사적 발전 단계의 어떤 시점에서 형성되었는가 하는 점이다. 즉, 그 사회가 탈식민지화되는 시점이 세계 자본주의의 어떤 단계에 속하는가 하는 점이 국가 기구의 형성의 구조적 요인이 되는 것이다. 이러한 기준을 중심으로 해서 살펴보면 제3세계 국가의 유형은 19세기 경쟁 자본주의의 급속한 팽창 단계에서 수립된 남미의 국가 유형들과 20세기에 들어서 독점 단계의 세계 자본주의에 의해 국가가 형성된 아시아·아프리카의 국가 유형들의 두 가지로 구분된다. 전자의 유형은 국가 기구가 제도화된 강제력을 확보하는 데 수십 년이 소모되는 데 반해, 후자의 경우에는 제국주의 독점 자본이 개입하거나 혹은 사회주의 체제의 후원 가능성 하에 단기간에 국가 기구가 수립된다.

그 밖에도 제3세계 국가 형성의 유형을 결정하는데 작용하는 요소들[27]은 첫째, 그 사회의 식민지 모국이 자본주의 국가인가 아닌가 하는 점, 둘째 식민지 통치 기구와 연속성을 가지고 국가가 형성되었는가 아니면 완전히 단절된 채로 국가가 형성되었는가 하는 점, 셋째 내재적으로 수립된 민족 국가나 국내 부르주아지에 의해 국가가 형성되었는가 아니면 초국가적 제국주의 자본에 의해 국가가 형성되었는가 하는 점 등이다.

그러나 오도넬의 연구는 제도로서의 국가 기구의 형성 과정에 대한 실증적 분석을 토대로 하여 이루어진 것이라기보다는 제3세계 국가 형성의 유형 구분을 시도하는데 필요한 이론적 통찰력을 제시해주는 정도에 그치고 있다. 더욱이 오도넬은 주변 자본주의 사회의 국가 형성의 세계 체제적 역사적 배경의 차이점을 강조하면서도 제국주의 독점 자본 혹은 제국주의 국가 권력과 주변 자본주의 국가 형성의 관계를 이론화하는 데는 주의를 기울이지 않고 있다.

---

27) O'Donnell, 앞의 글, pp. 258-259.

탈식민지 사회의 국가의 성격을 국가 기구에 초점을 맞추어 고찰한 또다른 연구로는 알라비[28]의 연구가 있다. 알라비에 따르면 탈식민지 사회에서 국가 형성은 자생적 부르주아적 계급에 의해 국민 국가가 형성되고 따라서 중앙 통치 구조의 형성 과정이 1세기 이상의 장기적인 과정을 경과하면서 국가가 형성된 선진 자본주의 국가들의 경우와 다르다. 주변 사회에서의 국가 형성은 그 사회 내부에 물적 토대를 두거나 자국 내의 부르주아 계급에 그 기반을 두고 성립되는 것이 아니라 중심부 국가의 부르주아지에 의해 이루어진다. 탈식민지 국가는 중심부 국가의 식민지 사회의 구조와 관련하여 볼 때 '과대 성장'되어 있다. 탈식민지 국가는 강력한 군-관료 기구를 통해 사회의 계급들을 종속시킬 수 있는 정부의 메카니즘을 갖기 때문이다.[29]

그런데 알라비에 의하면 탈식민지 사회는 2차대전 후 형식상으로는 정치적 독립성을 획득하게 되지만, 식민지 시기에 비대화된 국가 기구들을 물려받게 되며 그러한 유산은 중심부 자본과 중심부 국가 권력의 개입에 의해 탈식민지 사회를 재편하는 주된 힘으로 작용하게 된다. 따라서 탈식민 사회의 국가 형성은 토착 부르주아지와 같은 국내 계급에 의해 이루어지는 것이 아니라 이미 성장을 완료한 중심부 국가와 제국주의 자본에 의해 이루어지고 그에 종속된 토착 자본가, 지주 그리고 중앙 집권화된 국가의 행정 및 군사 기구를 장악한 정치 엘리트를 매개로 이루어지게 되며 결과적으로 시민 사회의 구조에 비해 국가가 과대 성장하게 된다는 것이다. 그리하여 탈식민지 사회에서 국가 기구의 핵심인 군-관료 과두 체제는 사회의 발전에서 역사적으로 특수한 역할을 수행하며 탈식민지 사회 내부의 계급들과의 관계에서 독특한 상대적 자율성을 갖는다.[30]

---

28) H. Alavi, "The State in Post-colonial Societies : Pakistan & Bangla-Desh" in Gough & Sharma (eds.), *Imperialism & Revolution in South Asia* (1973).

29) 최장집, 「과대 성장 국가의 형성과 정치 균열의 구조」, 『한국 사회 연구』, 제3집 (한길사, 1985) 은 현대 한국 정치 체제를 해방 후의 시기부터 총체적으로 이해하려는 시도로서 알라비가 식민지 경험을 갖는 제3세계 주변부 국가의 성격과 구조를 설명하기 위해 사용한 '과대 성장 국가' (over-developed state) 의 개념을 해방 직후 한국 사회의 국가 형성 과정에 적용하였다.

알라비는 탈식민지 사회의 국가 기구 즉 군-관료 과두 체제가 상대적 자율성을 갖게되는 이유는, 첫째로 식민지 국가가 정치적으로 독립할 때 그것의 식민지 기구로서의 강력한 속성 때문에 토착 사회의 어느 한 단일 계급도 그것을 독점적으로 지배하지 못하며, 둘째로 국가가 자본 축적의 주체로서 경제에 광범위하게 개입하여 국가 기구의 관료들이 상당한 몫의 경제 잉여를 직접 유용할 수 있기 때문이라고 본다. 우가르(M. Ougaard)는 첫 번째의 이유를 주변부 국가는 구식민지 국가와 갖는 연속성으로 인해 과대 성장하게 되는 것이라고 설명하였다.[31]

그러나 '과대 성장 국가'의 개념은 주변 자본주의 사회의 국가 형성이 선진 자본주의 사회와 다른 역사적 특수성을 갖는다는 점을 강조하였다는 점에서 탈식민지 사회의 국가의 형태를 이해하는데 기여하기는 하였지만 탈식민지 종속 국가의 기능이나 본질적 성격을 그 사회의 자본주의 발전 속에서 총체적으로 설명해 줄 수 있는 분석적 개념이라기 보다는 국가 기구의 비대화라는 단순한 외형적 특징만을 나타내주는 기술적 개념에 지나지 않는다. 이 개념은 주변 자본주의 사회의 종속 국가가 서구 선진 자본주의 사회의 의회 중심의 자유주의 국가와 차이점이 무엇인지, 또 국가 기구의 특징 면에서 '과대 성장' 국가라고 규정할 수 있는 1920-1930년대의 서구 파시즘 국가와의 차이가 무엇인지를 설명해 주지 못한다.

오도넬과 알라비의 논의는 유럽의 경험과 다른 제3세계 국가 형성의 독특성을 제시하고 있는 점에서 기여한 바가 있으나, 오도넬은 국가 형성의 유형화에 경도 되어 있고 알라비는 국가 기구 자체의 문제를 국내의 경제적 토대와의 관련성 속에서만 개념화하는 한계를 가지고 있다. 제3세계의 경우 국가의 형성이 세계 자본주의 체제의 환경 속에서 이루어지는 만큼 이것을 매개고리로 고려해야 할 것이다.

---

30) H. Alavi, 앞의 글, pp. 360-361.

31) M. Ougaard, "Some Remarks Concerning Peripheral Capitalism and The Peripheral State", *Science & Society*, vol. 14, no. 4 (1982-1983).

3) 한국의 국가 형성을 설명하기 위한 몇 가지 시사점

한국의 국가 형성 과정을 분석하는 데 있어서는 이상에서 고찰한 바의 이론적 논의들이 시사하는 바가 크다. 알라비의 탈식민지 사회에서의 국가 기구의 과대 성장이라는 명제는 미군정기 한국에서의 국가 기구의 형성을 설명하는 데 유용한 개념이 된다. 그러나 여기서 주의해야 할 점은 알라비나 우가르의 논의와 같이 단순히 식민지 경험을 가졌다는 점을 국가 기구의 과대 성장의 원인으로 보는 데서 한 걸음 더 나아가, 한국의 경우에는 미군정의 개입이 그러한 과대 성장에 중요한 매개 요인으로 작용하고 있다는 점이다. 미군정기를 거쳐 남한에 수립된 대한민국 정부는 국내의 여러 계급들의 힘 관계에 기반을 두고 성립된 측면보다는 오히려 미군정에 기반을 두고 성립된 측면이 컸다. 이러한 국가 기구의 과대 성장에는 물론 외세의 개입이라는 외적 변수와 더불어 과거 식민지 시대의 권력 기구의 제도적 유산이라는 내적 변수가 작용하였다. 한국에서 국가 기구의 형성은 외세의 제도들이 백지 상태에 이식된 것이 아니라, 이전 시기의 식민지 시대의 제도적 유산을 기반으로 이루어졌던 것이다.

제국주의의 규정력 하에 있는 주변부 사회에서는 과대 성장된 강력한 국가 기구가 그 사회 내부의 제계급의 형성을 결정지우며, 향후 그 사회의 발전에 특수한 역할을 수행한다. 미군정이라는 점령 권력은 남한 사회 내부의 계급 관계를 변형시키는 데 결정적인 영향력을 행사하였다. 오도넬이 주변부 사회에서의 자본주의 발전과 계급 형성은 식민지 시기 이전이나 이후 할 것 없이 국가 기구의 역할과 깊이 관련되어 있다고 한 것은 바로 이러한 점에 부합되는 것이다.

그러나 한국에서의 국가 형성은 여타의 탈식민지 사회들의 국가 형성과 공통점을 가지면서도 외세의 개입 하에서 이루어졌다는 특수성을 가지며, 더욱이 사회주의 초강대국인 소련의 점령 하에 있었던 북한과 대치 하에서 이루어졌다는 점에서 특수성을 갖는다. 따라서 앞에서의 주변부 자본주의 사회의 국가 형성에 관한 이론적 논의들만으로는 한국의 국가 형성 과정을 총체적으로

설명할 수 없으며, 국가 형성에 관한 실증적 연구를 통해 이론화의 기반을 다져야 할 것이다.[32)]

이 연구는 이론적으로 보면, 국가 형성에 관한 이론들에서 가설을 명제화하고 그것을 검증하는 방식으로 논의를 진전시키기보다는, 기존의 이론적 논의들을 전반적 배경으로 하면서 한국에서의 국가 형성 과정을 실증적으로 분석하여, 앞으로 '점령 권력'을 설명하고 이론화할 수 있는 예비 작업의 성격을 띠는 것이다.

제3절 연구 방법과 분석틀

이 연구는 무엇보다도 제도적 실체로서의 국가 기구가 형성되는 과정에 분석의 초점을 두었다. 그러나 국가 기구에 대한 실증적 연구가 갖는 의미를 해석하기 위해서는 국가 기구가 어떠한 역사적, 구조적 맥락 속에서 형성되었는지를 고찰하여야 한다. 다시 말해 역사적, 구조적 분석으로 나아가야 하는 것이다.

이 연구는 역사 구조적 방법에 입각하여 미군정 국가 기구를 분석한다. 먼저 구조적으로 분석한다고 하는 것은 국가 기구를 외세와 국내 사회 세력들의 갈등이라는 구조적 힘 관계 속에 위치 지워 그것의 조직화와 역할을 연구하는 것을 말한다. 역사적 방법이라 하는 것은 국가 기구를 분석하는 데 있어서 항

32) 여기서 한 가지 지적해 두어야 할 점은 우리 나라의 경우 국가 형성의 역사는 이 논문이 다루는 미군정기의 국가 형성 과정 이전으로 거슬러 올라간다는 사실이다. 비서구 사회의 경우 일반적으로 서구 제국주의 세력의 침략과 더불어 국가 형성의 역사가 시작되었다고 보아야 한다. 우리 나라의 경우 조선 말기부터 자주적 근대 국가를 수립하려는 운동이 여러 갈래로 있었다. 여기에 대해서는 특히 신용하, 「민족 형성의 이론」, 『한국 사회학 연구』(한울, 1984) 와 신용하, 「19세기 한국의 근대 국가 형성 문제와 입헌 공화국 수립 운동」, 『한국 사회사 연구회 논문집』, 제1집(문학과 지성사, 1986) 참조. 우리 나라의 국가 형성의 역사 이론을 완결하기 위해서는 이 논문이 다루는 시기와 19세기를 접목시켜야 한다는 것은 말할 필요도 없다.

상 그 이전의 계급 관계, 국가 구조 등과의 연관 속에서 파악하는 것을 말한다. 다시 말해 국가 기구를 정태적으로 분석하는 것이 아니라 동태적으로, 형성 과정으로 분석하는 것이다. 미군정은 애초에 미국의 한반도 점령이라는 외적인 요인으로 주어졌지만, 그것은 국가 기구의 형성 과정에서 국내의 자생적 권력 기구와 대립하게 되었고, 조직화나 충원에 있어서도 국내 사회 세력의 갈등 구조라는 조건에서 벗어날 수 없었던 것이다. 또한 미군정 국가 기구는 일제 시대의 계급 관계에서 형성된 사회 제세력 간의 갈등의 조건 속에서 조직과 충원 및 활동을 하지 않으면 안되었다.

국가 형성 과정에 대한 구조적 분석을 위해서 국가 기구가 형성되는 과정에서 작용한 외세의 규정성과 국내 정치 세력들의 갈등과 투쟁에 대한 분석이 핵심적인 과제이다. 이 연구에서는 외세와 국내 사회 세력의 갈등을 결합시켜 분석한다.

우선 미군정기의 국가 기구의 형성을 규정한 전후 세계 질서와 미국의 점령 정책의 성격을 분석한다. 한 사회의 국가 권력은 우선 그 사회의 사회 세력들 사이의 힘 관계에 의해 규정된다. 따라서 해방이 되었을 당시 남한의 계급 구성과 계급 관계, 그리고 계급 권력이 어떻게 편성되어 있었으며, 각 계급이 어떠한 정치 세력으로 응집되고 있었는가를 분석하지 않으면 안된다. 만약 우리가 외세를 논리적으로 추상할 수 있다면, 한국의 국가 형성은 이러한 사회 정치 세력들 간의 힘 관계에 의해 이루어졌으리라고 가정하는 것은 어렵지 않다. 그러나 역사는 이러한 논리적 가정과는 사뭇 다른 길을 택했다. 따라서 이러한 내적인 모순에 부가하여 고찰하지 않으면 안되는 것이 외세의 문제이다. 이 연구는 미국의 2차 세계대전 이후의 세계 전략이 한반도 지배의 규정력으로 작용했다는 점을 중요시한다. 기존의 논의들도 외세의 규정력을 무시한 것은 아니다. 그러나 그것들은 대부분 내적 모순과의 유기적 연관 속에서 외세의 문제를 파악했다기 보다는 여러 '변수'들 중의 하나로 파악하는 경향이 있었다. 그리하여 분단의 원인을 외적 요인으로 설명하다가, 다른 데에서는 좌우익의 대립으로 설명하기도 하는 것이다. 이 연구에서 외세는 그저 단순히

'외적 변수'에 그치는 것이 아니라 국내의 계급 관계를 매개로 내적으로 관철되는 규정력으로 이해된다(제2장).

이 연구는 국가 기구에 대한 정태적 분석이 아니라 동태적 분석이다. 즉, 국가 기구의 형성 과정에 관한 연구이다. 이 연구는 국가 기구가 단순히 어떠한 편제로 구성되어 있는가만을 연구하는 것이 아니라 그것이 사회 제세력의 힘 관계 속에서 형성되는 과정을 중요시한다. 이 때 주목해야 하는 것은 해방 직후 사회 정치 세력의 동태에 관한 분석이다. 특히 국가 형성과 관련하여 해방 직후 국내 사회 세력들의 움직임을 분석한다(제3장).

이 글에서는 제도적 실체로서의 국가 기구가 사회 경제적 구조의 역사와는 상대적으로 독립된 역사적 형성 과정을 밟는다는 관점을 유지한다. 이러한 관점은 탈식민지 사회에서의 국가 형성에 일반적으로 유용한 관점일 뿐 아니라, 특히 군사 점령 하의 국가 기구 형성 과정을 고찰하는 데 있어서 유용한 관점이라고 생각된다. 따라서 이 글에서는 국가 기구의 조직을 분석함에 있어서 일제 식민지 통치 기구의 유산에 특히 주목했다.

이 연구에서는 행정 관료제, 경찰, 군대, 사법부 등의 국가 기구에 대한 실증적 분석을 통해 국가의 성격을 드러내 보이고자 하였다. 국내의 사회 갈등과 외세의 역학 관계 속에서 미군정 국가 기구의 본질적 성격을 파악해 볼 수 있지만, 그것은 국가 기구의 조직, 충원, 활동 등에서 보다 구체적으로 현상하는 것이다. 이 연구는 국가 기구라는 구체적 현상의 분석을 통해서 국가의 성격이라는 본질을 밝히고자 한다.

국가 기구에 대한 실증적 분석은 크게 세 가지 점에 초점을 맞추었다. 먼저 각 국가 기구 별로 그것의 조직과 조직화 과정에 대해 고찰하였다. 국가 기구의 조직은 상대적으로 연속성을 가진다. 특히 이전 시기의 역사적 유산은 국가 기구의 조직화에 중요한 자원이 된다. 미군정은 점령 정책을 통해 일제 식민지 통치 기구라는 유산을 적극 활용하였다. 즉, 미군정이 일제 조선 총독부 통치 기구를 물려받아 그것을 확대·재편하였다는 점이 중요하다. 다음에 국가 기구의 인적 충원 과정은 미군정이 남한 사회의 제계급들 중에서 어떠한 세력을 선택하고 배제하는가를 중심으로 고찰하였다. 끝으로 국가 기구의 활동은 자생적 권력 기구의 해체 활동에 초점을 맞추어 분석했다.

제4절 연구 내용과 자료

1. 연구 내용

이 연구는 크게 두 부분으로 구성되어 있다. 제2장과 제3장은 미군정 국가 기구 형성의 구조적, 역사적 맥락을 검토하고, 제4장부터 제7장까지는 미군정 국가 기구 자체에 대한 경험적, 실증적 분석이다.

먼저 제2장에서는 전후 미국의 대한반도 전략의 기본 성격을 규명하고 그 실현 과정으로서의 미군정의 등장 과정을 서술한다. 여기서는 특히 한국에 대한 분할 점령이 결정되는 국제적 배경과 남한에서의 국가 형성을 외적으로 규정하는 미국의 대한반도 이해 관계와 점령 정책의 본질에 대하여 고찰할 것이다.

제3장에서는 해방 직후 미군정이 수립되기 전에 있었던 민족 국가 수립의 움직임을 대한민국 임시정부와 건국준비위원회를 중심으로 고찰한 다음, 국내 사회 세력들 간의 갈등을 미군정과의 관계를 중심으로 분석한다. 이러한 분석의 과정에서 미국이라는 외세가 국내의 사회 갈등을 어떻게 매개하고 있는지를 보여 줄 것이다.

제4장부터는 미군정 국가 기구에 대한 경험적 실증적 분석을 전개한다. 미군정 국가 기구들을 구체적으로 행정 관료제(제4장), 경찰(제5장), 군대(제6장), 사법부(제7장) 등으로 나누어, 이들 각각의 국가 기구들이 기존의 자생적 권력 기구들을 어떻게 해체하고 구식민지 통치 기구들의 유산을 어떻게 물려받아 조직화되었으며, 어떠한 사회 세력들로 충원되었는가, 그리고 그것들이 실제로 수행한 활동은 어떠한가를 분석한다. 미군정 국가 기구의 성격은 그것

의 조직화, 충원기제, 활동 등을 분석함으로써 드러날 것이다. 이러한 분석은 무엇보다도 미군정이라는 점령 권력이 국내 사회 관계를 재편하는 행위자로 기능하였다는 점을 밝혀줄 것이다.

마지막으로 결론에서는 본문의 논의를 요약하고 몇 가지 이론적 토의를 한 다음 이 연구의 한계를 지적했다.

2. 자료

이 연구에 활용된 자료는 미군정에 대한 기존의 연구 성과와 1차 자료들이다. 제2장과 제3장의 논의는 주로 다른 연구자들의 기존 연구 성과를 많이 참조할 수 있었다. 그러나 이 연구의 본론이라고 할 수 있는 국가 기구의 재편 및 형성 과정에 대한 실증적 연구는 주로 군정 당시의 신문, 잡지, 개인이나 단체의 기록물이나 자료집, 정부 기관에서 발행한 공공 문헌, 연감, 그리고 증언 자료 등의 1차 자료를 활용했다. 1차 자료는 기록자의 이해 관심에 의해 왜곡되거나 과장되어 있는 부분이 많으므로, 관련 자료들을 상호 비교하여 그 자료의 타당성을 검토한 후에 이용하려고 노력하였다. 중요한 1차 자료들을 나열하면 다음과 같다.

(1) 국내 자료

1) 신문

국내 자료들 가운데 당시의 각종 신문은 미군정 당시의 상황을 종합적으로 보여주는 유용한 기초 자료이다. 미군정기 신문 자료들은 제작 주체와 보도 성향에 따라 대개 좌익계, 우익계, 중도계 신문으로 분류할 수 있다.

① 우익계 신문

중앙지로서 대표적인 우익계 일간신문으로는 『동아일보』를 비롯하여 , 『조선일보』, 『대동신문』, 『대한독립신문』, 『한성일보』 등이 있다. 『동아일보』는 한민당의 이해를 대변한 신문이었으며 『대동신문』은 친일파 이종영이 1945년

11월 25일 창간한 극우파 신문이었다. 『조선일보』는 김구 계열의 우익 민족주의 세력을 지지하였으며, 1946년 2월에 창간한 『한성일보』는 중도 우익 정치 세력의 입장을 대변한 신문이었다. 이들 우익계 신문들은 반공·반소이데올로기의 틀 내에서 당시 우익 정치 세력의 활동과 미군정 정책들을 주로 보도하였다. 이들 신문들은 국사편찬위원회에서 편집한 신문 자료집 『자료 대한민국사』(1970) 와 『한국 현대사 자료 총서』, 제1권(한성일보) 에 수록되어 있다.

② 좌익계 신문

좌익계 중앙지로는 조선공산당의 기관지인 『해방일보』를 비롯하여 『조선인민보』, 『노력인민』 등이 대표적이다. 이 신문들은 당시의 좌익 정치 세력의 조직과 활동에 관해 주로 보도하였다. 이들 신문들은 『한국 현대사 자료 총서』(돌베개, 1986) 의 제3, 4, 5권에 수록되어 있다. 그밖에 좌익계 신문으로 중요한 것은 전국 노동조합 평의회의 기관지인 『전국노동자신문』이 있다. 중앙지 이외에도 각 지방에서 간행된 좌익계 신문들이 많이 있는데 이 논문에서는 전남 지역에서 발간되었던 일간신문 『광주민보』와 『동광신문』이 활용되었다.

③ 중도계 신문

중간파적 입장을 대변한 신문으로는 『매일신문』, 『서울신문』, 『자유신문』, 『경향신문』, 『중앙일보』 등이 있다. 『서울신문』은 일제하의 어용신문인 『매일신보』를 건준에서 접수하여 발행하다가 미군정에 의해 정간되자 서울신문이라는 제호로 바꾸어 발간한 것이다. 이들 신문들은 앞의 『자료 대한민국사』, 제1, 2권에 수록되어 있다.

2) 잡지

당시 간행된 잡지들은 창간호만 간행되었거나 몇 번 발간되지 못한 것에 이르기까지 수백 여종이 있다. 이들 중 영향력이 다소 컸던 잡지들을 이념적 성향별로 분류해 보면 다음과 같다.

① 우익계 잡지 : 『건국공론』, 『대중공론』, 『민주조선』, 『조광』

② 좌익계 잡지 : 『과학전선』, 『民鼓』, 『민주공론』, 『산업노동시보』, 『인민평론』, 『인민과학』, 『학병』,

③ 중도계 잡지 :『개벽』, 『대조』, 『문화창조』, 『민성』, 『새한민보』, 『신천지』, 『춘추』

3) 그 밖에 연감류, 일지, 議事錄, 정부간행물, 개인 및 단체의 기록(자서전, 전기, 회고록, 증언 등) 은 참고 문헌에 정리해 놓았다.

(2) 국외 자료

1) 미국 자료

① 대외관계 문서(*Papers Relating to the Foreign Relations of the United States, Diplomatic Papers*, vol. 6 : The Far East, United States, Departmemt of State, Washington, D.C., 1947, 약칭 FRUS)

이 자료는 미국무성이 미국의 대외 관계에 관한 외교 문서를 30여 년 정도 경과한 후 공개한 것을 미정부 인쇄소가 간행한 것으로, 극동(The Far East) 항목의 '한국' 소항목에는 미군정 당시 남한의 미주둔군 사령부와 본국 정부 사이에 오간 비밀 전문들과 정책 건의서 등이 수록되어 있다. 그 밖에도 대외 관계 문서 속에는 모스크바 3상회담 기록, 한국 문제에 관한 UN자료 등이 포함되어 있다. 이 자료는 미국이 자신의 국가 이익에 비추어 선택적으로 공개된 것이라는 한계가 있지만 미국의 대한정책(본 논문의 제2장) 을 고찰하는 데 있어 기초 자료로서 중요한 가치가 있다. 이들 대외 문서들 중 대한정책과 직접 관련있는 중요한 자료들이 최근 한국에서 선별적으로 번역 출판되었는데, 김국태 옮김, 『해방 3년과 미국 I : 미국의 대한정책 1945-1948』(미국무성 비밀 외교 문서) (돌베개, 1984) 이 그것이다.

② 비공간 공식문서 ; 미국에서 비밀 해제는 되었지만 아직 공식적으로 간행되지 않은 자료들.

*Hq. USAFIK, *History of the United States Armed Forces in Korea* (HUSAFIK) ; 주한미군사령부, 『주한미군사』, 돌베개, 1988.

이 자료는 미군정기 주한 미군사령부의 정보담당부서 수석 군사관 라슨(Harold Rarson) 의 책임 편집 하에 주한 미군사령부 정보참모부(G-2) 에 소속된 군사실 관리들이 분담 집필한 것으로 전체가 3부로 구성되어 있으며, 정치뿐만 아니라 군사, 행정, 경찰, 사법, 농업, 교육 등 전 영역에 걸쳐 각 부분별로 별도의 집필자가 작성한 것이다. 제1부는 군사 부문에 관련되어있는 부분이며, 제2부는 정치, 제3부는 행정, 경찰, 사법, 농업, 교육에 관한 내용이 수록되어 있다. 본 논문에서는 주로 제2부와 제3부가 활용되었다.

**United States Army Military Government in Korea, History of the United States Army Military Government in Korea* (HUSAMGIK), Washington, D.C., 1946.

이 자료는 주한 미군정의 軍史 담당자가 1946년에 작성한 것으로 1945년 9월부터 1946년 6월까지 군정 초기 기간을 다루고 있다. 이 자료는 미군정 통치 기구가 정비된 군정 초기를 다루고 있다는 점에서 특히 가치를 갖는다. 전체는 3부로 구성되어 있는데 제1부는 총론으로 군정의 기본 구조와 한국인과의 관계, 언론, 정당, 소련과의 관계 등이 서술되어 있으며, 제2부는 미군정의 각 부서와 당시 현역 군인인 군정 관료들의 명단이 수록되어 있고, 제3부는 지방에서의 군정 실시에 대해 서술되어 있다.

*Hq. USAFIK, *G-2 Periodic Report* (제1-10권) & *Weekly Summary* (제11-15권), 1945. 9-1948. 12.

이 자료는 주한 미군사령부의 정보참모부와 제6보병사단, 제7보병사단의 정보참모부가 작성한 『일일보고서』(Periodic Report) 와 주한 미군사령부의 정보참모부가 작성한 『주간보고서』(Weekly Summary) 로서 미군정 기간 동안 남한의 제반 상황들과 주요 사건들을 지방 면단위 수준까지 서술하고 있다. 이 정보보고서는 '극비'로부터 비밀 해제되어 당시 사회 상황을 파악하는데 있어 주요한 자료임에 틀림없으나 미군 정보 장교들의 관점에 의해 왜곡되었을 가능성이 있기 때문에 사료에 대한 비판이 요구된다. 이것들은 최근 국내에서 『미군정 정보 보고서』 제1권-제11권 (일월서각, 1986) 라는 제목으로 영인 되었다.

*Hoag, C. L., *American Military Government in Korea : War Policy and the First Year of Occupation,1941-1946*, Department of the army, 1970.

이 책은 공식적인 자료로 분류하기는 어렵지만 미육군성 軍史 연구센터의 역사 연구관이었던 저자가 공직에 있으면서 극비에 속하는 자료들을 섭렵하면서 서술한 것으로 공문서에 준하는 가치를 갖는다. 특히 이 책의 부록에 실려있는 프랭켈 (E. Fränkel) 의 「미군정의 법적 지위」는 본 논문 제7장의 군정사법부를 정리하는 데 도움이 되었다.

*Meade, Grant E., *American Military Government in Korea*, New York : Columbia University, Kings Crown Press, 1951.

당시 미군정 요원의 한 사람인 저자에 의해 미군정 종료 직후에 쓰여진 것으로 특히 전남 지방에서의 군정 실시와 지역 상황에 대해 상세히 서술되어 있다.

③ 회고록, 기타 개인의 기록물

*Harry S. Truman, 박관숙 옮김, 『세계의 大回顧 전집 : 트루만』, 한림출판사, 1982.

미군정 당시 미국의 대한 정책 결정을 주도했던 트루만 대통령의 회고록이다.

*Mark Gayn, Japan Diary (1948), 까치 편집부 옮김, 『해방과 미군정』, 까치, 1986.

미국인 기자가 일본과 남한에서의 미군정을 자유주의적 입장에서 서술한 일종의 취재 기록으로서 생생한 현장을 기록한 장점이 있다.

*Richard Lauterbach, *Danger from East* (1947) ; 리챠드 E. 라우터백 지음, 국제신문사 출판부 역, 『한국 미군정사』, 국제신문사, 1948.

위의 게인의 책과 마찬가지로 현직 기자의 취재 기록이다.

2) 일본 자료

미군정기 한국에 관한 중요한 자료는 대개 미국이나 한국에 소재되어 있지만 해방 직전과 직후의 사정에 대해서는 일본에도 약간의 유용한 기록이 있다.

*森田芳夫, 『朝鮮終戰の記錄 : 米そ兩軍の進駐と日本人の引揚』(1964).

이 책은 일본의 패망 직후 일본인 총독부 관리의 입장에서 자신들의 본국으로의 안전한 귀환을 염두에 두고 쓰여진 것으로 반공 이데올로기의 한계 내에서 서술된 것이기 때문에 사료에 대한 비판적 이해가 요구된다. 이 책 내용의 일부가 『한국 사회 연구』, 제5집 (한길사, 1987) 에 번역되어 소개되었다.

*神谷不二, 「朝鮮問題戰後資料」(日本國際問題硏究所, 1972).

이 자료집 중 제1권은 1945년부터 1953년까지의 한국의 상황을 평이하게 다루고 있다.

*高峻石, 「朝鮮革命史への證言, 1945-1950」(1972).

일제하에서 독립 운동을 하다가 미군정기에 조선공산당과 사회노동당에서 활동했던 저자가 일본에 망명한 후 쓴 회고록으로 당시 좌익 활동에 관한 귀중한 증언들이 수록되어 있다. 최근 국내에서 「해방 정국의 증언; 어느 혁명가의 수기」(사계절, 1987) 라는 제목으로 번역되었다.

*金奉鉉, 金民柱 共編, 『濟州道人民の4・3 武裝鬪爭史』(1963).
金奉鉉, 『濟州道, 血の歷史 : 4・3 武裝鬪爭の記錄』(1978).

이들 자료집도 일본에서 간행된 책들인데 최근 국내에서 「제주도 민중 항쟁」(소나무, 1988) 이라는 제목으로 번역되었다.

제2장 해방 직후의 사회 상황과 미국의 對韓政策

이 장에서는 한국의 국가 형성의 구조적 조건으로서 해방 직후 한국의 사회 상황과 미국의 점령 정책에 대해 고찰하려 한다. 해방 직후 사회 상황에 대한 고찰은 해방 후 분출된 여러 사회 세력들의 갈등 속에서 자생적 권력 기구가 형성되어 가는 과정을 분석하기 위한 전제로서 요구된다. 그리고 미국의 대한반도 이해 관계와 점령 정책에 대한 고찰은 독립 변수로서 외적 규정력을 밝히는 데 필수적이다.

제1절 전후 세계 체제의 변화와 해방의 성격

한국의 해방은 장기사적인 관점에서 보면 식민지하 민족 독립 운동이 중요한 역할을 했다고 할 수 있지만[1], 직접적으로는 제2차 세계대전의 결과로서 주어진 측면이 크기 때문에[2] 해방의 성격을 이해하기 위해서는 2차대전의 성

1) 장기사적인 관점에서 보면 일제하의 민족 독립 운동이 주체적으로 해방을 성취하지는 못했지만, 식민지 조선에 있어서 뿐만 아니라 아시아・아프리카 식민지에서 민족 독립 운동이 고양되었기 때문에, 제2차 세계대전 이후 제국주의 국가는 더 이상 식민지 체제를 유지하는 것이 불가능하게 되었다.

격과 전후 세계 체제의 변화에 대한 고찰을 필요로 한다.

제1차 세계대전이 유럽에 한정된 전쟁이었던 데 비해, 2차대전은 아시아 태평양 지역에까지 이르는 이름 그대로 세계대전이었다. 2차대전은 그 내용적 복합성에도 불구하고 현상적으로는 진보적 민주주의 연합군(미·영·중·소 등)과 파시스트 국가(독·일·이) 간의 대결로 이해되고 있다. 그러나 2차대전은 그 본질적인 면에서 식민지 재분할을 위한 제국주의 열강 간의 전쟁, 자본주의 대 사회주의 전쟁, 제국주의 대 민족 해방 전쟁이라는 세 측면을 내포하고 있다. 따라서 이 전쟁의 결과로 범세계적으로 구식민지 체제가 붕괴되고, 식민지가 독립국이 되었으며, 사회주의 진영이 성립되었다.

전후에 재편된 세계 자본주의 체제는 다음의 몇 가지 점에서 이전의 세계 체제와 다르다고 볼 수 있다. 첫째, 미국은 전쟁을 통해 타의 추종을 불허하는 최대의 중심부 자본주의 국가로 등장했다. 둘째, 미국은 자본주의 체제를 유지하기 위해 경제적·군사적·정치적 부담을 떠맡았다. 셋째, 1945년과 1950년 사이에 세계 체제 내에 다수의 공산주의 국가가 등장했다. 넷째, 민족주의적인 반제 혁명 운동이 세계 자본주의 체제의 주변부 사회 전체로 확산되어갔다는 점이다.

제2차 세계대전 전까지 국제 관계를 지배했던 것은 비교적 힘의 균형이 잡힌 제국주의 강대국群이었지만 전후에는 미·소라는 초강대국이 출현했다. 미국과 소련은 2차대전 중 체제를 달리하면서도 파시스트 국가群에 대항하는 진보적 민주주의 연합국으로 함께 싸웠다. 그리하여 미·소 양국은 전후 평화

2) 8·15 해방이 진정한 해방인가 하는 해방의 의미에 대한 평가와 해방의 주체에 대해서는 상이한 입장들이 있다. 해방의 의미에 대해서 전통주의적 관점에서는 8·15를 일제 억압으로부터의 해방으로 인정하고 대한민국의 정통론을 주장하는 데 반해, 70년대 중반 이후 제기된 수정주의적 관점에서는 8·15는 통일 독립 국가 수립으로 연결되지 못하고 분단으로 귀결되었으며, 특히 남한 사회는 외세로부터 자주성을 획득하지 못했으므로 완전한 해방으로 볼 수 없다고 주장한다. 해방의 주체와 동인에 대해서도 이제까지는 미소 연합군에 의한 일제 타도에 의해 '주어진 것'이라는 외인론이 지배적이었으나 최근에는 해방의 직접적 원인이 연합국의 승리였다는 점은 사실이지만 일제하 민족 해방 운동을 무시해서는 안된다는 복합요인론이 대두되었다.

의 토대가 될 새로운 세계 질서 속에서 공존할 수 있으리라 기대했으며 이러한 상호 인식이 얄타 협정에 근거한 얄타 체제적 국제 관계의 기조를 이루었다.

그러나 이들 연합국들간에는 체제간의 질적 차이로 갈등 요소가 내재되어 있었으며, 종전 직후 그것이 현재화되기 시작했다. 더욱이 양 체제의 이질성이 식민지 민족 해방 전쟁으로서의 제2차 세계대전의 성격을 일정하게 규정하고 있었다. 이러한 측면 때문에 연합국은 식민지 민족 독립 운동을 일정하게 수용하면서도 미래에 대한 확실한 독립을 유보하고 있었다. 전쟁이 끝나게 되자 미국은 경제적·군사적 팽창과 함께 세계 자본주의 체제와 자유 민주주의 수호자로서 군림하면서 반공산주의의 입장을 명확히 하기 시작했다.

이러한 변화에 의해 2차대전 이후에는 한국과 베트남을 비롯한 여러 국가에서는 연합군의 승리라는 세계 체제적 힘 관계의 변화와 식민지 민족 해방 운동이 서로 충돌하는 현상마저 나타났다. 연합국의 승리에 의해 전세계적으로 구식민지 체제가 붕괴되자, 제국주의 구식민 체제로부터 독립한 신생국 앞에는 대체로 두 가지 발전의 길, 즉 소련을 중심으로 한 사회주의권과의 동맹과 혁명에 입각한 비자본주의적 발전의 길과, 새롭게 부상한 제국주의 열강과 새로운 관계를 맺고 세계 자본주의 체제에 종속적으로 편입되는 길이라는 두 개의 경로가 놓여있었다.

한국의 해방은 이러한 국제적 배경 속에서 이루어졌다. 한국의 독립 문제는 구제국주의 열강인 일본의 식민지라는 사실 때문에 한국 민족 스스로에게 자주적인 결정권이 주어지지 않았고 2차 세계대전의 전승국의 처리에 달려 있었다. 그리하여 해방과 함께 즉각적으로 통일 독립 국가가 수립된 것이 아니라, 미·소 강대국에 의해 분할 점령되었고 이는 결국 남북 분단으로 귀결되었다.

해방의 성격과 남한 단독정부 수립 과정을 고찰하려면 위와 같은 거시적 차원에서의 냉전 체제의 형성뿐만 아니라 동시에 한국에 대한 분할 점령이 결정된 역사적 과정에 대한 미시적 고찰이 병행되어야 할 것이다.

남북 분단의 기원에 대해서는 다음과 같은 몇 가지 서로 다른 견해들이 있다.[3] 미국과 소련이 공식적으로 표명하고 있는 견해는 이른바 '군사적 편의주의설'이다. 군사적 편의주의설은 일본이 급작스럽게 패망함으로써 미 · 소 양군이 한반도 내의 일본군의 항복을 접수하고 무장을 해제하기 위한 '군사적 편의'로서 북위 38도선을 군사분계선으로 하여 남북한을 분할 점령하였고, 그 후 국내 사회 세력의 분열 때문에 그것이 고착화되어 남북한이 분단되었다고 주장한다. 이러한 견해는 8 · 15 직후부터 미 · 소 양국이 공식적으로 표명한 이래 가장 오래된 주장으로 김학준 교수, 조순승 교수 등의 국내 학자들도 내용상 다소의 차이는 있으나 이러한 견해를 국내에 소개하였다.[4] 이 견해에 따르면 미군정이 한국 사회의 대중적 요구에 반하여 수행했던 제반 정책에 대해서도, 그것들이 미국의 대한반도 이해 관계와 정치적 의도에 의해 이루어진 것이 아니라, 미국이 자유와 평화의 수호자로서 제반 개혁 조치를 수행하려 했지만 한국에 대한 사전 지식이 없이 군사적 편의에 의해서 진주하였기 때문에 정책 수행 과정에서 실수를 범하게 되었다는 것이다. 이것이 이른바 단순 실수론(fumbling theory)이다. 그러나 군사적 편의설은 일본의 무조건 항복과 일본 군대를 단시일 내에 해산시킬 수 있는 소련군이 이미 북한에 진주해 있었다는 역사적 사실을 보면 알 수 있듯이 신빙성이 없다.[5] 더욱이 나중에 고찰하겠지만 미군이 진주 초기에 수행한 정책들이 일관되게 남한 단정 수립의 기반을 공고히 하였다는 사실은 단순 실수론의 허구성을 드러내 준다.

군사적 편의주의설에 대립되는 다른 하나의 견해는 이용희 교수의 '얄타 밀약설'이다. 얄타 밀약설은 1945년 미 · 영 · 소 수뇌가 가진 얄타 회담에서 이미 미 · 소에 의한 한국의 38도선 분할 점령이 결정되었다고 함으로써 남북

3) 분단의 기원에 관한 여러 관점들은 신용하, 「한국 남북 분단의 원인과 포츠담 밀약설 : 열강의 정치적 야합과 포츠담 밀약」, 한국 사회사 연구회, 『해방 직후의 민족 문제와 사회 운동』(문학과 지성사, 1988), pp. 11-61에 체계적으로 정리되어 있다.

4) 김학준, 「38선 획정에 관한 논쟁의 분석」, 『한국 정치학회보』, 제10집(한국 정치학회, 1976) ; 김학준, 「분단의 배경과 고정화 과정」, 송건호 외, 『해방 전후사의 인식』(한길사, 1979) ; 조순승, 『한국 분단사』(형성사, 1982) 참조.

5) 강정구, 『좌절된 사회 혁명』(열음사, 1989), p. 156.

분단이 미 · 소 강대국의 전후 대 한반도 이해 관계에 의해 이루어졌다는 것을 주장하고 있다.[6] 이 견해는 미 · 소 양국이 한국 분단에 대한 책임을 회피하고 그것을 한민족에게 전가하기 위해 주장하는 군사적 편의주의설에 대해서 반대되는 문제 제기로서의 의미를 갖는다. 그러나 얄타 회담에 관한 비밀 외교문서가 공개되었는데도 38도선 분할에 관한 실증적 근거가 제시되지 못하고 있기 때문에 '얄타 밀약설'은 하나의 가설의 수준을 넘어서지 못하고 있는 듯하다.

이러한 기존의 논의들의 한계를 지적하고 실증적인 자료에 입각하여 분단의 기원을 밝힌 것은 신용하 교수의 '포츠담 밀약설'이다.[7] 신용하 교수는 한국의 독립에 대해 최초로 언급한 카이로 회담(1943. 11. 20)과 테헤란 회담(1943. 11. 28)에서 미 · 영 · 중 열강에 의해 한국에 대한 신탁통치 실시가 합의되었으며, 그 후 1945년 2월 미 · 영 · 소의 수뇌가 가진 얄타 회담에서 신탁통치를 실시하기 전에 연합국(사실상 참전국)에 의한 군사 점령과 그에 의한 군정을 실시할 것에 합의하였고, 1945년 7월 포츠담 회담(미 · 소 연합 참모회의)에서 미 · 소 열강은 소련의 대일전 참전 문제와 함께 한국을 분할 점령할 것을 합의하였는데, 이것이 한국의 분단에 결정적인 단초가 되었다고 주장하고 있다. 분할 점령선이 북위 38도선으로 결정된 것은 포츠담 회담 후 일본 본토에의 원폭 투하와 소련의 만주 침공에 충격을 받은 일본이 '45년 8월 10일 연합국에 항복 의사를 통고하자, 미군 참모들이 포츠담 회담에 근거하여 8월 10-11일에 걸쳐 미국무성에 제안한 것으로, 8월 13일 트루만 대통령이 이를 소련 측에 제의하여 소련의 합의를 받아낸 것이라고 한다.[8]

이와 같이 일제의 식민지로 놓여있었던 한국의 독립 문제는 한국 민족의 요구와 무관하게 2차대전을 전후하여 열강의 협상 테이블에서 결정 지워졌으며 한국의 해방은 미 · 소에 의한 분할 점령으로 귀결되었다.

---

6) 이용희, 「38선 획정 新考」, 『분단전후의 현대사』(커밍스 외, 일월서각, 1983) 참조.

7) 신용하, 앞의 글 참조.

8) 신용하, 앞의 글, 36-37쪽.

제2절 해방 직후의 사회 상황과 역사적 과제

앞 절에서 고찰하였듯이 8 · 15 해방은 일본 제국주의가 연합국에 패망함으로써 한국 민족에게 주어진 측면이 강했다. 외세 열강에 의한 해방이라는 사실은 한국에서 일제가 물러났음에도 불구하고 즉각적으로 한국 민족의 자주성이 성취될 수 없음을 뜻했다. 일제 조선총독부의 식민지 지배는 붕괴되었지만 한반도 북위 38도선을 경계로 한국은 두 강대국인 미 · 소에 의해 분할 점령되었으며, 이 사실은 해방 후 봉건적 제관계와 일제 잔재의 청산이라는 기존의 역사적 과제 위에 자주적인 통일 민족 국가의 수립이라는 새로운 과제를 부과하였다.

36년 동안의 일제 식민지 지배는 농업에 있어서 반봉건적 지주-소작 관계를 고착 · 심화시켜 놓았으며, 공업에 있어서는 일제 독점 자본의 필요에 따라 파행적으로 형성된 식민지적 산업 구조를 형성시켜 놓았다. 그리하여 해방 당시 한국 사회의 사회 경제적 구조는 반봉건적 기생 지주제와 일본에 종속된 공업 구조를 그 특징으로 하고 있었다.[9]

당시 전 국민의 80% 정도가 종사하고 있던 농업은 반봉건적 토지 소유에 기초하고 있었다. 전체 농가 호수에서 소작인이 차지하는 비율은 1913년 35%에서 1941년에는 54%까지 급증하였으며, 해방 당시에는 전 농민의 83.5%가 순소작농 및 자소작농의 위치에 있었다(표 <2-1> 참조). 해방 당시 토지 소유 면에서 지주 소유지와 자작농 소유지의 비율을 살펴보면 <표 2-2>에 나타난 바와 같이 토지의 58.3%가 지주 소유지였다. 더욱이 해방 당시 농민들의 생활은 반봉건적 지주 소작 제도와 저조한 생산력 발전의 수준, 그리고 전시 통제하의 공출에 의해 극히 악화되어 있었다. 따라서 해방 후 통일 독립 국가 건설의 과정에서 최대의 과제는 농업에서의 반봉건적 제관계의 청산, 즉 지주제 철폐와 농민적 토지 소유의 확립이었다.

---

9) 박현채, 「해방전후 민족경제의 성격」, 『한국사회연구』 1, (한길사, 1983).

표 <2-1> 해방 전후 남한의 경영 형태별 농가 호수 (단위 : 천 호, %)

년 도	자작농	자소작농	소작농	기타*	계
1944년	277	692	981	43	1,992
	13.9	34.7	49.2	2.2	100.0
1945년	285	716	1,010	55	2,065
	13.8	34.8	48.9	2.7	100.0
1946년	337	810	924	66	2,137
	15.8	37.9	43.2	3.1	100.0

자료 : 조선은행 조사부, 『조선 경제 연보』, 1948년, pp. 22-26.
* 기타에는 순 화전민과 피고양자가 포함되어 있다.

<표 2-2> 해방 직후 전국 토지 소유 현황 (단위 4정보(%))

토지 소유 형태	논	밭	합계
지수 소유지	1,200 (66.0)	1,400 (52.0)	2609 (58.3)
자작농 소유지	567(32.0)	1,298 (48.0)	1865 (41.7)

반봉건적 지주제와 함께 식민지 경제의 또 하나의 중요한 유산은 국내 산업의 대부분을 장악하고 있었던 일본인 자본가 계급 및 그밖의 친일 매판 자본가 집단이었다. 1930년대 이후 일제의 대륙 침략에 따른 한반도의 병참 기지화 전략으로 공업 발전이 가속화되기는 했지만, 대부분의 기업이 일본인 소유의 독점 자본이었다.[10] 1940년 말 현재 자본금 백만엔 이상인 공장의 자본금 총액 중 일본인이 차지하는 비중은 94%나 되었으며 기술자의 80% 이상이 일본인이었다.[11] 이와 같이 한국의 공업은 일본의 전시 수요에 의한 본국 공업의 외연에 불과했기 때문에, 각 기업은 한국 경제에 통합되어 있었던 것이 아니라 단지 개별적으로 일본 자본에 연결되어 운영될 뿐이었다. 해방 직후 노동자계급은 비록 전체 산업에서 양적으로 차지하는 비중은 적었다 할지

10) 허수열, 「1930년대 군수 공업화 정책과 일제 독점 자본의 진출」, 『일제의 한국식민통치』 (정음사, 1985), pp. 228-288.

11) 장상환, 「해방후 대미 의존적 경제 구조의 성립 과정」, 『해방 40년의 재인식 I』(돌베개, 1986), pp. 88-92.

라도 90% 이상이 일본인 기업에 고용되어 있었기 때문에 한국 사회의 변혁에 있어서 상당히 중요한 위치에 있었다.[12] 이들은 대부분 8 · 15와 더불어 일본인 기업주와 경영진이 일본으로 떠나게 되자 적산 기업을 인수하여 자주적으로 관리하였다.[13] 그러나 해방 이후 적산 기업이 일본 자본의 지배로부터 벗어났다고는 하지만 실제적으로는 미 · 소의 분할 점령에 의해 중화학 공업 · 에너지 자원 · 광물 자원 중심의 북한과, 경공업 · 농업 자원이 편재된 남한이 재생산 구조의 면에서 단절됨으로써 해방 직후 남한 경제는 기형화되었고 공업 생산은 더욱 위축되었다. 1948년도 남한 공업 생산 총액은 52,647백만 원이었는데, 이것은 1948년도 물가지수에 의해 수정한 40년도 한국 전체 공업 생산 총액의 21.2%에 불과한 수준이었다.[14]

게다가 戰災民 · 해외 동포의 귀환 등 인구 증가에 따른 수요의 증가와 통화 남발과 같은 여러 요인이 결합하여 발생한 극도의 인플레[15] 때문에 8 · 15 후 남한 경제는 더욱더 혼란을 거듭하게 되었다. 해방 직후 인구 이동을 보면 '45년 8월 15일부터 '46년 9월 1일까지 일본인 80만 3,547 (이중 북한에서만 211,984) 명이 송환되었으며, 한국인 귀환 인구는 1946년 11월까지 남한만 해도 268만 명에 달했다.[16] 이들 중 40만 명이 월남민이며 30만 명은 만주에서, 그 외 대다수는 일본에서 귀환한 사람들이었다.

이렇듯 엄청난 규모의 귀환 인구가 유입되고 대다수 기업이 가동되지 못함

---

12) 김태승(1987), 「미군정기 노동 운동과 전평의 운동 노선」, 박현채 외, 『해방 전후사의 인식 3』(한길사, 1987), pp. 357-358.

13) E. G. Meade, *American Military Government in Korea* (N.Y. : King's Crown Press, 1951) ; 「미군정의 정치경제적 인식」(부분역), 『한국 현대사의 재조명』(돌베개, 1982), p. 120.

14) 조선은행 조사부, 『조선 경제 년감』, 1949, p.41.

15) 이 시기의 물가 상승은 ①패전 후 조선총독부가 군수산업에 대한 미불금 청산 명목으로 불환 지폐를 남발한 것, ②미군정청이 미군 주둔비, 양곡 수집 자금, 치안 유지비 등을 조달하기 위해서 당초 적자 예산을 편성하여 이를 불환 지폐의 남발로 보전한 것에 기인한다. 小林英夫, 「解放直後韓國の勞動運動」, 山田三郎 (編), 『韓國工業化の問題』(東京 : アッア經濟硏究所, 1971) ; 『한국 현대사의 재조명』(돌베개, 1982), p. 440-441.

16) 小林英夫, 위의 책, pp. 448-449.

으로써 도시에는 실업자와 반실업자가 대량으로 속출하였으며, 극심한 인플레에 따른 실질임금의 급속한 저하로 인해 도시 노동자들은 생존이 어려웠다. 1946년 6월의 물가를 10년 전인 1936년과 비교해 보면 <표 2-3>에 나타난 바와 같이 10년 동안에 20배 가량이 올랐으며 해방 당시에서 1946년 3월에 이르기까지 7개월 동안만 살펴보아도 <표 2-4>에 나타난 바와 같이 5배 이상이나 물가가 올랐다. 이와 같은 물가 앙등이 도시 취업자들의 실질 임금 압박의 주요인이 되었다. <표 2-5>에 나타난 바와 같이 1945년 해방 후 실질임금이 1936년 식민지 시대의 노예적 저임금의 ⅓로 하락하였다는 사실은 전재민을 포함한 실업 및 반실업자 층을 일단 제외한다 하더라도 이 시기 한국 도시 노동자의 대다수가 기아선상에 있었다는 점을 말해준다.

<표 2-3> 물가 지수 (1936년 기준)

년 도	1936	1945. 8	1945. 12	1946. 3	1946. 6
물가지수	100	3,056	9,780	16,015	19,491

<표 2-4> 물가지수 (1945년 8월 기준)

년 도	45. 8	45. 9	45. 10	45. 11	45. 12	46. 1	46. 2	47. 3
물가지수	100	119.5	178.2	215.5	320.7	367.9	399.1	524.7

<표2-5> 실질임금 동향 (1936년 기준)

	1945년			1946년			1947년		
	노임 지수	소매물 가지수	실질 임금	노임 지수	소매물 가지수	실질 임금	노임 지수	소매물 가지수	실질 임금
1월	246	236	103.3	3581	8543	41.9	11450	33272	34.4
6월	282	289	108.9	6742	14932	45.3	15093	37451	40.3
12월	2724	7335	37.1	1186	26622	42.0	17088	55961	30.5

자료 : 조선은행 조사부, 『조선 경제 연감』, 1949 ; 『조선경제연보』, 1949.

이상에서 고찰한 바와 같이 식민지하 피지배 계급인 기층 대중은 열악한 상태에 있었지만, 그렇지 않은 계층도 있었다. 일제는 장기간 식민지 지배를 통해 한국 민족에게 분할통치 정책을 써왔던 바, 식민지 조선사회의 지주층과 매판 자본가, 비대화된 식민지 통치 기구의 친일 관료 등은 일제 식민지 지배의 매개 집단으로서 성장해 있었다. 해방 당시만 하더라도 한국인 사이에서는 한편으로는 일제에 협조하면서 일본 제국주의 지배 계급의 예속적 동맹자로 성장해 온 반봉건 지주, 매판 자본가, 친일 관료층을 지배 세력으로 하고, 다른 한편으로는 농민・노동자를 중심으로 한 광범위한 근로 대중을 피지배층으로 하여 사회적 갈등과 대립의 구조가 형성되어 있었다. 일제의 패망은 한국 사회 내부에 식민지 시대의 지배 계급과 피지배 계급간의 격렬한 갈등을 분출시켰으며, 구지배 계급은 그들의 정치적 기반이었던 일제 조선총독부가 와해됨으로써 더 이상 헤게모니를 장악할 수 없게 되었다. 기층 대중은 일제 식민지 잔재의 청산과 사회적 변혁을 요구하고 있었다.

이러한 농민・노동자를 기반으로 하는 기층 대중의 급격한 변혁 요구와 이들의 자연 발생적 동원을 어떻게 조직화하고 지도해갈 것인가 하는 것은 해방 직후 통일 민족 국가 수립에 있어 핵심적 과제였다고 볼 수 있다.[17] 이러한 과제를 달성하기 위해서는 무엇보다도 기층 대중을 결집시키고 그들의 에네르기를 새로운 국가 건설에 끌어들이는 것이었다고 할 수 있다.

그러면 어떤 정치 세력이 그러한 대중적 지도력을 가질 수 있었을까? 일제 식민지 통치하에서 끝까지 민족 독립 운동을 주도해오고 대중적 지지를 받고 있는 세력이 지도력을 가질 수 있으리라고 상정하는 것은 어려운 일이 아닐

---

17) 해방 직후의 한국 사회에서 제기된 민족적 과제는 일제 식민지 잔재를 청산하고 민주주의를 달성하는 것이었다고 볼 수 있다. 이를 위해 첫째로 한반도를 점령한 상이한 두 세력의 틈속에서 식민지하 저항 세력인 민족 해방 투쟁 세력과 피지배 대중을 주체로 하여 자주적 통일 민족 국가를 수립하는 것, 둘째로 통일 독립 국가 형성의 기본 전제로서 식민지 지배의 동조 세력이었던 친일 세력 및 민족 반역자 숙청을 비롯하여 일제 잔재를 청산하는 것, 셋째로 사회 경제적 변혁 과제로서 토지 개혁을 통해 반봉건적 지주 소작 관계를 청산하고 국가적 소유를 매개로 하여 적산과 매판 자본을 사회적 생산 자본으로 재편・전화시키는 것 등이 요구되었다고 할 수 있다.

것이다. 그런데 식민지 시대의 민족 독립 운동은 일제의 치밀한 억압과 분할 통치에 의해 이념적, 지역적, 방법론적으로 통합되어 있지 못했을 뿐만 아니라, 민족 독립 운동의 정통성 자체가 상당히 분절성을 띠고 있었다.[18] 민족 독립 운동은 1919년 3·1 운동 후 민족주의계와 사회주의계로 분화되었으며, 1927년부터 1931년까지 신간회를 중심으로 민족 협동 전선 운동이 추진되었으나 실패로 돌아갔다. 1930년대 이후 국내에서는 안재홍 계열을 제외한 민족주의 계열의 다수가 민족 독립 운동의 전선에서 탈락하였으며 적색 농민조합, 적색 노동조합 운동 등을 기반으로 사회주의 계열의 민족 독립 투쟁이 있었다. 또한 해방 직전인 1944년 8월에는 여운형을 중심으로 한 민족주의 좌파 세력이 건국동맹을 조직하였다.

한편 1930년대 이후에는 국내에서 조직적 항일 투쟁이 사실상 불가능하였기 때문에 해외에서 벌어진 항일 무장 독립 투쟁이 민족 독립 운동에서 중요성을 갖게 되었다. 해외의 항일 무장 투쟁 세력들은 1930년대 후반기에 일제의 중국 침략전쟁이 확대되자 분산성을 극복하고 연합 전선을 형성하기 위한 시도를 계속하였으나, 국내에 통일된 지도력이 형성되지 못했던 것과 마찬가지로 완전한 통합을 보지 못한 채 해방을 맞게 되었다. 해방 직전의 해외 독립 운동 세력들을 살펴보면, 첫째로 민족주의 세력으로 김구의 한국독립당을 중심으로 결속된 민족주의 우파 세력과 김규식, 김원봉 등 민족혁명당을 중심으로 결집된 민족주의 좌파 세력이 중국국민당 지역에서 대한민국 임시정부하에서 활동하고 있었으며,[19] 둘째로 공산주의 무장 투쟁 세력으로는 중국의 화북 지방에서 김두봉, 무정 등이 결성한 조선독립동맹[20]이 중국공산당과 함께

18) 강만길, 「민족 분단의 역사적 원인」, 『분단 현실과 통일 운동』(민중사, 1984), pp. 12-20.

19) 후기 임정은 좌우 세력의 결집에 성공하여 좌우 연립 정권의 성격을 갖게 되었다. 임정하 좌우합작에 대해서는 추헌수, 『한국 임정하 좌우합작에 관한 연구』(서울: 국토통일원, 1974); 안준섭, 「대한민국 임시정부하의 후기 좌우 합작」, 『한국의 근대 국가 형성과 민족 문제』(문학과 지성사, 1986). 정학섭, 「일제하 해외 민족 운동의 좌우 합작과 삼균주의」, 같은 책 참조.

20) 조선독립동맹의 활동에 대해서는 한홍구, 「華北 조선독립동맹의 조직과 활동」(서울대 국사학과 석사논문, 1988) 참조.

항일 투쟁을 전개하고 있었다.[21] 이밖에도 이승만을 중심으로 하는 일부 세력이 임시정부와 관련을 가지고 미국에서 독립 운동을 지원하고 있었다.

이상과 같이 민족 독립 운동의 흐름은 비록 통합 세력으로서 일본 제국주의를 직접적으로 패망시킨 것은 아니었지만, 해방 이후 자주 독립 국가 건설 과정에서 대중의 정치적 요구를 결집시키는 지도부로 부상할 수 있었다. 특히 당시 일제 식민지 감옥에 정치범이나 사상범으로 갇혀 있었던 3만여 명의 독립 운동가들이 해방과 함께 석방됨으로써 각 지역에서의 대중의 정치적 동원과 지도에 결정적 역할을 수행하였다. 여기에 일제하에 부단히 지속되어온 기층 농민·노동자들의 소작 쟁의 및 노동 쟁의 등의 대중적 역량이 결합되었다. 이와 같이 식민지하에서 축적된 민족 독립 운동의 역량은 해방 직후 자주적 통일 독립 국가를 수립하려는 요구로 폭발되었으며, 이러한 역량이 어느 방향으로 결집되는가가 새로운 국가 권력의 향방을 결정하도록 되어 있었다.

이러한 해방 직후의 정치 세력들간의 지형은 미군의 진주로 변화되었다. 해방 직후 실시된 미군정은 국내의 사회 정치 세력의 역학 관계에 중요한 매개 변수로 작용했던 것이다. 여기서 전후 미국의 점령 정책을 간단히 살펴보기로 한다.

제3절 미국의 점령 정책

해방의 세계 체제 성격으로 인해 해방 후 한국에서의 국가 형성은 앞 절에서 고찰한 바와 같은 내적인 힘에 의해서 자주적으로 이루어질 수 없게 되었

---

21) 만주에서는 중국공산당의 동북항일연군내에 동북인민혁명군과 같은 한국인 게릴라 투쟁 부대(항일무장유격대)가 활약하다가 1941년에 시베리아로 넘어갔다. 동북인민혁명군에 대해서는 서대숙, *The Korean Communist Movement*, 1918–1948, 1967 ;『한국공산주의 운동사』(화다, 1985), 제9장 「김일성과 중국 게릴라부대」, 스칼라피노·이정식 공저, *Communism in Korea* (1973) ;『한국공산주의 운동사 1, 2』(돌베개, 1986) 중 제1권 pp. 270–302. 「김일성의 등장」 참조.

다. 해방 후 남한에서 국가 형성을 규정한 결정적인 힘은 식민지하에서 축적된 독립 운동의 역량 위에 외적으로 부과된 미·소 두 열강의 한반도에 대한 이해 관계였다. 따라서 남한에서의 국가 형성을 분석하려면 국내 정치 세력들의 갈등에 대한 고찰 못지 않게 국가 형성을 구조적으로 틀지우는 미국의 대한 정책과 미군정의 전반적 성격에 대해 분석하는 것이 중요하다.

미국이 38도선을 경계로 한 한반도 분할 점령을 제안한 것은 2차대전 후 새롭게 재편된 미·소 중심의 냉전 체제[22]하에서 한반도에 소련에 대한 방파제를 구축하는 데 있었다고 볼 수 있다.[23] 제2차대전 기간을 통해 미국의 대외 정책은 크게 두 가지 기조가 있었다.[24]

하나는 국제주의 혹은 이상주의로 불리는 루즈벨트의 입장인데, 이는 윌슨(W. Wilson) 대통령 이후 미국이 공식적으로 견지해온 입장으로 식민지 국가들에 대한 연합국의 신탁통치 방안이다. 이는 압도적으로 강력한 국가가 취할 수 있는 루즈벨트식 제국주의(Rooseveltian Imperialism)로서 미국의 직접적인 개입을 피하면서, 식민지 사회를 미국을 중심으로 한 세계 자본주의 체제에 편입시켜 자국의 이해 관계를 실현하려는 전략이다. 2차대전 전 루즈벨트는 식민지 국가에서 미국의 이익을 실현하기 위한 방안으로 신탁통치안을 구

---

22) 냉전의 기원을 1947년 3월 트루만 독트린 선언으로 보는 것은 부적합하다. 1945년 2월 얄타 회담 당시까지는 미·영·소 등 對파쇼 연합국들 간에 협력이 잘 이루어졌으나 1945년 중반부터 미국과 영국은 소련의 폴란드 등을 비롯한 동유럽 처리 방안에 반기를 들고 소련을 견제하기 시작했다. 그러나 냉전의 기원을 구조사적으로 밝히는 작업은 당시의 국제 관계에 관한 실증적 자료로 뒷받침되어야 할 과제이다.

냉전의 기원을 조선 해방 이전으로 보아야 한다는 사실은 무엇보다도 미군이 남한에 진주한 후 최초 3개월 동안 실시한 제정책에서 명백히 드러난다. 미국은 진주 후 최초 3개월여에 걸쳐 해방 직후 조직된 국내의 민중 권력은 물론 우익 민족주의 세력인 임시정부조차 부정하고 반민족 세력을 결합시켜 식민지 억압 기구들을 재편하고 군정 통치 구조를 확립했다. 이로써 2년 후 극우익 친미 정권이 성립할 수 있는 기반이 마련된 것이다.

23) E. G. Meade, *American Military Government in Korea* (Columbia Univ. Press, 1951), p. 52

24) 미국의 전후 대외관계 문제 처리에 있어 이상주의자(국제주의자)와 현실주의자(국가주의자) 간의 입장의 차이에 대해서는 B. Cumings(김자동 역), 『한국전쟁의 기원』(일월서각, 1986), 제4장 참조.

상했다.[25] 한국의 경우에 대해서는 미 · 영 · 중 · 소 4개국에 의한 신탁통치안을 구상하고 있었다.

다른 하나의 견해는 현실주의(realism)로 불리는 국무성 관료들의 입장으로, 2차대전 중에 세계 체제 내에서 일어나는 실제적인 변화에 주목하여 루즈벨트식의 세계 지배에 문제를 제기하는 입장이다. 미국무성의 대외 문제 고문이면서 대한 정책의 입안자들인 빈센트(J. C. Vincent), 랭던(W. R. Langdon), 베닝호프(H. M. Benninghoff) 등이 그러한 입장의 대표자들인데, 이들은 소련의 사회주의 혁명이 확산되어 가는 상황에서 한국은 미국의 안보에 중요한 비중을 차지하기 때문에 신탁통치와 같은 소극적인 방법이 아니라, 한반도 전체 혹은 최소한 일부만이라도 점령하여 군정에 의한 통치를 실시하고 신탁통치국들의 감독 하에 군사 정부의 권한을 친미적인 한국인 정부로 이양해야 한다고 주장했다.[26] 즉 이들은 한국 문제에 대해 선점령 후신탁 통치의 방법을 제시하면서 군정 실시를 주장했다.

군부 내의 국가주의자들은 한반도의 전략적 가치에 회의를 품고 있었을 뿐만 아니라, 일본 본토 상륙 계획에 따른 군사력의 부족을 고려하여 소련의 대일전 참전을 희망하고 있었기 때문에, 국무성의 이러한 입장을 대체로 지지하지 않았다. 그런데 상황이 바뀌어 1945년 4월 국가주의자인 트루먼이 집권하고 원자폭탄 실험에 성공하여 군사력이 증강되자, 한국에 대한 선점령 정책을 실시하게 되었다. 이것은 결과적으로 국무성 관료들의 현실주의적 입장과 군부 내의 국가주의자들의 입장이 관철되었음을 말해 준다.

한반도를 분할 점령하여 군정을 선포한 후에도 미국은 신탁통치에 의한 통일 정부를 수립할 것인가, 아니면 확실한 부분이라도 확보할 수 있도록 군사 점령 하에서 단독 정부를 수립할 것인가 하는 두 가지 정책 카드를 사용했다. 남한 진주 후 미국은 1947년 9월 한국 문제의 UN 이관을 주장할 때까지 미

---

25) 미국은 신탁통치안을 戰前 세계 전략의 기조로 삼았다. J. Kolko & G. Kolko, 「미국과 한국의 해방」, 서대숙 외, 『한국 현대사의 재조명』(돌베개, 1982), p. 28.

26) B. Cumings, *The Origin of the Korean War: Liberation & Emergence of Seperate Regime 1945-1947*, Princeton Univ. Press, 1981, p. 103.

· 소의 협력에 의한 신탁통치의 실시를 추진하였다. 그러나 일제의 패망 이후 한국 문제에 관한 한 미 · 소의 협력이 더이상 불가능하게 되었을 뿐 아니라 민족주의 세력의 반대가 거세어지자 신탁통치안은 폐기될 수밖에 없었다. 더욱이 새로 취임한 트루만(H. Truman) 대통령은 세계 체제의 변화에 직면하여 소련에 대한 봉쇄 정책(containment policy)을 기본 노선으로 하였다.

이상에서 고찰한 바와 같이 미국의 한반도 점령의 가장 중요한 목적은 군사적 전략 기지 확보를 통한 대소 방파제 구축이었으며, 이것은 경제적으로는 남한을 미국을 중심으로 한 자본주의 체제에 편입시키고 정치적으로는 서구식 자유 민주주의 체제를 수립하는 것을 뜻했다. 미국은 한반도에서 자국의 전략적 이해 관계를 관철시키기 위해 혁명적 상황의 진정과 안정적 현상 유지를 점령 정책의 기조로 삼았으며, 남한 내의 국내 정치 세력들의 갈등과 정치 과정에 깊숙이 개입하였다.[27]

미군정이 최초로 취한 조치는 아래의 태평양 미육군 총사령부 포고 제1호에 나타난 바와 같이 과거 식민지 통치 기구를 활용하고 친일 관료 집단을 유임시킨 것이었다.

태평양 미육군 총사령부 포고 제1호[28]: 조선 주민에 포고함.

일본 천황과 정부와 대본영을 대표하여 서명한 항복 문서 조항에 의하여 미 태평양 육군 최고 지휘관 하의 군대는 북위 38도선 이남의 조선 지역을 점령하고(……) 본 지휘관은 본관에게 부여된 권한으로 북위 38도 이남의 지역과 동 지역의 주민에 대하여 군정을 실시한다. 따라서 점령에 관한 조건을 아래와 같이 포고한다.

제1조 조선 북위 38도 이남의 지역과 동 주민에 대한 모든 행정권은 당

---

27) B. Cumings (1981), p. 156.

28) 한국 법제연구회(편), 『미군정 법령 총람(국문편)』(1971), p. 1 참조.

분간 본관의 권한하에서 시행함.

제2조 정부 · 공공 단체 또는 기타의 공공 사업에 종사하는 직원과 고용인은 유급 · 무급을 불문하고 별도의 명령이 있을 때까지 종래의 직무에 종사하고 모든 기록과 재산의 보관에 임할 것.

제3조 주민은 본관 및 본관의 권한하에서 발표한 명령에 복종할 것. 또 점령군에 대하여 반항 행위를 하거나 질서를 해치는 행위를 하는 자는 엄벌에 처함

제4조 주민의 소유권을 존중함.

제5조 군정 기간 중 공용어는 영어임.

제6조 이후 공표하게 될 포고 · 규약 · 고시 · 지시 및 조례는 본관 또는 본관의 권한하에서 발표하여 주민이 이행해야 될 사항을 명기함.

1945년 9월 7일

태평양 미육군 최고 지휘관 더글러스 맥아더.

진주 직후 미군은 이 포고령을 통해 북위 38도 이남의 한반도 지역을 점령지역으로 규정함과 동시에 미군정만이 남한 내에서 배타적으로 통치권을 행사할 수 있는 유일한 국가 권력임을 천명하였다. 그리하여 임시정부와 건국준비위원회 등 기존의 권력 기구는 모두 부인되었다. 남한의 군사 점령은 통상적인 군사 점령과 달랐지만 미국은 이것을 '임자 없는 땅'을 점령한 것으로 간주하였으며[29], 주한 미점령군은 군사 점령자로서의 권한을 행사할 수 있다고 스스로를 규정하였다.[30]

---

29) E. Fränkel, 「주한 미군정의 구조」, 梶村秀樹 外 (김동춘 편역), 『한국 현대사 연구 Ⅰ』 (이성과 현실사, 1988), p. 94 참조. 원본은 매릴랜드 주 국가사료보관소의 주한 미군정 사법 관제철 (미분류 : 16박스) 에 보관되어 있음. 국제법의 권위자로서 당시 미군정의 사법부 요원으로서 활동한 E. Fränkel은 군사 점령은 주권이 있는 국가에 대해서 가능한 것이지만, 조선의 경우에 있어서는 국제법상 주권이 없는 나라에서 군사 점령 당국이 권력을 행사하는 데 대한 특별한 규정이 없기 때문에 미 점령군은 군사 점령자로서의 권한을 가질 수 있다고 주장하였으며, 이로써 군사 점령자로서 미군정의 법적 기초를 정당화했다.

30) 같은 책, p. 99 참조. E. Fränkel은 주한 미군 — 그것의 일부분으로서 미군정 — 이 수

경제적인 면에서도 미군정은 기존 소유권을 존중하여 친일 지주 매판 자본가의 재산을 보호하였으며, '45년 12월 6일 군정청은 군정 법령 33호로 신한공사를 설치하고 귀속 재산을 전부 장악했다.[31] 군정청은 대부분 한국인 관리관을 임명하여 과거 일본인 기업을 경영토록 했다. 귀속 재산은 1947년 7월부터 군정청의 친미 관료 및 한민당계 기업가들에게 불하되었다. 또 미국이 제공한 점령 지구 행정 구호 원조(GARIOA)는 민족 경제의 부흥을 위한 생산재 부문의 원조가 아니라 정치적 개량화와 안정을 겨냥한 소비재 원조가 대부분이었다.[32]

미군정은 지방 인민위원회 등 자생적 대중 조직이 접수하여 관리하고 있던 과거 동양척식주식회사 소유의 토지를 귀속 재산과 함께 접수하여 신한공사가 관리하도록 했다. 신한공사는 동척 소유의 토지를 인수하여 전 농지의 14%를 소유하고 총농가의 27%를 소작인으로 두는 거대 지주로 군림하였다. 그 후, 48년 초에 이르러 미군정은 5 · 10 선거를 앞두고 귀속 농지에 한하여 농지 분배를 실시하였다. 미군정은 조선공산당의 3 · 7제 소작료 요구와 농민 층의 소작료 인하 요구에 대응하여 일제 말기의 반분 소작제를 폐지하고 소작료 3 · 1제 실시를 공포하였으나 제대로 시행되지 않았다.

행하는 기능을 다음의 4가지로 규정하고 있다(이 논문의 제7장 제1절에서 이 점을 상론한다).

1. 통치권의 담당자로서 남한 내의 유일한 정부이다.
2. 미 본국 정부의 한 대리자로서 군사 점령자의 권한을 행사한다.
3. 남한의 사실상의 정부로서 자치 정부의 일반 기능을 담당한다.
4. 귀속 재산의 소유자로서, 관리자로서, 장차 한국 정부의 피신탁자로서 활동한다.

31) 이대근, 「미군정하 귀속 재산 처리에 대한 평가」, 『한국 사회 연구』, 제1집(한길사, 1982), p. 411.

32) '45. 9-48년 말까지 제공된 약 4.3억 달러의 GARIOA 원조 중 대부분이 식료품, 피복 등 소비재였다. 박찬일(1981), pp. 77-78.

제4절 미군의 진주

미국의 대한반도 점령 정책은 남한에 대한 군사 점령을 조건으로 하여 실행되었다. 여기에서 미군정 국가 기구 형성의 물리적 기반이 된 미군의 진주 과정을 간단히 살펴보기로 한다.

미국은 처음에 조셉 스틸웰(J. Stillwell)이 지휘하는 미10군을 남한 점령에 보내기로 하였으나 당초의 계획을 변경하여 오끼나와에 주둔하고 있었던 하지 지휘하의 미24군단을 진주시켰다.[33] 원래 계획으로는 제24군단의 3개 주력 부대인 제7사단, 제40사단, 제96사단 등을 남한 점령에 동원하기로 하였으나, 중국에서의 내전 정세의 변화에 따라 제96사단이 天津으로 전출됨에 따라 그 대신 제6사단이 동원되었다.[34]

미군 진주는 3단계로 나누어 볼 수 있는데, 제1단계는 부산을 비롯한 주요 도시에 시찰단을 파견하여 일본군의 협조 하에 지역 정세를 파악하는 것이었으며, 제2단계는 군사 점령 단계로서 전술 부대에 의한 점령을 하는 것이었고, 제3단계는 군정을 수행하기 위해 점령 지역에 군정 전담 부대를 파견하는 것이었다. 1945년 9월 8일 인천에 상륙한 미군 부대는 아놀드 소장이 지휘하는 제7사단이었는데, 이들은 수도 서울을 비롯하여 후속 부대가 상륙할 인천 지역, 군사적 요충지인 개성 지역 등 경기, 강원 지역을 장악하였다. 이에 비해 영남, 호남 등 남부 지역에 대한 점령은 1945년 말이 가까워서야 완료되었다.[35] 9월말에 제40사단이 인천에 상륙하여 열차 편으로 부산을 비롯한 영남 지역에 진주하였다. 하지 사령관은 미육군성의 계획 변경으로 제96사단이 중국으로 전출하게 되어 지방 점령이 늦어지게 되자, 9월 말 동경에 있는 맥아

---

33) 원래 제24군단은 스틸웰 대장이 지휘하는 제10군에 소속되어 있었으나 1945년 8월 중순 제10군에서 이탈되어 맥아더의 직접 지휘를 받게 되었으며 맥아더는 제24군단 사령관 하지 중장을 주한 미군 총사령관으로 임명하였다. B. Cumings (1981), pp. 171-172.

34) *HUSAFIK*, 제1권 제6장, p. 29.

35) 군사 점령이 늦었던 남부 지역에서는 그리하여 인민위원회 중심의 자생적 권력 기구의 성장과 활동이 상대적으로 활발하였다.

더 사령부에게 남한 정치 정세에는 '강력한 군대'가 절실히 필요하다는 전문을 보내어 제6사단의 신속한 파견을 요청하였다. 이에 따라 제6사단 부대들은 10월 중순 인천에 도착하여 호남 지역에 진주하기 시작했으며, 11월 10일에는 제6사단의 제20보병 연대가 제주도에 도착함으로써 남한 전역에 대한 전술적 점령이 완료되었다.[36)]

도 · 시 · 군단위로 파견될 군정 전담 부대의 진주는 전술 부대의 점령보다 늦게 이루어졌기 때문에 군정의 공백은 군정 부대가 파견될 때까지 전술 부대가 관장하였다. 군정 부대들은 10월 말부터 인천으로 상륙하기 시작하여 몇 일 동안 한국 정세에 대해 교육을 받은 뒤 전국 각지역으로 배속되었는데, 도청 소재지에는 군정 대대가, 시 · 군 지역에는 군정 중대가 파견되었다. 이렇게 하여 11월20일 현재 41개 군정 중대가 전국 시 · 군에 파견되었으며 제주도에도 1개 군정 중대가 진주하였다.[37)] 이들 군정 중대들이 정책의 차이들을 해소하고 군사 정부의 통일된 지휘하에 완전히 편입된 것은 1946년 1월 14일에야 가능하였다.[38)] 미군정 기간 동안 남한 전역에 주둔한 미군 병력의 규모는 1945년 11월 말 현재 7만 7천 643명에 이르렀다.

36) HUSAFIK, 제1권 제6장, p. 42.

37) 서울신문사, 『주한미군 30년』(행림출판사, 1979), p. 45.

38) B. Cumings (1981), p. 372.

제3장 해방 직후 사회 제세력의 갈등과 미군정

이 장에서는 해방 직후 사회 세력들의 갈등의 양상을, 미군정이 한국 사회를 재편하는 데 있어 어떤 사회 세력을 선택하고 배제했는가에 초점을 맞추어 살펴보고자 한다. 이 장은 제2장과 함께 이 연구의 도입부로서 미군정 국가기구가 형성되는 데 작용한 구조적 요인들을 밝히는 데 의의를 두고 있다. 미군정 국가 기구의 성격은 국가 조직의 측면에서 미국이 활용할 수 있는 제도적 자원, 즉 일제 식민지 통치 기구의 유산을 살펴보아야 할 뿐 아니라 국가 권력의 제도적 실체가 어떤 사회 세력에 의해 장악되었는가를 분석할 때 그 총체적인 모습이 드러날 것이다.

해방 후 사회 세력들의 대립 구도는 미군 진주와 임시정부 요인들의 귀국을 기점으로 해서 상당한 변화를 겪었다. 해방 직후에는 지주·친일 관료를 대변하는 한민당 세력이 있었으며, 자주적인 민족 통일 국가를 건설하려는 세력으로 해외에서는 대한민국 임시정부가 있었고 국내에서는 건국준비위원회가 급속하게 조직되었다. 그러나 9월 8일 미군이 진주하여 미군정이 수립되고 해외 독립 운동가들이 귀국하자 사회 세력의 대립 구도는 크게 이승만-한민당 세력, 임시정부 세력, 조선공산당 세력, 중간 세력 등으로 분화되었다. 지금까지 많은 연구자들은 대체로 이러한 사회 세력들을 좌우 대립의 구도 속에 위치 지우는 것이 보통이었다. 이 논문에서도 기본적으로는 기존의 분류 방법을 따르기는 했지만, 자주적 통일 민족 국가 수립을 지향한 민족 자주 세력과 외세 의존 세력간의 대립 구도를 동시에 고려하고자 하였다.[1)]

제1절 해방 직후 민족 독립 국가 수립 운동

먼저 해방 직후 미군정이 성립되기 이전에 나타났던 민족 독립 국가 건설

1) 지금까지 해방 직후의 사회 세력들을 분류하는 데 주로 쓰여진 방식은 그것들의 변혁 노선과 계급적 이해관계에 따라 극우익, 중도 우익, 중도 좌익, 극좌익 등으로 분류하는 것이었다. 그러나 이러한 분류 방식은 좌우 대립에 초점을 맞추고 상대적으로 민족 자주 세력과 외세 의존 세력간의 갈등에는 주의를 덜 기울여 외적 요인과 민족 모순을 제대로 파악하지 못하는 경향이 있었다. 따라서 이러한 분류 방식에 외세에 대한 태도나 지향을 결합시켜 새롭게 분류되어야 할 것이다. 이 논문에서는 해방 직후 사회 갈등을 이해하는 데 있어 미군정과 한국 민족간의 민족 모순을 주된 축으로 보아 다음과 같은 분류 기준을 가설적인 수준에서 가지고 있다.

	우익	좌익
민족 자주 세력	우익 민족 자수 세력	좌익 민족 자주 세력
외세 의존 세력	우익 외세 의존 세력	좌익 외세 의존 세력

좌익과 우익을 가르는 선은 해방 직후 역사적 과제로 제기된 ①친일파 처벌과 ②토지개혁에 대한 입장 및 ③공산주의에 대한 태도를 들 수 있다. 극우 세력은 ① ② ③ 모두에 반대하는 입장, 중도 우익은 ③은 명백히 반대하고 ①은 지지하지만 ②에 대해서는 애매한 입장, 중도 좌익은 ① ②는 지지하고 ③에 대해서는 모호한 입장, 극좌는 ① ② ③전부에 대해 적극 지지하는 입장이라고 상정해 볼 수 있다. 그리고 민족 자주 세력과 외세 의존 세력을 가르는 선은 새로운 민족국가 건설에 있어서 외세를 배격하는가 아니면 외세에 의존하는가 하는 점이 가장 중요한 점이라고 볼 수 있다. 여러 사회 세력들은 현실적으로는 이러한 두 가지 범주의 결합으로 존재한다고 할 수 있다.

그런데 해방 직후 현실 정치 지형에서 나타난 사회 세력들, 즉 김구의 임시정부 세력, 이승만-한민당 세력, 여운형 세력, 조선공산당 세력 등을 어디에 위치 지우는가에 대해서는 논란의 여지가 많다. 여기에서 이들이 어느 위치에 속하는지를 미리 단정적으로 말하기가 힘들다. 다만 본문의 논의를 통해 그들의 대강의 위치가 드러날 수 있으리라 생각된다.

움직임부터 살펴보기로 하자. 우선 일제 식민지하에서 해외 독립 운동의 구심체로 활동하던 대한민국 임시정부에 주목할 필요가 있다.

3·1 운동 후 상해에서 성립된 대한민국 임시정부(이하 臨政으로 약함)는 1938년 중경에 정착한 후 해외 독립 운동 세력의 구심체로서 역량을 강화하려 했으며, 1940년 9월 17일에는 臨政의 무장 투쟁 단체로서 한국광복군을 편성하였다. 또 1941년 12월에는 趙素昻이 주창한 三均主義(교육·경제·정치의 평등)를 토대로 대한민국 건국 강령을 공포하여 해방 후 건국의 예비정부로서의 성격을 더욱 강화하고자 했다. 臨政의 건국 강령의 특징은 경제적인 면에서 사회주의 원리를 대폭 도입하여 대생산 기업의 국유화와 토지 개혁 등의 개혁 내용을 담고 있다는 점이다.[2] 건국기의 경제 체제에 관한 임시정부의 건국 강령은 다음과 같다.

> 대한민국 건국 강령(부분) : 건국기의 경제 체제
>
> 건국기의 헌법상 경제 체제는 국민 각자의 균등 생활을 확보함과 민족 전체의 발전 및 국가를 건립 보위함에 연환 관계를 갖게 하되 다음과 같은 기본 원칙에 의하여 경제 정책을 추진하고 실행함.
>
> 1. 대생산 기관의 工具 및 수단을 國有로 하고 토지와 어장, 광산, 농림, 수리, 沼澤과 수상·공중·육상의 운수 사업과 은행·전신·교통 등과 대규모의 농·공·상 기업과 城市 공업 구역의 공용적 주요 생산은 國有로 하고, 소규모 기업 혹은 중규모 기업은 私營으로 함.
>
> 2. 일제(적)의 侵占 혹은 시설한 官·公·私有土地와 어장, 광산, 농림, 은행, 회사, 공장, 철도, 학교, 사찰, 병원, 공원 등 房産과 基址와 기타 경제·정치·군사·문화·교육·종교·위생에 관한 일체의 私有資本과 附敵者의 일체 소유 자본 및 부동산을 몰수하여 國有로 함.

---

2) 대한민국 건국 강령은 ①건국기의 인민의 권리와 의무 ②건국기의 정치 기구 ③건국기의 경제 체제 ④건국기의 교육 제도에 관한 내용으로 이루어져 있다. 신용하(1988), pp. 42-43 ; 국사편찬위원회, 『한국 독립 운동사 자료』 제1권, 「대한민국 건국 강령」, pp. 360-365 참조.

3. 몰수한 재산은 貧工·貧農 및 일체 무산자의 이익을 위한 國營 혹은 公營의 집단 생산 기관에 充供함을 원칙으로 함.

[…]

8. 토지는 自力 自耕人에게 分給함을 원칙으로 하되, 원래의 雇傭農·소작농·자작농·소지주농·중지주농 등 農人 地位로 보아 低級에게 우선권을 줌.

臨政은 건국 강령 공포 후 민족 연합 전선 형성을 위한 노력을 더욱 경주하여 김구의 한독당계가 중심이 되어 1942년 5월에는 조선민족혁명당(주석 金奎植, 총서기 金元鳳) 등과 연합하였으며 연안의 조선독립동맹과도 연락을 도모하고 있었다.[3] 좌우 연합에 어느 정도 성공한 臨政은 1943년 12월 카이로 회담에서 '적절한 시기에 한국을 독립시킨다는' 내용이 발표되자 이를 연합국의 신탁통치를 의미하는 것으로 인식하여 연합국에 항의문을 보내는 등 외교적으로 신탁통치 반대운동을 벌였다.

해방이 되자 대한민국 임시정부의 주석 김구는 1945년 9월 3일 重慶에서 '국내외 동포에게 고함'이라는 성명서를 발표하고 국내에 과도 정권이 수립될 때까지 대한민국 임시정부가 정부의 역할을 맡을 것을 천명하였다.

국내외 동포에게 고함[4]

[…] 본 정부가 근 30년간에 주야로 그리던 조국을 향하여 전진하려는 前夕에 있어서, 일찍이 조국의 독립을 완성하기 위하여 본 정부를 애호하

---

3) 연안의 조선독립동맹은 건국 강령에 있어서 임정의 건국 강령과 근본적인 차이가 없었으며 민족 해방을 위해 모든 단체의 연합을 강조하고 조선독립동맹이 독립운동 단체의 지방 단체임을 천명한 점 등으로 미루어 볼 때, 해방 후 우익 민족주의 세력과의 연합 정부를 고려하고 있었던 것으로 보인다. 또 독립동맹과 임정은 임정에 통합된 김원봉계의 조선민족혁명당계를 통해 깊이 연계되어 있었으며 임정은 조선민족혁명당 간부이자 임정 국무위원인 張建相을 연안에 파견하여 독립동맹과의 연락을 도모하고 있었다. 신용하(1988), pp. 50-51 참조.

4) 김종범·김동운, 『해방 전후의 조선 진상』(돌베개, 1984), pp. 48-50.

고 독려하던 절대 다수의 동포와 또 이것을 위하여 본 정부와 遊離轉轉하면서 공통 분투하던 동포의 앞에 본 정부의 포부를 고하려 할 때에 본 주석은 비상한 感奮을 금하지 못하는 바이다.[…]

우리가 처한 현단계는 건국 강령에 명시한 바와 같이 건국의 시기로 들어가려 하는 과도적 단계이다. 다시 말하자면 復國의 임무를 아직 완전히 끝내지 못하고 건국의 초기가 개시되려는 단계이다. 그러므로 現下 우리의 임무는 허다하고도 복잡하며 우리의 책임은 중대한 것이다.[…]

본 정부는 이때에 당면 정책을 如左히 제정・반포하였다. 이것으로써 현단계에 처한 본 정부의 포부를 中外에 천명하고자 함이며, 이것으로써 전진 노선의 지침을 삼고자 함이다. 또한 이것으로써 동포 제위의 당면 노선의 지침까지 삼으려는 것이다.

친애하는 우리 동포・자매・형제여! 우리 조국의 독립과 우리 민족의 민주 단결을 완성하며 국제간의 안정과 인류의 평화를 증진하기 위하여 본 정부의 당면 정책을 실행하기에 공동 노력하자!

대한민국 임시정부의 당면 정책

1. 본 임시정부는 最速 기간 내에 곧 입국할 것.

2. 우리 민족의 해방 及 독립을 위하여 혈전한 중・미・소・영 등 우방 민족으로 더불어 절실히 제휴하고 연합국 헌장에 의하여 세계 一家 안전 及 평화를 실현함에 협조할 것.

3. 연합국 중의 중요 국가, 중・미・소・영・法 5강에 향하여 먼저 우호 협정을 체결하고 외교 途經을 拐關할 것.

4. 盟軍 주재 期內에 일체 필요한 事宜를 적극 협조할 것

5. 평화 회의 及 각종 국제 집회에 참가하여 한국의 應有한 발언권을 행사할 것.

6. 국외 임무의 결속과 국내 임무의 전개가 서로 접속됨에 필요한 과도 조치를 집행하되, 전국적 普選에 의한 정식 정권이 수립되기까지의 국내

과도 정권을 수립하기 위하여 국·내외의 각 계층, 각 혁명당파, 각 종교단체, 각 지방 대표와 저명한 官民간 領袖級 인물을 소집하도록 적극 노력할 것.

7. 국내 과도 정권이 수립된 즉시에 본 정부의 임무는 완료된 것으로 認하고 본 정부의 일체 기능 及 소유 건물은 과도 정권에게 교환할 것.

8. 국내에서 건립된 정식 정권은 반드시 독립 국가·민주 정부·균등 사회를 원칙으로 한 신헌장에 의하여 조직할 것.

9. 국내의 과도 정권이 성립되기 전에는 국내 일체의 질서와 대외 일체 관계를 본 정부가 負責·유지할 것.

10. 동포의 안전 及 귀국과 국내외에 거주하는 동포의 구제를 신속히 처리할 것.

11. 적의 일체 법령의 무효와 신법령의 유효를 선언하는 동시에 적의 통치하에 발생된 일체 罰犯을 사면할 것.

12. 敵産을 몰수하고 敵僑를 처리하되 盟軍과 협상·처리할 것.

13. 적군에게 被迫出戰한 韓籍 군인을 국군으로 편입하되 맹군과 협상을 진행할 것.

14. 독립 운동을 방해한 자와 賣國賊에 대하여는 공개적으로 엄중히 처분할 것.

대한민국 27년 9월 3일

대한민국 임시정부 국무위원회 주석 김 구

그러나 해방 후 미군정은 스스로 유일한 합법 정부임을 선포하여 해외 민족 독립 운동 세력의 골간인 臨政을 승인하지 않았다. 이 때문에 과도 정부를 자처했던 임시정부의 의지는 좌절되었고 친일파 처벌·적산 몰수 등 臨政의 당면 정책도 실현될 수 없었다. 미군정이 臨政을 인정하지 않은 것은 식민지하에서 '임시정부'를 세워 독립 운동을 해온 인물들이 해방 후에 가질 수 있는 상징적 지도력이 미국의 대한정책 목표의 수행에 도움이 되기보다는 장애가 될 것이라고 보았기 때문이다. 그리하여 김구를 비롯한 臨政 요인들은 부득이 1945년 11월 23일부터 개인 자격으로 환국하였다.

다음에 해방 직후 국내의 민족 국가 수립 움직임을 살펴보자. 1945년 8월 15일 일본이 갑작스럽게 패망하여 식민지 권력이 와해됨으로써 한국 역사상 유례없이 민중은 정치 무대에 자발적으로 진출하여 변혁을 적극적으로 요구하게 되었다. 그리하여 해방된 날로부터 불과 10일 이내에 민중은 폭발적으로 정치적 행동을 개시하여 후에 조선건국준비위원회(이하 建準으로 약함)의 지부가 될 지방 인민위원회를 회령, 경성으로부터 제주에 이르기까지 전국적으로 조직하였다.

8월 15일 총독부 정무총감 엔도오(遠藤)는 여운형과 교섭하여 행정 기구와 치안을 인계하는 대신 일본인의 안전에 대한 협력을 부탁하였다. 여운형은 치안 유지에 협력하는 대신 총독부 당국에 다음의 5가지 조건을 제시하여 관철시켰다.[5]

(1) 전국을 통하여 정치범·경제범을 즉시 석방할 것.
(2) 8, 9, 10월 3개월 간의 식량을 보장할 것.
(3) 치안 유지와 건국을 위한 정치 활동에 절대로 간섭하지 말 것.
(4) 청년과 학생을 조직 훈련하는 데 대하여 절대로 간섭하지 말 것.
(5) 근로자와 농민을 건국 사업에 조직 동원하는 데 절대로 간섭하지 말 것.

위의 요구들에서 볼 수 있는 바와 같이 建準은 이미 단순한 치안 유지의 차원을 넘어서 과도적인 건국 준비 기구를 만들겠다는 구상하에 조직된 것이다. 이처럼 여운형이 해방 정국을 주도할 수 있었던 것은 해방 직전부터 '건국동맹'이라는 지하 조직을 중심으로 해방 후의 국가 수립에 대해 준비해왔기 때문이다.

---

5) 송남헌(1985), p. 7.

건국동맹을 기초로 조직된 建準은 해방 후 조직된 자생적 민중 조직들을 지방 지부로 흡수하면서 조직을 정비하였는데 해방 2주일만인 1945년 8월말에는 전국적으로 145개의 지부 조직을 갖추게 되었다. 建準과 전국에 걸쳐 구성된 建準지부(후에 인민위원회로 개칭)는 해방 공간에서 여러 지역에서 사실상의 통치권을 행사하였다.[6] 建準은 여운형을 중심으로 하는 건국동맹계의 민족주의 세력뿐 아니라 사회주의 세력, 안재홍계의 중도 우익 세력 등 친일파를 제외한 좌우익 민족 세력을 총망라하는 민족 연합 전선체로서[7] 새로운 독립 국가의 준비 기구로서 위치를 차지했다.

그런데 처음에는 민족 연합 전선체로서 구성된 建準이 치안 유지를 비롯하여 준국가 기구로서 활동을 전개하게 되고 식민지 잔재 청산의 문제가 제기되자 공산주의 세력의 영향력이 증대되어 갔다. 45년 8월 22일 建準의 중앙 조직 개편은 해방 공간에서의 전민중적, 자연 발생적 요구를 즉각적으로 조직화하고 수렴해내는 민족 통일 전선의 지도부의 형성으로서 의미를 갖게 되는데, 그 과정에서 공산주의 계열이 주도권을 장악하게 된 것이다.

建準은 미군 진주가 임박하게 되자 9월 6일 경기여고 강당에서 전국인민대표자대회[8]를 개최하고 조선민주공화국을 선포할 예정이었으나 조선공산당의 주도권 장악으로 조선인민공화국(이하 人共으로 약함)을 선포하였다.[9] 人共

6) G.Henderson, *Korea : The Politics of the Vortex*, Cambridge : Harvard Univ. Press, 1968, p. 117.

7) 홍인숙, 「건준의 조직과 활동」『해방 전후사의 인식 2』(한길사, 1985), p. 105.

8) '인민공화국'을 탄생시킨 '전국인민대표자회의' (1945. 9. 6)는 여운형이 임시의장이 되어 열렸지만 박헌영의 영향력도 크게 작용한 것으로 알려지고 있다. 人共의 성립에서 여운형의 역할에 대해서는 두 가지 관점이 있다. 여운형의 동생인 여운홍과 측근이었던 이동화는 여운형이 人共을 수립할 의사가 없었다고 주장하고 있지만 몽양 연구가 김광식은 제반 자료를 통해 몽양이 人共 수립에 수동적이지 않았다는 사실을 입증하고 있다. 김광식, 「제3세계 민족주의자로서의 여운형」『제3세계 연구』 2 (한길사, 1985) ; 김광식, 「해방 직후 여운형의 정치 활동과 '건준' · '人共'의 형성 과정」 최장집 외, 『한국 현대사 1』(열음사, 1985) 참조.

9) 建準은 좌우익을 망라한 민족 통일 전선체였으나 '45년 9월 26일 조선공산당의 주도하에 열린 人共과 建準 연석 회의에서 발전적 해소가 결정되었으며 같은 해 10월 7일 33명의

선포와 미군 진주 후 여운형계의 建準세력은 人共이 조선공산당에 의해 장악되었을 뿐 아니라 미군정이 人共을 부인하였기 때문에 미군정의 정당 정책에 대응하여 조선인민당을 결성하고 이를 중심으로 활동하였다. 45년 11월 12일 과거 건국동맹 맹원과 중간 계급, 온건 인텔리 층을 중심으로 한 중간 세력이 人共에서 탈퇴하게 되자, 人共과 그것의 지방 조직은 박헌영계의 조선공산당이 지도하는 대중 조직으로 남겨지게 되었다.

그러나 남한에 진주한 미군은 미군정을 선포하고 인민공화국은 물론이고 기존의 建準 중심의 자생적 권력 기구를 해체시켰다. 미군이 진주함으로써 한국인이 구성한 정부 형태의 모든 자생적 권력 기구는 부인되었던 것이다. 특히 각 지역에서 인민위원회의 통치 아래 개혁이 이루어지고 있었던 경우도 있었는데, 미국은 그것을 군정 실시의 장애로 여겼던 것이다.

이상에서 살펴본 바와 같은 국내의 움직임은 미군이 진주하고 해외에서 독립 운동가들이 귀국함에 따라 상황이 바뀌었다. 사회 세력들의 갈등 구도가 복잡하게 전개된 것이다. 미군 진주 후 남한의 정치 무대에서 중요하게 간주될 수 있는 사회 세력들로는 ①이승만과 한민당 세력, ②김구 중심의 임시정부 세력, ③조선공산당 세력(후에 남로당으로 개편), ④여운형의 조선인민당 세력(후에 근로인민당으로 개편) 등이 있다.

여기에서는 미군정의 개입에 따라 국내 사회 세력이 대립 · 분열되는 과정을 편의상 ①미군정의 수립 초기 ②탁치 논쟁의 국면(1946년초-1947년 중반) ③정부 수립 국면(1947년 중반-정부 수립)의 세 시기로 나누어 고찰하고자 한다. 이들 사회 세력들이 각 국면에서 외세에 대해 어떻게 대응하였으며 통일 독립 국가 수립에 대한 노선은 어떠하였는가, 그리고 정부 수립 과정에서 미군정에 의해 어떠한 사회 세력들이 어떻게 선택 혹은 배제되는가가 분석의 초점이 될 것이다.

위원 중 25명이 참석한 가운데 해체되는 형식을 밟아 해소되었다.

제2절 이승만-한민당 세력

송진우 계열의 민족 개량주의자들과 지주층을 중심으로 한 보수 세력들은 해방 직후 '臨政 봉대'를 구실로 '建準'에의 참여를 거부하다가, '45년 9월 6일 人共이 선포되자 같은 해 9월 8일 한국민주당 발기인 대회를 개최하였다. 이들은 人共에 대해 "민심을 현혹하고 질서를 교란하는 죄를 범하고 있다"[10]고 비난하면서 人共타도를 천명하고 나섰다.[11]

한민당은 미군 진주 후인 '45년 9월 16일 조선민족당, 한국국민당 그리고 국민대회 준비위원회가 통합함으로써 결성되었다.[12] 이들은 아래의 평가에서도 잘 나타나는 바와 같이 대부분 지주, 자본가 그리고 군정청 관료(그중 일부는 과거 친일 관료)들로 식민지 시대의 지배 계급이었다는 점 때문에 대중적 지지를 얻기가 힘들었다.

> 첫째, 대개가 보수파들의 집단이고, 둘째로 기호파 급(及) 호남파들의 재벌가 급 중산계급의 결정체인 부르주아 정당이며, 셋째로 왜정 시에 관료 출신이 많았으며 심지어는 고등 관리를 경력한 인사들도 내포되어 있어서 여차한 면으로 친일파의 색채를 불면케 되었으며, 넷째로 동당은 김병로, 장덕수, 백관수, 조병옥 등의 신간회 출신인 약간의 소극적인 항일 투사를 제외하고는 거개가 정시하고 있던 기회주의자들인 국내파들의 클럽이다[13]

한민당의 인적 구성[14]과 그 계급적 기반을 살펴보면 첫째로 김성수 등 대지

---

10) 심지연, 『한국 민주당 연구』 I (풀빛, 1982), p. 48.

11) 심지연, 위의 책, p. 24.

12) 한민당의 주요 구성원은 다음과 같다. 조선민족당 계열의 김병로, 백관수, 원세훈, 조병옥, 이인, 함상훈 등, 한국국민당 계열의 백남훈, 김도연, 허정, 장덕수, 홍성하, 유억겸, 윤치영, 윤보선, 최승만 등, 그리고 국민대회 준비위원회의 송진우, 김성수, 서상일, 장택상, 김준연 등이다. 한태수, 『한국 정당사』, 서울, 신태양사, 1961, pp. 60-63 참조.

13) 이기하, 『한국 정당 발달사』, 의회정치사, 1961, p. 62.

주 층을 그 기반으로 하고 있으며, 둘째로 1920년대부터 『동아일보』에 종사해온 개량주의적 언론계 출신 인물들과 보성전문학교, 중앙고등학교를 경영한 인맥들로 일본이나 구미 유학을 통해 자유주의 사상을 가진 보수적 지식인층이라는 점이다. 이들의 일제하의 경력을 살펴보면 1940년 『동아일보』가 폐간될 때까지 언론 문화 운동을 해오다가, 일제말에는 학병 동원, 징용을 지원하는 연설이나 집필에 앞장서는 등 독립 운동 진영에서 탈락하였다. 이들의 개량주의적 독립 운동은 당수 송진우에게서 볼 수 있듯이 한일 병합 정신에 충실한 언론을 목표로 활동하였으며, 미국에 민주주의 실현을 호소하는 등 외세 의존적 성격이 강했다. 송진우는 해방 후에도 미국에 의한 한국의 훈정 통치를 주장하여 물의를 일으키기도 하였다.

한민당은 해방 후 결성된 정당 가운데 친일파 처벌을 주장하지 않은 유일한 정당이었을 뿐 아니라, 토지 개혁이나 새로 형성될 국가의 성격에 대해서도 建準과 대립되는 입장을 표방했다. 한민당은 建準이 민족 통일 전선 형성에서 친일파 배제를 원칙으로 하고 있었을 뿐 아니라 친일파 토지의 몰수와 무상 분배, 기업 등 사유 재산의 몰수와 국유화 등을 주장하여 실질적으로 한민당 세력을 변혁의 주대상으로 삼고 있었기 때문에 建準과 대립되었던 것은 당연한 귀결이었다.

한민당의 보수적 경향은 군정 중기와 후반기에 이를수록 더욱 강화되는데, 미군정이 1차 미소공위 결렬 후 추진한 좌우 합작 운동에 대해서도 합작7원칙 중 토지 문제 조항을 이유로 반대했던 데서 잘 나타난다.[15] 한민당은 1946년 10월 이후 좌우 합작에 대한 견해 차이와 남조선과도입법의원 개원 문제로 원세훈, 김약수, 김병로, 박명환, 송남헌 등 백여 명의 지도부 인사가 탈당함으

---

14) 한민당은 '45년 9월 21일 총무 9인을 선출했던 바, 송진우, 백관수, 허정, 서상일, 조병옥, 김도연, 김동원, 원세훈, 백남훈 등이 그들이다. 김병로는 송진우와 출신도(전남)가 같아 감찰위원장직을 맡았다. 송진우는 이승만, 김구를 추대할 목적으로 당수직을 사양하고 수석총무직에 취임했었으나, 나중에 이승만, 김구의 취임 거부로 당수직을 맡았다. '45년 12월 30일 송진우가 암살된 후에는 김성수가 당수에 취임, 단일 지도 체제를 갖추게 되었다.

15) 송남헌, 앞의 책, pp. 310-311. 좌우 합작 7원칙 중 제3항은 '토지 개혁에 있어 몰수·체감 매상에 의해 농민에게 무상으로 분여하며…'라고 되어 있다.

로써 그 보수성이 더욱 강화되었다.[16)]

한민당은 과거 식민지하의 경력과 정치 노선으로 인해 민중의 지지를 받을 수 없었으며, 따라서 '하는 수 없이 상해 임시정부를 봉대한다는 명분을 내걸고 민중의 지지를 얻고자' 했다.[17)] 그러나 한민당은 친일파 처리에 있어 강경한 입장을 취하고 있었던 臨政의 후광을 얻는 데 실패하였다.

이처럼 해방 공간에서 정치적 지지 기반을 가질 수 없었던 한민당은 신탁통치 문제가 제기된 국면을 적극적으로 활용하여 반탁 운동을 자신의 정당성을 확보하는 자원으로 삼게 된다. 이들은 김구 중심의 臨政 세력과 달리 '반탁'의 민족주의적 측면보다 반공 이데올로기로서의 측면을 강조하여 그 유효성을 의식적으로 이용했다.[18)] 이들은 반탁=반공=반소의 논리를 동원하여 대중의 민족주의적 감정을 자신의 정치 공간을 확보하는 데 최대한으로 활용했던 것이다. 또한 이들은 반탁을 주장하면서도 미소공위에는 참가하는 기회주의적 태도를 보이기도 하였다.

무엇보다도 한민당이 단정 수립의 주체 세력으로 성장할 수 있었던 결정적인 요소는 미군정의 후원이었다. 미국은 진주 초기부터 '적극적 선택' 정책에 의해 자신과 제휴할 수 있는 동맹 세력으로 한민당 세력을 지목했으며, 나중에 살펴보게 되듯이 미군정 국가 기구의 핵심적 지위를 한민당 요인들에게 제공했다.[19)] 미군정의 지원 하에서 한민당은 군정 기구를 장악함으로써 국내 정치투쟁에서 유리한 고지를 점할 수 있었던 것이다.

1945년 10월 이승만의 귀국은 한민당과 미군정에 있어서, 궁극적으로는 남한 단정 수립에 있어 중요한 의미를 갖는다. 이승만은 人共의 주석뿐만 아니라 '한민당 당수'로 추대되어 있었지만, 이를 모두 거부하고 자신의 독자적 기반을 갖기 위해 '독립촉성중앙협의회'(이하 독촉으로 약함)를 구성하였다. 독

16) 심지연, pp. 14-15, p. 24.

17) 진덕규, 「한국 정치 사회의 권력 구조에 관한 연구」(연대 박사 학위 논문, 1977), p. 159.

18) 최상용, 「미군정기의 한국: 아시아 냉전의 초점」, 『한국 사회 연구』 제1권(한길사, 1983), p.358.

19) 제4장 제3절 관료의 충원 참조.

촉은 정당 통일 운동의 일환으로 시작된 것이었기 때문에 처음에는 여러 정치 세력들이 참여했으나 반공 세력이면 '무조건 뭉치자'는 이승만의 조직 원칙에 반대하는 여타 세력들로부터 소외당하게 되었으며 결국 극우적 성격을 갖게 되었다.[20] 臨政 및 여운형의 건국동맹 계열은 독촉협의회가 반통일 노선을 지향한다는 이유로 이승만과의 협력을 거부했으며 따라서 대중적 기반을 갖지 못한 이승만의 독촉협의회는 한민당계 보수 세력의 지지만 확보할 수 있었다. 독촉협의회는 (1) 김성수, 윤보선, 김도연, 백남훈, 조병옥, 장택상 등을 중심으로 하는 한민당 세력, (2) 臨政 이탈파인 이범석의 민족청년단을 중심으로 한 우익 청년 단체들, (3) 이기붕, 윤치영, 임영신 등의 미주 유학파 등으로 구성되었는데, 이들 중 이범석 등 臨政 이탈파를 제외하면 미주 유학파 역시 일제하 지주 출신이 대부분이라는 점에서[21] 사실상 한민당과 그 사회적 성격이 거의 같다.

또 이승만은 한민당이 제안한 총재 취임을 거절하였지만 이승만과 한민당 사이에는 점차 동맹이 이루어졌다. 한민당은 이승만에게 귀국 초부터 돈암장이라는 거대한 숙소를 마련해주고 친일파들로부터 나온 자금으로 매달 15만원씩의 정치자금을 제공해 주었다. 이승만은 무장 투쟁이 한창이던 일제 말기까지도 미국에서 외교 청원 운동으로 일관해온 경력을 가진 사람으로 한때 미국에게 연합국의 한국에 대한 위임 통치를 청원하여 민족의 비난을 받은 바가 있었다. 이승만은 이러한 외세 의존적, 친미적 성향으로 인해 미군정이 단정 수립을 하는데 있어 주도적 인물로 선택받을 수 있었다. 이승만이 귀국하게 되자 태평양 방면 미육군 총사령관인 맥아더는 주한 미군 사령관인 하지에게 이승만을 '국민적 영웅으로 환영할 것'을 시사했으며, 미군이 제공한 군용기로

20) 이승만은 10월 23일 정치단체의 범연합기구의 성격을 갖는 독촉중앙협의회의 회장으로 선출되고 11월 2일 결성 대회를 가졌는데, 처음에는 한민당, 안재홍계의 국민당 등 우익 뿐 아니라 건준, 조공 등도 참여했으나 이승만의 「연합국과 아메리카 민중에게 보내는 결의문」 채택을 계기로 건준, 조공이 이탈케 되며 독촉은 한민당을 중심으로 한 이승만의 기간 조직으로 남게되었다.

21) 진덕규, 「미군정의 정치사적 인식」, 『해방 전후사의 인식 Ⅰ』(한길사, 1979).

45년 10월 16일 귀국한 이승만은 미군정이 주관한 5만 군중이 모인 환영 대회에서부터 자신의 카리스마를 만들어가기 시작했다.

한편 한민당으로서도 자신들의 보수적 성격을 은폐시켜줄 수 있는 이데올로기적 외피와 독립 운동의 계승이라는 정통성을 담보해 줄 수 있는 힘이 절실하게 필요한 상황에서 '친일파 처벌' 문제를 둘러싸고 臨政과의 제휴가 실패하게 되자 이승만과의 제휴에 더욱 열중하게 되었다. 더욱이 이승만의 정치 노선은 탁치 논의, 단정 수립 논의의 과정에서 한민당의 입장에 가장 적절히 부합되었다.

1946년 중반에 들어서면 이승만은 독촉을 중심으로 주도한 민족 통합 운동이 실패하여 좌우익 양측의 지지를 상실하게 되었고, 한국에 대한 5개년 신탁통치안이 전해져 자신이 구상하던 국가 형성의 희망이 깨어지자 단독 정부 수립을 선언하게 된다. 이승만은 1차 미소공위가 결렬될 조짐을 보이자, 지방을 순회하던 중 1946년 6월 3일 정읍에서 최초로 남한에 단독 정부를 수립해야 한다는 충격적 발언을 했다.

> 이제 우리는 무기 휴회된 공위가 재개될 기색도 보이지 않으며 통일 정부를 고대하나 여의케 되지 않으니 우리는 남방만으로라도 임시정부 혹은 위원회 같은 것을 조직하여 38선 이북에서 소련이 철퇴하도록 호소할 것이니 여러분도 결심하여야 될 것이다.[22]

이승만의 남한 단정 노선이 공표되자 한민당을 제외한 모든 좌우 정당과 단체들이 정읍 발언에 대한 반박 성명을 내어 단정 수립은 민족 분단의 영구화를 뜻하며 독립을 지연시키는 것이라고 비난하였다. 좌익 정치 세력들은 이승만의 단정 수립 안은 미국의 식민지화의 제일보이며 따라서 미소공위를 속개하여 민주 통일 정부를 수립할 수 있도록 모든 민족 자주 세력을 통일 전선체인 '민주주의 민족전선'으로 결집시켜 단정 노선을 분쇄하자는 강경한 입장

---

22) 서울신문, 1946. 6. 4.

을 취했다. 반면 한민당은 통일 정부의 수립보다 자신의 기득권 유지가 중요했기 때문에 이승만의 단정 노선을 지지하였다.

> 오직 문제는 진실로 조선인 전체의 의사를 대표하는 정부의 수립인데 이것이 즉시 독립을 요망하는 대다수 민중의 의사를 대표하는 정부면 그만일 것이 아닌가. 일부에서 단독 정부니 우익 정부니 떠드는 것은 이해할 수 없는 말이다.[23)]

이승만의 단정 선언으로 모스크바 3상회의 결정 발표이래 찬탁-반탁 진영으로 대립되었던 정계 구도는 군정 말기에 이르면 단독 정부 수립이냐 통일정부냐 하는 문제로 대립하게 되었다. 미국이 한국 문제의 UN이관과 총선 실시를 공퓨하게 되자, 임시정부 중심의 민족 진영은 단정 수립에 반대하여 남북 협상 운동을 추진하고, 남로당을 중심으로 한 좌익 진영은 5 · 10 선거 반대 투쟁을 전개하였다. 반면에, 이승만과 한민당은 반탁의 열기를 이용하여 미군정이 강행하는 5 · 10 선거를 주도하였으며 정부 수립의 주도 세력이 되었다.

제3절 임시정부 세력

미군정이 대한민국 임시정부를 인정하지 않았기 때문에 부득이 개인 자격으로 귀국한 임정 요인들은 식민지하에서 '임시정부'를 세워 독립 운동을 해온 경험을 기초로 새로운 국가 건설 운동에 적극적으로 참여하였다.

臨政 요인들이 귀국할 당시의 국내의 상황은 이승만-한민당계의 보수 세력과 建準 중심의 변혁 지향 세력의 대립 구조가 이미 틀 지워져 있기는 했지만, 임시정부가 가졌던 상징적 지도력으로 인해 기존의 정치 공간에서 중요

23) 조선일보, 1946. 6. 15.

한 위치를 차지하게 되었다.[24] 당시 국내의 거의 모든 정치 세력들이 臨政과의 제휴를 시도하거나 臨政 요인들을 중요한 지위에 끌어들이려고 했던 것이다.[25]

그러나 김구 중심의 臨政 세력은 대한민국 임시정부 경험을 토대로 독자적인 노선을 취했다. 그리하여 臨政 세력은 朝共의 통전 제의에 대해서 대한민국 임시정부의 법통을 주장하여 거부했다. 또한 이승만의 독립촉성중앙협의회와 한민당의 제휴 요구에 대해서도 단호히 거부했다. 臨政의 친일파 처리에 대한 강경한 입장과 철저한 민족 자주 노선은 이승만-한민당 세력의 입장과는 본질적으로 화합할 수 없었던 것이었다.

환국 후 정국을 관망하고 있던 김구는 신탁통치 문제가 제기되자 이승만-한민당 세력과 함께 신탁통치 반대 운동을 전개하여 정국을 주도하였다. 그러나 김원봉을 중심으로 한 민족혁명당 계열이 모스크바 삼상회의 결정에 따른 통일 임시정부 수립을 지지하여 민주주의 민족전선에 참여함으로써 김구 중심의 臨政 세력에서 분리되었다. 臨政 세력 중 김구의 한국독립당계는 45년 12월 28일 신탁통치안이 발표되자 즉시 臨政 국무회의를 소집하여 4개국 원수에게 보내는 반탁 결의문을 채택하였으며 臨政 주도하에 '신탁통치 반대 국민총동원위원회' (이하 총동원위원회로 약함) 를 조직하였다. 45년 12월 29일 '총동원위원회'에 모인 정당, 사회단체 대표자 회의에서 臨政은 주권 행사를 결의하였으며, 12월 30일에는 미군정으로부터 통치권을 접수하기 위한 전국민의 행동 강령을 공표하였다.[26] 초기에 김구를 중심으로 한 임시정부 한독당계 주도의 반탁 운동은 아래의 실행 방법에서 볼 수 있는 바와 같이 미군정을 전

24) 그러나 김구, 조소앙, 조성환 등 臨政의 주요 인물들은 국내가 아닌 해외에서 투쟁 경력을 쌓았기 때문에 국내의 대중 조직 기반이 약할 수밖에 없었다. 이들이 가지고 있었던 자원은 해외에서의 비타협적인 독립 투쟁 경력과 거기에서 나오는 상징적 지도력이었다. 따라서 해방 후 臨政세력은 해방 정국의 대외적 조건이나 정치적 현실에 직면하여 대중과 다른 정치 세력들을 자신의 주위에 조직적으로 결집시켜 대처하기가 힘들었다.

25) 인민공화국은 임정에 대해 통일 전선을 제의했으며, 한민당은 김구, 이시영, 문창범 등을 당領袖로 추대하였다. 중앙선거관리위원회, 『대한민국 정당사』 (1972), p. 135 참조.

26) 『서울신문』, 1946년 1월 1일.

면 부정하고 한국의 독립을 선언하였다.

國字 제1호

1. 현재 전국 행정청 소속의 경찰 기구 및 한인 직원들은 전부 본 임시 정부 지휘하에 예속케 함.

2. 탁치 반대의 시위 운동은 계통적 · 질서적으로 행할 것.

3. 폭력 행위와 파괴 행위는 절대 금지함.

4. 국민의 최저 생활에 필요한 식량 · 연료 · 수도 · 전기 · 교통 · 금융 · 의료 기관 등의 확보 운영에 대한 방해를 금지함.

5. 불량 상인의 폭리 · 매점 등은 엄중 취체함.

國字 제2호

이 운동은 반드시 우리의 최후 승리를 취득하기까지 계속함을 요하며 일반 국민은 금후 우리 정부 지도하에 제반 산업을 부흥하기를 요망한다.

모스크바 3상회의 결과가 국내에 전해진 사나흘 동안에 한국의 즉각 독립에 대한 민족적 열망과 반탁에 대한 대중적 지지 속에서 김구 영도하의 臨政 세력은 총동원위원회를 통해 전국 총파업을 결의하였으며, 각도에 지도 위원을 파견하였다. 김구 세력이 주도한 총파업에는 군정청의 한국인 관리들까지 참여하였다.[27] 미군정은 군정에 대한 臨政의 이러한 반대 행위에 대해 언론계 대표를 소집하여 아래와 같이 모스크바 3상회의 결의안의 성사만이 통일 정부 수립의 방법이라고 설명하였다.

[…] 莫府 (모스크바) 회담에서 조선 독립 안에 지장을 주지나 않을까 걱정이다. 莫府案이 실시된다면 남북이 통합되고 정부가 수립될 것이니 현 정세하 신문 보도의 논조가 독립 과정에 지장이 있어서는 안될 줄 믿는

27) 『동아일보』, 1946. 1. 2.

> 다. 신탁이란 정부가 수립된 연후에 가부가 결정된다는 절차를 알아야 한다. [⋯] 莫府案은 旣成의 階梯이다. 이것을 파괴하면 언제 또 독립의 사다리를 찾을 것인가.[28)]

또 '46년 1월 1일 하지는 김구를 만나 파업 중단을 요구하였으며 반탁 운동 방법에 대해 아래와 같이 방송하게 하였다.

> 나는 질서 정연한 시위 운동에 대하여 십분의 경의를 표하는 바이다. 나는 이것이 신탁통치를 반대하는 데 있고, 결코 연합국의 군정을 반대하거나 또는 우리 동포들의 일상 생활을 곤란케 하는 것이 아니라고 믿는다. [⋯] 지금부터 작업을 계속해서 평화적 수단으로 신탁통치를 배격하는 것이 적당하다고 생각한다.[29)]

이와 같이 모스크바 3상회의 결과가 국내에 전해진 후 약 나흘 동안 전개된 臨政 주도의 전투적 반탁 운동은 모스크바 3상회의에서의 협정 전문이 일반에게 알려지고 미군정 당국이 신탁통치안에 대한 설득 작업을 전개하자 조금씩 반전되기 시작했다.[30)] 모스크바 3상회의의 결정 내용은 한국에 대한 5개년간 신탁통치 실시 뿐 아니라 조속한 시일 내에 미・소의 합의하에 全朝鮮 임시정부를 수립한다는 것도 포함하고 있었다. 臨政의 정세 판단은 모스크바 3상회의에서의 한국에 대한 협정을 충분히 인식하지 못한 상황에서 비롯된 것이었기 때문에, 하지와의 회담 이후 臨政은 모든 외세를 배격하고 臨政을 중심으로 즉각적으로 독립을 쟁취한다는 방침을 철회하고 미군정을 권력 실체로 인정하면서 그것과의 협조 속에서 장차 초래될지 모를 신탁통치 구상에 반대한다는 것으로 입장을 축소시켰다.[31)]

---

28) 『중앙일보』, 1946. 1. 1.

29) 『동아일보』, 1946. 1. 1.

30) 오연호, 「미군정의 분열조작 : 신탁통치파동」, 『말』, 1989년 3월호, 통권 33호, p. 69.

이후 臨政은 1945년 9월 3일 중경에서 발표한 당면 정책에 따라 비상정치회의를 소집하고 임시정부를 확대 강화하여 자율적인 과도 정부를 수립하기 위하여 1946년 1월 20일 각계 대표를 소집하여 비상정치회의의 제1차 주비회를 개최하였다. 그러나 人民黨·獨立同盟·共産黨은 처음부터 참석을 거부하였고, 臨政내의 진보 세력인 金元鳳·金星淑·成周寔 등이 46년 1월 23일 탈퇴하였으며[32], 같은 날 '독촉'이 한민당의 조정으로 비상정치회의에 합류키로 결정함으로써 명칭을 '非常國民會議'로 바꾸었다. 46년 1월 29일에는 공산당 산하 단체가 전부 非常國民會議에의 참가를 거부하고, 뒤이어 46년 2월 3일 임시정부 국무위원 張建相도 臨政과의 관계를 단절함으로써 非常國民會議는 우익의 집결체로서 그 성격이 한정 지워졌다.[33] 46년 2월 1일에는 臨政 주도하에 자주적 과도 정부 수립을 목표로 한 非常國民會議가 열렸는데, 여기서 구성된 최고정무위원회는 미군정에 의해 '南朝鮮大韓國民代表民主議院' (의장: 이승만, 부의장: 김구)[34]으로 개편되어 군정의 자문기구 역할을 하게 되었다.

臨政세력은 1947년 여름 2차 미소공위가 결렬되고 미군정이 한국 문제의 UN 이관과 단정 수립을 공식적으로 표명하게 되자, 김구의 한독당 세력과 좌우합작위원회에 참가했던 민족자주연맹의 김규식 세력이 재통합하여 미소 양군 철수 후 남북한 총선 실시를 위한 남북 협상을 추진하였다. 1948년 2월 16일에는 김구, 김규식, 조소앙, 홍명희 등 舊臨政 요인들이 북한의 김일성, 김두봉에게 남북 정치 지도자간의 정치 협상을 제의하는 서한을 발송했다. 이

---

31) 정일준, 1988, p. 171.

32) 이들 임정 탈퇴파는 얼마 후 좌익측의 '민주주의 민족전선' 結成에 참가한다. 이로써 좌우 합작으로 구성되었던 임정의 통합적 성격이 약화되었다.

33) 이와 같이 해방전 어느 정도 좌우 연합을 달성했던 臨政은 신탁통치 국면에서 진보 그룹인 민족혁명당계의 일부가 모스크바 3상회의 지지 세력의 연합체인 민전에 참여하고, 김규식 계열은 미군정이 추진하는 좌우합작위원회에 참여함으로써 臨政주류인 한독당계만이 반탁 진영인 남조선국민대표민주의원 (이하 민주의원으로 약함) 에 참여하였다.

34) 民主議院의 성격에 대하여는 의장인 이승만과 부의장인 김구 사이에도 미묘한 견해 차가 있었다. 『조선일보』, 1946. 2. 15.

에 대해 북한에서는 김일성, 김두봉 중심의 북로당을 비롯한 9개 정당·사회단체의 이름으로 「남북조선정당사회단체 대표자회의」를 개최할 것을 제의하는 내용의 회답을 단정 수립에 반대하는 남한의 17개 정당·사회 단체에 보냈다. 그 결과 1948년 4월 27일부터 4월 30일까지 남북조선 정당사회단체 지도자협의회가 개최되었으나 실질적인 협상을 보지 못하고 미소 양군 철수 후 임시정부를 수립할 것과 남한의 단독 선거 저지 운동을 전개해야 한다는 결의만으로 폐막되었다. 이후 김구, 김규식을 비롯한 臨政 세력은 탁치 국면에서 제휴했던 이승만·한민당 세력과 결별하고 완전 독립과 통일 국가 수립을 주장하며 5·10 선거에 끝내 불참하였다.

요컨대, 臨政은 전투적 반탁 운동의 전개와 남북 협상 추진에서 볼 수 있듯이 철저한 민족 자주 독립의 의지를 가지고 있었다. 그러나 臨政 세력은 민족 통일 전선의 형성과 통일 운동에 실패하였다. 무엇보다도 중요한 것은 미군정이 臨政 세력의 강한 민족주의적 성향을 꺼려 국가 형성 과정에서 배제하였으며, 臨政 세력 스스로도 미군정 주도의 정부 수립에 참여하지 않았다고 하는 점이다.

제4절 조선공산당 세력

1925년 4월 창당된 조선공산당(이하 朝共으로 약함)은 일제의 극심한 탄압으로 4차에 걸친 공산당 사건 이후 수차에 걸쳐 재건 운동을 하던 중 해방을 맞았다. 해방 후 맨 먼저 당 조직에 착수한 것은 일제 말기 전향 성명을 냈던 서울청년회계의 장안파 공산당이었다. 서울계의 이영, 정백 등은 8월 15일 밤 朝共 결성을 논의했으며, 같은 날 신간회 활동을 주도했던 ML계도 朝共을 결성했다. 그러나 이들은 투옥자와 해외 투사들의 귀국을 기다리지 않았고 재건준비기구를 갖지 않았을 뿐 아니라, 일제하의 좌절파 혹은 탈락파들이라는 점 때문에 정통성을 가질 수 없었다. 그리하여 당재건의 정통성은 경성콤그룹에게 넘어갔다. 경성콤그룹(1939-1941) 공산주의자들은 1940-1941년 공산주의자 검거와 공산주의 운동 쇠퇴기에 당재건 운동을 계속해 왔으며 최후까지 전향을 거부한 세력으로, 박헌영을 비롯하여 김삼룡, 이현상, 정태식, 이관술 등이 대표적 인물이다. 45년 8월 20일에는 박헌영이 1·2차 朝共을 주도한 화요회계와 경성콤그룹을 중심으로 朝共재건준비위원회를 결성하였으며, 이 자리에서 박헌영은 조선공산당은 창당이 아니라 코민테른 지침에 의한 재건당이어야 하기 때문에 공산주의 운동 전선에서 탈락한 청산파들에 의해 당재건이 주도될 수는 없다고 하여 콤그룹의 정통성을 부각시켰다. 이렇게 하여 같은 해 9월 11일 박헌영계가 여타 분파들을 흡수하여 朝共을 재건했다. 그러나 재건된 조선공산당은 맑스주의 당 조직 원칙인 민주주의 중앙 집권제 원칙이 실현되지 못하였으며, 분파성이 완전히 해소되지 않은 상태에서 미군징에 직면하게 되었다.

朝共은 본질적으로 한민당-이승만계의 구지배 계급을 중심으로 한 극우 세력과 대립되는 극좌 세력으로서 혁명 지향의 급진적 이념을 기본 노선으로 하였다. 朝共은 박헌영의 8월테제('현정세와 우리의 임무'[35])에 압축되어 나타나 있듯이, 한국 변혁 운동의 단계를 부르주아 혁명 단계로 규정하고 혁명의 최우선 과제로서 토지 혁명을 제시하였다. 朝共이 제시한 부르주아 혁명은 한국의 특수성 때문에 내용상 인민 민주주의 혁명을 뜻하는 것으로서, 혁명의 주체 세력은 부르주아지가 아닌 노동자, 농민이 주도해야 할 것으로 보았다. 朝共은 토지 혁명, 주요 생산 수단의 국유화를 통한 근본적 경제 개혁과 함께 노동자, 농민, 도시 빈민, 인텔리겐챠 등 피억압 계급을 주체로 하는 인민

35) 김남식, 「박헌영의 역사 인식과 對美觀」, 김남식·심지연, 『박헌영 노선비판』(세계, 1986), p. 135참조. 김남식은 8월테제가 다음과 같은 몇가지 중요한 결점을 지니고 있다고 지적했다. ①소련과 기타 미·영·중(국민당 정부)에 대한 올바른 견해의 결여; ②일제하의 민족 부르주아지에 대한 편견; ③정치 체제의 선택에서 양극론 주장; ④혁명의 성격 규정에서 마르크스 레닌주의의 교조적 도입; ⑤정권 문제에 대한 과업 제시 미흡; ⑥혁명의 '대상' 규정 결여와 '동력' 규정에서의 편파성; ⑦콤그룹에 대한 과대 평가; ⑧통일 전선 형성에 대한 과업 제시 미흡. 김남식은 8월테제의 이러한 결함으로 인해 조공이 좌경적인 오류를 범하게 되었고, 결국은 당이 붕괴되는 원인으로 작용했다고 본다.

정권의 수립을 목표로 하였다.

朝共은 통일 전선 형성에 노력을 기울였으나 처음부터 헤게모니 장악에 지나치게 집착하였기 때문에 한계를 가질 수밖에 없었다. 朝共의 통일 전선의 기본 원칙은 친일파·민족 반역자의 배제를 전제로 한다는 점에서는 臨政이나 建準과 입장이 같았으나 민족 부르주아지를 배제하였기 때문에 통일 전선의 폭이 제한되었다.

朝共이 당원을 모집할 때 내세운 기준을 보면 朝共이 어떠한 세력을 주체로 설정하였는지가 잘 드러난다.[36]

> 첫째로, 절대 독립을 위해 일본 제국주의의 잔존 세력·친일파의 근절을 철저히 주장하는 사람. 둘째로, 조선의 인민을 위해 민족을 위해 말로만이 아니오 실천적으로 일하는 사람. 셋째로, 국제적으로 민주주의를 實하고자 하는 사람. 넷째로, 과거에 있어 일본 제국주의자와 가장 격렬한 싸움을 싸운 朝鮮共産黨을 이해하고 지지하는 사람.

또 朝共은 한민당 세력을 무산 근로 대중에 배치되는 대지주, 민족 부르주아지 세력으로 규정하여 배격하였으며, 이승만의 대동 단결론과 '선통일·후친일파 제거' 논리를 비판하였다.[37] 그러나 통전 결성에 있어서 朝共은 이승만·한민당 세력에 대한 태도와 달리, 臨政에 대해서는 적극적이었다. 朝共이 臨政 요인들이 귀국한 직후인 45년 11월 27일부터 臨政 요인들과 통합 교섭을 시도하여 자신의 헤게모니 하에 臨政 세력을 흡수하려 한 노력은 김구, 김규식의 人共 취임 거부로 처음부터 난관에 부딪혔다. 또한 朝共은 같은 해 12월 12일에는 친일파·민족반역자를 제외하고 좌우 양진영을 반반수로 하자는 통일 원칙을 臨政에 대해 발표하였다. 이에 대해 臨政은 臨政 법통을 시인할 것과, 臨政 부서와 요직을 그대로 승인하고 2 내지 3개의 부서

---

36) 『해방일보』 제8호, 1945. 11. 5.

37) 김남식(1986), p. 25.

를 늘려 좌익 측이 차지할 것을 주장하여 거절하였다.[38] 그 후 朝共은 신탁통치가 발표된 직후인 1946년 1월 1일 人共·臨政을 동시 해체하고 양진영이 통일위원회를 구성하여 통일 정부 수립에 관한 구체안을 토의하자고 제의했으나, 그 제안서가 人共의 권위를 강조하고 '人共 중앙위원회'의 명의로 되어 있었기 때문에 臨政 측에 의해 서식상 접수하기 곤란하다는 이유로 거절당하였다.

그 후 신탁통치 문제가 제기되자 朝共은 처음에는 반대 입장을 밝혔으나, 모스크바 3상회담의 결과가 국내에 알려지자 1월 2일부터 태도를 바꾸어 모스크바 3상회의 결정에 대한 총체적 지지[39]와 신탁통치 찬성을 공표하였다.[40]

---

38) 민주주의 민족전선,「민주주의 민족전선 결성대회 의사록」(민전 선전부, 1946), p. 67.

39) 모스크바 3相會談 決定에 대한 中央人民委員會의 決定書를 보면 다음과 같다.『조선일보』, 1946. 1. 4.

모스크바 3相會談 決定에 대한 中央人民委員會의 決定書
('46. 1. 2. 人共중앙위원회)

1. 8월 15일을 계기로 한 조선 해방은 우리의 힘이 아니고 세계 민주주의 연합국의 용감한 군대의 힘으로 된 것이며, 조선이 자주 독립 국가로서 발전할 수 있는 길을 열어준 위대한 역사적 단계였고,

2. 3상회담의 결정은 조선 민족 해방을 확보하는 진보적 결정일 뿐 아니라, 민주주의 정권 수립과 조선의 민주주의적 발달을 원조하여 조선의 완전 독립을 발전적으로 완성하여 세계 문명 국가의 지위에 나아가게 하는 것이며, 8월 15일 해방으로부터의 위대한 일보 전진이다.

3. 이 결정은 현하 국제 정세 뿐 아니라 조선 국내 정세에 비추어 조선 민족의 유지와 인류의 민주주의화에 최적한 결정이라고 확신하여 본 위원회는 다음과 같이 결정한다.

(1)모스크바 3상 회담의 진보적 결정을 전면적으로 지지하고 민주주의 연합국과 같이 조선의 민주주의 정부 결정의 실행에 적극적으로 참가하고, 민주주의 제국의 원조와 협력에 의하여 우리 조국을 민주주의적 문명 국가의 수준에 도달시키기 위하여 투쟁함을 약속함.

(2)전 조선 인민 및 각 민주주의 정당과 사회 단체는 모스크바 회담 결정의 완전한 실천을 위하여 적극적으로 투쟁하여야 하며, 본 인민위원회를 중심으로 굳게 단결하여 조선 인민공화국 깃발 아래에 민주주의 민족전선을 결성함으로써, 우리 조국을 위한 정치·경제·문화 등의 급속한 발전을 위하여 돌진하지 않으면 안된다.

(3)각 인민위원회와 제민주주의 정당 및 사회단체는 본 결정을 민족 대중에게 이해 보급시키며, 나라를 사랑하는 전인민은 본 결정을 깊이 인식하고 민주주의 연합국의 호의와 원조에 반대하여 경거망동으로 민족통일전선을 분열하려고 책동하는 일파를 단호히 배격하라.

40) 조공의 찬탁 선언에 대해서는 두 가지 입장이 있다. 하나는 미국과 군정의 공식적 입장으로

모스크바 3상회의 결정에 대한 朝共의 초기의 대응을 날짜별로 간추려 보면 <표 3-1>과 같다.

<표 3-1> 모스크바 삼상회의 결정에 관한 **朝共** 및 **人共**의 초기 대응

1945. 12. 29	人共 중앙인민위원회 개인 자격으로, 공식 발표를 기다려야 하겠으나 신탁통치를 실시할 근거는 없다.
1945. 12. 31	朝共 서울시위원회, 탁치 반대 전단 산포
1946. 1. 1	人共 중앙인민위원회, 臨政에 통일 정부 수립 방안 제시. 朝共 중앙위원회, 신탁문제의 해결은 "민족통일전선 결성으로"란 담화 발표.
1946. 1. 2	人共 중앙인민위원회, 조공중앙위원회 결성서를 통해 찬탁 선언.

*자료 :『자료 대한민국사』, Vol. 1. 참조.

朝共은 臨政 내 김구의 한독당 세력, 이승만의 독촉 세력, 한민당 세력 등이 반탁 결집체로서 '민주의원'을 발족시키자, 1946년 1월 29일 민주주의 민족전선 발기준비회를 개최하고, 인민당, 臨政의 민족혁명당 세력 등 모스크바 3상결정 지지 세력을 결집하여 민주의원이 개설된 다음 날인 46년 2월 15일 민주주의 민족전선[41] 결성식을 가졌다. 이때부터 신탁통치를 둘러싼 좌우 대립이 본격화되었다.

朝共은 1946년 5월 정판사위폐사건을 계기로 미군정의 공개적인 탄압을 받기 시작했다. 미군정은 미군정 공보부가 발표한 정판사위폐사건 이후 朝共 기관지 해방일보를 정간 처분하고 朝共간부들에 대한 체포령을 내렸다. 또 '46년 해방 1주기 이후에는 8 · 15폭동 기도 혐의로 박헌영을 비롯한 朝共

조공의 찬탁 선언은 전적으로 소련이나 평양의 지령에 의한 것이라고 보는 것이다. 이에 비해 B. Cumings 등 일부 학자는 조공의 찬탁 선언은 국내 정세에 대한 자체 대응이었다고 보고 있다. 이호재,『한국 외교 정책의 이상과 현실』참조.

41) 찬탁의 통전체로 출범한 민전의 성격과 역할에 대해서는 정일준(1988), pp. 178-179;「민전 의사록」, p. 27 참조; 민전활동에 대해서는 양동주(1986) 참조.

지도자들에 대해 지명 수배령을 내렸다. 미군정의 탄압으로 공개적, 합법적 활동이 불가능하게 되자 朝共은 '피는 피로써', '테러는 테러로'라는 '정당 방위의 역공세'를 기치로 신전술로 전환하였다.[42] 그리고 공산당의 성격을 노동계급의 전위당으로서 보다는 다양한 근로 대중의 이익을 대변하는 대중 정당으로서 전환시켜야 할 필요성을 제기하고, 조선공산당(1945월 9월 11일 창당), 조선인민당(1945년 11월 12일 창당), 남조선신민당(1946년 9월 11일 창당) 3당 합당을 시도하였다. 그러나 3당을 합당하려던 본래의 목적은 실패하고 46년 11월 23, 24일 양일에 남조선노동당이 결성되고 따로 사회노동당이 결성되었다.[43] 후에 사회노동당은 내부의 朝共 반간부파가 남조선노동당을 인정한 북조선노동당의 결정에 따라 이탈하자 해체되었다. 그 후 잔여 세력이 좌익 온건 세력을 결집하여 근로인민당을 조직함으로써 공산당 세력은 더욱 약화되었다.

朝共은 미군정의 탄압에 의해 전술을 바꾸고 3당 합당 과정에서의 이탈 세력을 견제하기 위한 의도에서 1946년 9월 총파업을 단행했는데, 이것은 10·1 대구 사건을 기화로 전국적인 규모의 10월 항쟁[44]으로 발전하였다. 10월

---

42) 김남식(1984), p. 235-236.

43) 강진, 김철수, 서중석 등 조공의 반간부파(대회파) 들은 박헌영 중심의 당 지도 체제에 불만을 품고 합당 문제를 당 중앙에서 결정하지 말고 이제껏 한번도 개최되지 못한 당대회를 개최하여 토의해야 한다는 명분으로 이탈했으며, 조선인민당의 경우도 공산당과 무조건 합당을 수락하는 좌파(48파) 와 여운형의 합동 원칙과 합당 노선을 지지하는 우파(31파) 로 분리되었다. 또 북한으로 귀환한 연안의 조선독립동맹이 평양에서 결성한 신민당의 남조선 지부도 백남운 등 합동 방법상의 신중론파와 적극추진파로 분열되었다. 이들 조공대회파와 인민당의 우파, 신민당의 신중론파들은 10월 16일 조공의 강진을 책임 비서로 사회노동당을 결성했다. 사로당은 선언, 강령상 남로당과 별 차이가 없었는 바, 뒷날 북로당에서 박헌영 중심의 남로당을 정당한 노선으로 인정, 사로당을 종파분자로 비난함에 따라 1946년 12월 25일 조공대회파가 자기 비판과 함께 해체를 결의했다. 이후 해체된 사로당 잔여 세력은 1947년 4월 12일 여운형을 중심으로 근로인민당을 결성하게 된다. 김남식, 「조선공산당과 3당합당」, 박현채 외, 『해방 전후사의 인식 3』(한길사, 1987), p. 158 ; 『독립신보』, 1946, 11, 27 참조.

44) 10월 항쟁에 대해서는 그것의 자연발생적 성격과 조직 역량의 분절성을 이유로 농민 반란으로 규정하는 입장(B. Cumings, 1981) 도 있고 농민·노동자·실업자층의 지주·관리

항쟁은 미군정의 후원하에 더욱 강력해진 친일지주·관료층 등 구지배 세력에 대한 민중의 변혁 욕구로 분출된 것이었지만, 朝共은 3당합당 등 내부 조직 정비와 대중 조직으로의 성격 전환을 이루지 못한 상태에서 그것을 성공적으로 주도하지 못했다. 9월 총파업과 10월 항쟁은 朝共에 의해 촉발되었다 할지라도 10월 항쟁에서 저항의 주체는 변혁 세력의 중앙 지도부가 아니라 지방의 헌신적인 좌익 세력과 민중이었다. 10월 항쟁에서 표출된 대중 투쟁과 변혁 욕구는 朝共 중앙 지도부의 올바르지 못한 지도로 인해 좌절되었으며[45], 이로써 남로당으로 개편된 朝共의 대중 조직의 기반은 전면적으로 와해되었다.

남로당은 '47년 6월 2차 미소 공동위원회가 재개되었을 때에도 계속적으로 미소 공위의 성사에 집착하였으며 民戰을 중심으로 미소공위 재개를 위해 투쟁하였다. 그러나 미소 공동위원회가 완전히 결렬되고 미군정이 한국 문제를 UN에 이관하여 한국 정부를 수립할 계획을 공식화하게 되자, 남로당은 이를 남한 단독 정부 수립 기도로 인식하고 2·7 총파업을 비롯한 반대 투쟁을 전국적으로 전개하였다.

이상에서 고찰한 바와 같이 朝共은 통일 전선 형성에 있어서 자신의 헤게모니 장악에 몰두하고 통일 전선의 폭을 좁힘으로써 민족 통일 국가 형성에서 오류를 범했다. 또한 신탁통치를 지지하고 미·소 공동위원회에 지나치게 집착함으로써 민족적 역량을 집결하는 데에 한계를 가질 수밖에 없었다. 당시의 국제 정세에 비추어 볼 때 민족 통일 전선 결성이 가장 시급한 과제였는데, 통전의 폭을 제한하여 민족 부르주아지를 배제함으로써 그들을 미군정과 결합하게 하였고 중간 세력을 흡수하는 데 있어서도 성공적이지 못했다. 이들은 미군정이 주도한 정부 수립 과정에서 완전히 배제되었다.

·경찰에 대한 '폭동'으로 규정하는 입장(이종영, 1986)이 있다. 그러나 최근의 본격적인 연구(정해구, 1988)는 그것이 조공에 의해 주도되기는 하였으나 해방 직후 미군정 통치에 의해 반제 반봉건의 과제 해결이 좌절된 데 대한 조선 민중의 투쟁으로 이해될 수 있다고 하여, 이를 10월 인민 항쟁(혹은 민중 항쟁)으로 규정하고 있다.

45) 정해구, 『10월 인민 항쟁 연구』, 열음사, 1988, p. 203.

제5절 중간 세력 (인민당)

여운형 중심의 건국동맹 세력은 국내의 진보적 민족주의자와 온건한 사회주의자들의 집결체로서, 초기에는 建準을 주도하였다. 그후 朝共이 建準의 헤게모니를 장악하여 人共을 선포하고 人共이 建準을 해체하기로 결정하자 건국동맹 세력은 45년 11월 20일 人共에서 탈퇴하여 조선인민당을 결성했다. 인민당은 주체 세력에 있어서는 朝共과 다르지만, 그 강령에서 통일 전선에 의한 인민 정권의 수립, 한국 내 일본인 재산 및 민족 반역자의 재산 몰수와 국유화, 토지 분배 등 朝共과 큰 차이가 없이 근본적인 변혁을 지향하고 있었다.[46)]

> 인민당은 […] 진보적 민주주의 투쟁과 혁명 정신을 버리지 않고 파열과 편벽을 피하면서 완전한 중간당으로 나선 것이다. […] 한국민주당이 자산계급을 대표한 계급 정당이요, 조선공산당이 무산계급을 대표한 계급 정당임에 비하여, 인민당은 반동 분자만을 제외하고 노동자, 농민, 소시민, 자본가, 지주까지도 포함한 전 인민을 대표한 대중 정당인 것이다.[47)]

그러나 위의 인용문에서 보듯이 인민당은 통전의 범위에 있어서는 朝共과 달리 애국적인 자본가와 지주까지도 포함시켜 폭을 넓혀야 한다고 하여 유연성을 보였다.[48)] 여운형을 중심으로 한 인민당 세력은 통일 독립 국가 수립을 위해서는 좌익 뿐 아니라 우익 세력과의 연합이 필요하다고 보았으며, 그 스

---

46) 인민당은 인민 정권의 수립을 주장하였지만, 하부 구조는 자본주의적 생산 양식을 기본 틀로 구상한 듯이 보이며, 부르주아 혁명이나 토지 혁명에 대한 명확한 입장 제시가 없었다는 점에서 조공 변혁론과 다소 차이가 있다. 이러한 인민당의 입장을 사회 민주주의 변혁론으로 규정하는 이도 있다. 이정식 (1963), p. 264 ; 해방 3년사 연구회, 『해방 정국과 조선 혁명론』 (대야, 1988), pp. 103-104.

47) 한태수, 『한국 정당사』 (신태양사, 1961), p. 54.

48) 조선인민당, 『인민당의 진로』 (신구문화연구소, 1946).

스로 좌우 양익을 통합하는 매개적 역할을 맡는 대중 정당으로 자처했다. 또 좌우익 세력의 통합 방법으로 연립 정권의 수립을 주장하기도 하였다.[49]

이전에 建準의 주요 세력이었던 인민당은 모스크바 3상회의에서 한국에 대한 5개년 신탁통치가 실시된다는 것이 알려진 후에는 朝共과 함께 찬탁 진영의 통전체인 民戰에 참여하였다. 또 1차 미소공위가 무기 휴회된 후로는 미소공위 속개 운동을 전개하면서 김규식과 함께[50] 미군정이 후원한 좌우 합작운동에 참여하였다. 현실주의적 정세 판단에 철저한 여운형이 좌우 합작에 참여하게 된 것은, 남한에서 제정치 세력의 통합을 완수한 다음 남한 과도정부를 거쳐 궁극적으로 통일 정부를 수립한다는 의도에서 나온 것이었다.[51] 여운형과 인민당의 이러한 노선은 그가 해방 이후 일관되게 완전한 자주 독립을 추구해 왔으며, 어느 정치 세력이나 지도자보다 국내의 좌우 세력의 통합에 주의를 기울였음을 보여준다. 그러나 여운형, 김규식 등에 의해 주도된 좌우 합작 운동[52]은 극우 이승만-한민당세력과 극좌 朝共 세력의 방해와 견제로

---

49) 이여성의 연립 정권 수립을 제의하는 담화문 참조, 정일준(1988), p. 124;『서울신문』, 1945. 12. 18.

50) 미군정이 제1차 미소공위 결렬에 따라 좌우 합작을 주도하기까지 김규식은 별다른 활동없이 정국을 관망하고 있었으며, 군정 말기에는 김구의 한독당 세력과 연합, 단정 수립에 반대하는 남북협상 운동을 전개했다.

51) 이는 민족 통합을 제일의 목표로 삼는 민족주의자로서의 여운형의 일면을 시사하는데, 미군정 정치고문이었던 랭던의 여운형에 대한 아래의 평가는 참조할 만한 가치가 있다. "[· · ·] 개인적으로 또 정신적으로 소련보다는 미국과 더 가까웠지만 정치적으로는 이들 양국에 대하여 절대적 중립이었으며 그가 갖고 있던 유일한 목적은 미소 양국으로 하여금 가급적 빨리 한국으로부터 물러가게 하는 일이었다." 여운홍,「몽양 여운형」(청하각, 1967), p.12.

52) 미군정 측에서 좌우 합작을 고안하고 추진한 인물은 하지 중장의 정치 고문으로 부임한 버치(L. Bertch) 중위였다. 송남헌(1985), p. 296; 김국태 옮김,『해방 3년과 미국 1』(돌베개, 1984), pp. 296-299, pp. 338-340. 미국은 우익 전체의 격렬한 반탁 운동에 직면하여 소련과의 공위 협상을 위해서 우익 세력을 배제할 수도 없고, 또한 국제적인 여론 때문에 루즈벨트에 의해서 본래 제안된 신탁통치안을 일방적으로 폐기할 수도 없는 딜레마에 처하게 되었기 때문에 ①소련과의 협상에서 미국을 지지해 줄 세력의 결집 ②공위의 결렬시 미국이 한국 문제 해결에 노력했다는 사실을 남한 국민들에게 대변해 줄 세력의 필요성 등 두 가지 이유로 중간 세력을 기반으로 좌우 합작 운동을 추진했다. 이호재,『한국 외교 정책의 이상과 현실』(법문사, 1986), pp. 170-172 참조.

인해 실패하고 말았다.

여운형의 인민당은 3당 합당 문제를 두고 여운형 중심의 31인파가 이탈하여 朝共 대회파(반간부파)와 함께 사회노동당을 결성했으며, 사회노동당이 해체된 이후에는 1947년 5월 근로인민당을 결성했다. 근로인민당은 1947년 4월 26일 창립 선언 초안에 나타나 있듯이 노동자, 농민, 소시민 인텔리 등 전 근로인민과 애국적 인사의 대중 전위당임을 밝혔고 통일 전선의 범위가 광범위했으며, 정강 내용에 있어서는 조선인민당과 큰 차이가 없었다. 근로인민당은 미군정의 좌익 탄압 이후 신전술로 전환한 朝共 세력과 달리 과격한 투쟁에 반대하는 온건 노선을 기본 방침으로 했다는 점이 남로당과 다르다.[53] 그런데 1947년 5월 24일 결성된 근로인민당은 근로 인민의 대중 정당이라는 자기 규정에도 불구하고 남로당의 조직력 때문에 노동자, 농민 속에 거의 침투해 들어가지 못했다. 그리하여 근로인민당은 주요 도시들에서만 지부 조직이 가능했으며, 도시의 소시민 등 중간 계급에 그 주된 기반을 두었다. 그리고 근로인민당은 재개된 제2차 미소공위에도 적극적으로 참여했으며, 공위가 결렬되자 민중동맹, 천도교청우당, 사회민주당 등과 5당 공동 성명을 발표하여 반탁운동을 정지할 것을 주장했다.[54] 근로인민당은 '47년 7월 19일 여운형이 암살되고 미소공위가 결렬된 후 활동이 크게 위축되었다.

요컨대, 인민당은 변혁의 동력으로서 노동자, 농민, 도시 소시민, 인텔리 층뿐만 아니라 양심적 자본가, 지주까지도 민족 통일 전선 형성에 포함시키는 전술적 유연성을 보였다. 그러나 냉전이 심화되어가던 당시의 상황에서 현실적 정세 분석에 입각하여 좌우 연립을 통한 통일 정부 수립을 목표로 했던 인민당은 극우·극좌 양노선의 방해로 실질적인 민족 통일 전선의 형성에 실패하였다. 좌우 합작 운동 실패 이후 이들이 활동할 수 있는 정치적 공간은 대단히 좁아졌고, 정부 수립 과정에서 배제되었다.

---

53) 특히 노동운동에서 정치적 색채를 제거하려고 했던 점에서 남로당과 노선을 달리 했다. 송남헌(1985),

54) 조선통신사, 『조선년감 II』, p. 163.

이상에서 고찰한 바와 같이 해방 직후 한민당을 중심으로 한 구지배 세력과 建準을 중심으로 한 민족 자주 세력의 대립 구도는 미군 진주와 해외 독립 운동 세력의 귀국 후에 복잡한 양상을 띠게 되었다. 미군정의 성립 후 한민당은 이승만 세력과 제휴하였으며 좌익 세력은 극좌 노선의 朝共과 중도 노선의 인민당 세력으로 분화되었으며, 중경에서 귀국한 임시정부 세력도 상징적 지도력을 바탕으로 중요한 위치를 차지하게 되었다.

미군정은 해방 직후 한국의 혁명적 정세 속에서 이들 국내 정치 세력들을 자신의 이해 관계에 따라 선택 혹은 배제하였다. 미군정은 대한 정책 일반에서 나타나듯이 '적극적 선택'(positive selection)에 의해 자신의 점령 정책에 우호적인 사회 세력들을 선택하였다.[55]

미군정은 우선 해방 직후 자생적 권력 기구로 조직된 建準과 그 지방 조직을 적극적으로 와해시켰다. 또한 미군정은 해외 독립 운동 세력의 골간인 臨政을 승인하지 않았을 뿐 아니라 臨政 세력의 민족주의적 성향을 꺼려 국가 형성 주도 세력에서 배제하였다. 미군정은 조선공산당 세력을 점령 정책 수행에 가장 위험한 세력으로 인식하여 집중적인 탄압을 가하였다.

미군정의 지원 하에 국가 형성 주도 세력으로 부상한 세력은 이승만-한민당 세력이었다. 미군정은 이승만-한민당 세력을 미군정의 대소 방파제 구축이라는 점령 정책의 실현에 적합한 사회 세력으로 간주하여 국가 형성 주도 세력으로 지원하였던 것이다. 이승만-한민당 세력의 반공 이념과 보수적 성향은 미국의 이해 관계와 가장 잘 부합하였기 때문이다. 다음 장부터는 이상에서 고찰한 사회 세력들 중 미군정이 어떠한 세력을 어떠한 방법으로 선택하였는가를 염두에 두면서 미군정 국가 기구의 재편 과정을 분석할 것이다.

---

55) 강정구, 앞의 책, p. 157.

제4장 미군정 행정 관료제의 재편

이 연구의 본론인 이 장부터 제7장까지는 미군정의 국가 기구 형성 과정을 실증적으로 분석하고자 한다. 이 장에서는 행정 관료 기구의 재편 과정을 다루고, 제5장에서는 군정 경찰, 제6장에서는 군대, 제7장에서는 사법 체제를 차례로 분석할 것이다. 각 국가 기구는 식민지 통치 기구와 관련하여 그것의 내적 조직 원리, 인적 충원 등을 중심으로 분석되겠지만, 각 기구들이 어느 정도 조직상의 특수성이 있으므로 분석 항목이 완전히 일치하지는 않는다. 또한 국가 기구의 재편 과정이 자생적 권력 기구의 해체 과정과 맞물려 있기 때문에 분석에 있어서 이러한 과정을 동태적으로 파악하는 데 주력하고자 한다.

제1절 행정 관료 기구의 재조직 과정

1945년 9월 9일 서울에 진주한 미군이 최초로 취한 조치는, 일본의 항복 문서 제5항과 포고문 제1호를 통해 식민지 행정 기구의 존속과 총독부 행정 관료의 유임을 선포한 것이었다. 미국은 남한 진주 직후 당시의 상황을 '보수 집단'과 '人共' 두 세력의 대립으로 파악하면서[1] 자신의 점령 정책의 실행을 위해 활용 가능한 사회 세력으로서 기존 지배층인 보수 세력을 지목하였다.

> [⋯] 서울의 정치 상황에서 가장 고무적인 유일한 요소는 나이 많고 교육 수준이 높은 한국인들 가운데 수백 명의 보수주의자들이 존재한다는 점이다. 그들 중 대다수가 일본에 협력하였지만 그같은 오명은 궁극적으로 사라질 것이다. 이들은 '임시정부'의 귀환을 기다리고 있다.[2)]

위의 정세분석에서 미국이 자신과 동맹 가능한 유일한 토착 세력으로 지목한 보수 세력은 지주층 중심의 한민당 세력과 친일 관료 집단을 지칭하는 것이다. 이것은 미군정이 국가 기구를 재편하는데 있어서 자신의 점령 정책을 충실히 수행할 수 있는 사회 세력을 '적극적 선택' (positive selection) 에 의해 충원하였다는 것을 암시해 준다. 미군정은 남한 진주 한달 후인 '45년 10월 10일 아놀드 군정장관의 이름으로 남한의 유일한 합법 정부로는 미군정만이 존재하며 따라서 人共은 불법 단체라는 성명을 발표했는데, 미군정의 이러한 조치에 따라 해방 직후부터 시작된 건준과 그 지방조직의 행정 활동들은 불법화되었다.

남한에서 점령 권력의 효력은 1945년 9월 9일 조선 총독이 미군 태평양 방면 육군 총사령관 맥아더 대장의 대리인인 남조선 주둔 미군 사령관 하지 중장에게 항복한 바로 그 시각부터 시작된 것으로 볼 수 있다. 맥아더 대장은 이날로 '조선 인민에게 고함'이라는 포고 제1호, 제2호, 제3호를 발표했는데 이것은 독립 국가의 헌법에 준하는 위상을 갖는 것이다. 따라서 남한에 진주

---

1) U.S. Department of State, *Foreign Relations of the United States*, Washington : 1945, Ⅵ, p. 1061, p. 1063. 미국무성에서 파견된 군정 정치 고문 H. M. Benninghoff의 보고서 참조.

2) Ibid. pp. 1049-1051 ; 김국태 역, 『해방 3년과 미국 1 : 미국무성 비밀 외교 문서』(돌베개, 1984), p. 56 ; Meade. (1951), pp. 47-51, p. 83 ; Joyce & Gabrrel Kolko, "Korea, 1945-1948 : The American Way of Liberation" N.Y. : Harper & Row, 1972. 10장. ; 「미국과 한국의 해방 : 1945-1948」 이정식 외, 『한국 현대사의 재조명』(돌베개, 1982) p. 34 참조.

한 미주둔군에게 문제시된 것은, 이미 점령 권력의 지위를 확보한 미군정이 권력 기구들을 어떻게 마련하는가 하는 것이었다.

태평양 방면 미육군 총사령관 맥아더의 포고 제1호[3]는 38도 이남의 모든 통치권과 행정권이 맥아더 사령부의 군정 하에서 시행된다는 것을 밝혔으며, 인민공화국은 물론 중경에 있는 대한민국 임시정부조차도 주권을 행사할 수 없고 미군 사령부만이 남한 지역 내에서 배타적이고 유일한 주권체임을 선언하였다.

총독부와 항복 문서 조인식을 끝낸 미군 사령부는 1945년 9월 12일 아베 일본 총독을 해임하고 아놀드 군정장관을 임명했으며, 기존 총독부 일본인 고급 관료들의 보좌를 받으면서 그 자리를 미군 장교들로 충원했다. 같은 해 9월 17일 한국 주둔 미군 사령부는 총독부 기존 기구를 활용하여 총독부 8개 국장(총무・경무・재무・농림・법무・하무・植産・司政)에 미군 장교를 임명하여 미군정을 발족시켰다. 미군정 행정 기구의 조직적 자원이 되었던 해방 직전 총독부 통치 기구를 살펴보면 <표 4-1>과 같다.

<표 4-1> 총독부 기구도표(1946년 9월 현재)

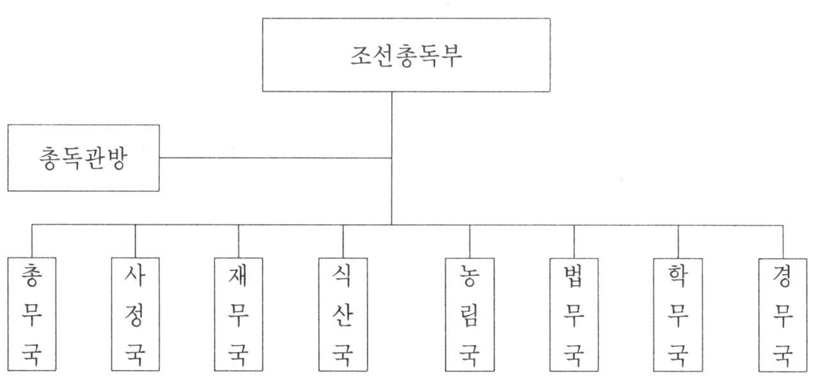

3) 송남헌, 『해방 3년사 I』, pp. 97–98. 포고 제1호, 제2호 참조.

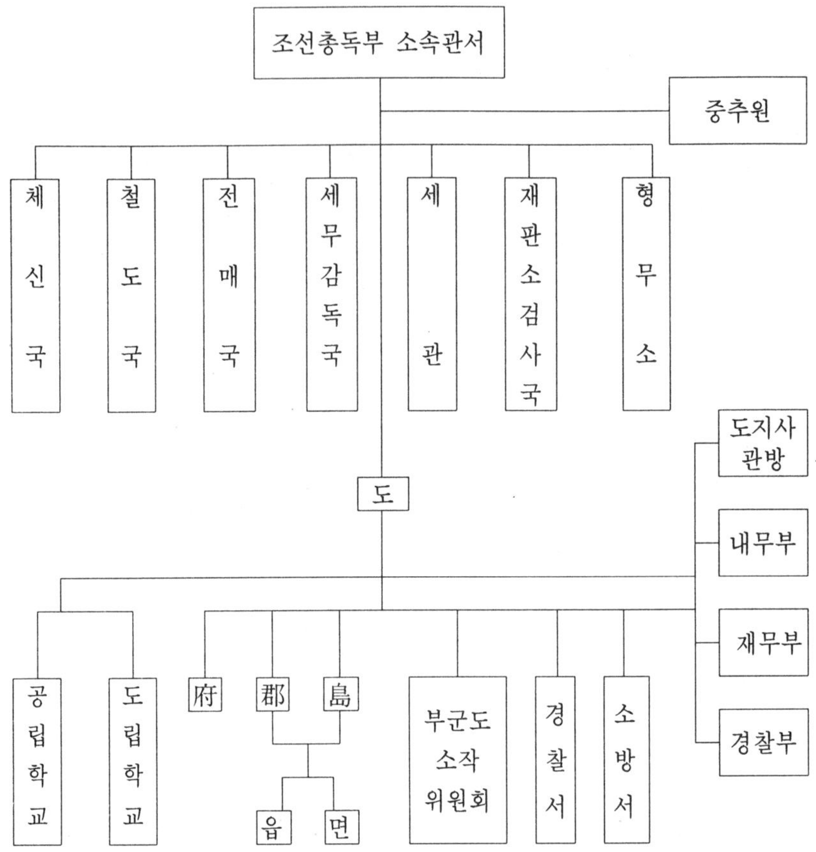

자료 : 김운태, 『일본제국주의의 한국통치』(박영사, 1986), pp. 480-481 ; 이태일, 「식민지통치기구의 정비와 운용」, 차기벽(편), 『일제의 한국식민 통치』(정음사, 1985), pp. 68-69 참조.

미군정의 통치 기구 재편성의 기본 원칙은 주둔군 사령관의 통제가 용이한 중앙 집권화(centralization)[4]였는데, 기존의 비대화된 식민지 통치 기구는 그것에 적합하였다. 미군정 행정 기구는 45년 10월 15일 총독부 기구를 조직적

4) G. Meade (1951), p. 76.

자원으로 활용하여 재편되었다. 초기 군정청 행정 기구는 <표 4-2>에 나타난 바와 같다.

<표 4-2> 미군정청 기구 조직표(1945년 10월 15일 현재)

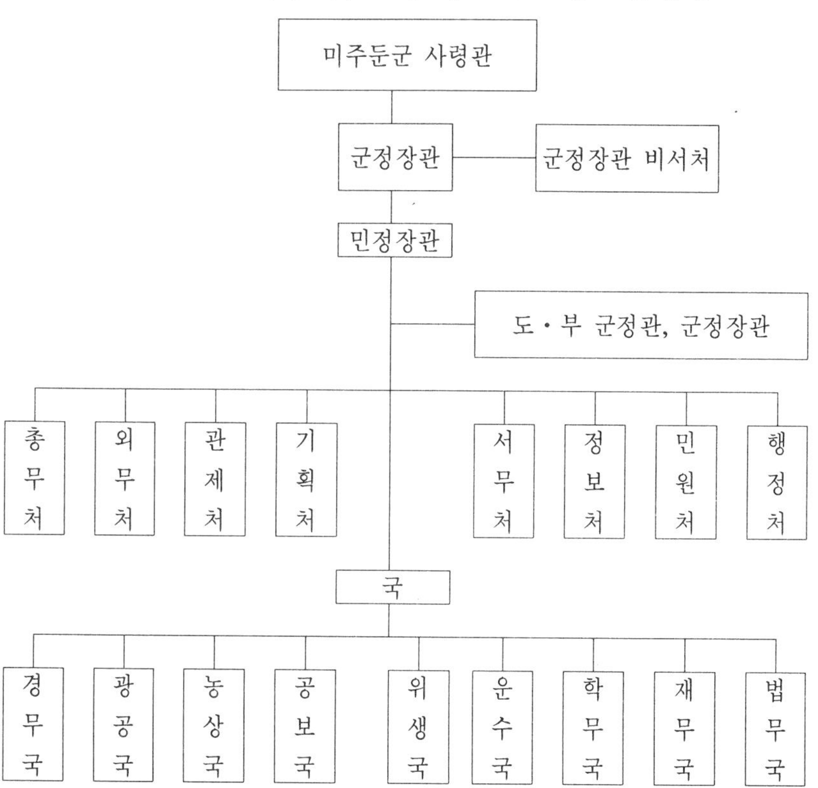

자료 : 주한미군사령부, 『주한미군사』(HUSAFIK), 제3권, p. 75 참조.

<표 4-3> 미군정의 중앙 조직 (1945년 12월 31일 현재)

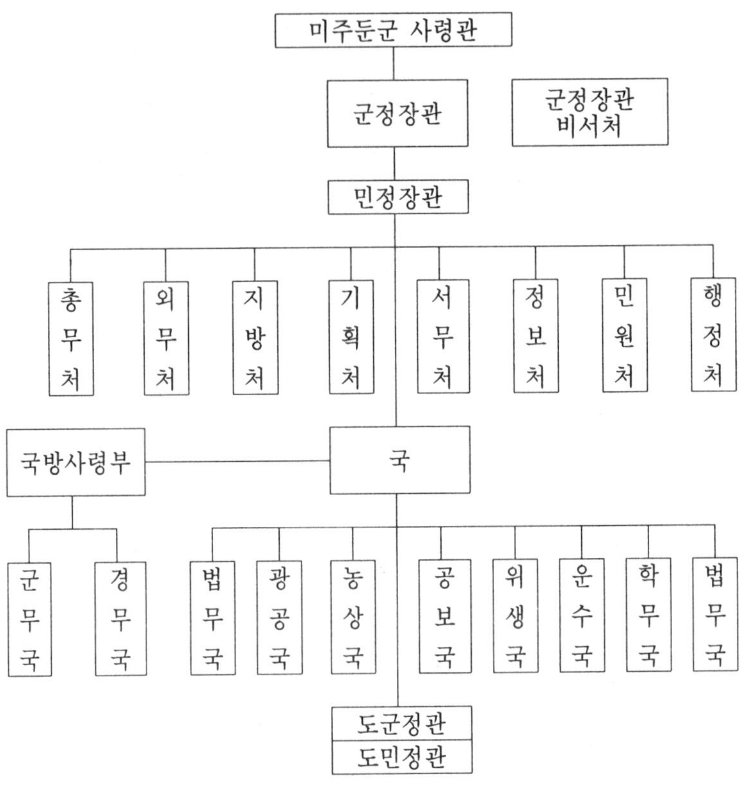

자료 : 주한 미군 사령부, 『주한 미군사』(HUSAFIK), 제3권, p. 77 참조.

미군정은 처음 2개월여 동안에는 총독부 일본인 관리들을 군정청 고문으로 유임시켜 총독부 기구에 새로 임명된 미군 장교들에게 행정 업무를 인계하게 하였다. 또 '45년 말에는 군대를 창설하기 위해 기존의 군정청 기구에 군무국을 설치하고 그것과 기존의 경무국을 통합한 국방사령부를 발족시켜 국가 기구의 단일 통제 체제를 더욱 강화하였다. '45년 말 정비된 군정청 기구는 <표 4-3>과 같다. '45년 12월에는 한인화(Koreanization) 정책에 따라 군정청 기구에 양국장제를 실시하고 각부서에 미군 장교 1인과 한국인 관료 1인을 임명하여 행정 기구를 운용하도록 했다.

<표 4-4> 미군정청 지방 기구 조직(1945년 12월 1일 현재)

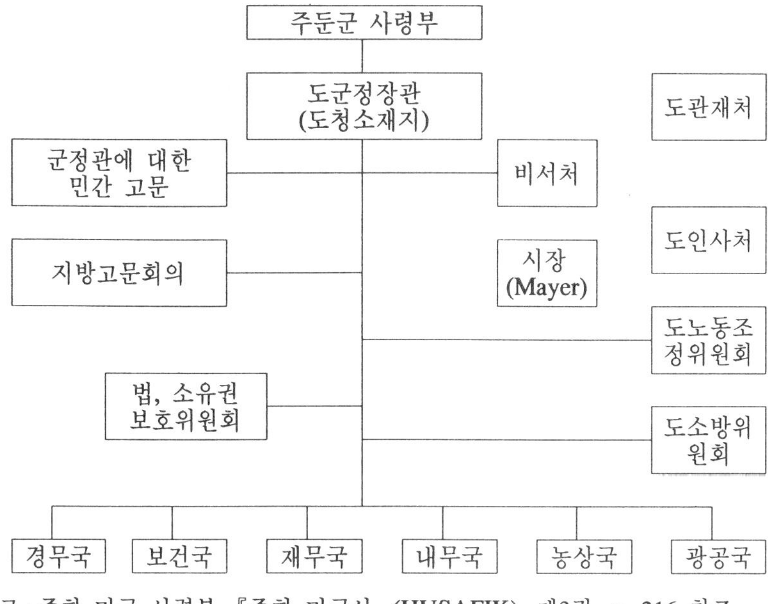

자료 : 주한 미군 사령부, 『주한 미군사』(HUSAFIK), 제3권, p. 216 참조.

<표 4-2>와 <표 4-3>에서 보는 바와 같이 미군정은 초기에는 상위 조직은 군정 특유의 비서처(Secretariat) 체제를 기본으로 하였으나, 하위 조직에 있어서는 총독부 기구를 局으로 정비하여 행정 기구를 재편하였다. 이러한 기본적 조직 체계는 군정 후기에 가서는 <표 4-5>에서 보는 바와 같이 민간 정부 조직 체계로 변화되었다.

지방의 행정 통치 기구의 재편은 미주둔군의 지방 진주가 늦고 인민위원회의 조직력의 정도에 따라 지역마다 다소 차이가 있었지만, 1945년 말에 거의 틀을 갖추게 되었다. 군정청 지방 조직은 <표 4-4>에 나타난 바와 같이 일제하의 도관방에 해당되는 것으로 군정관의 비서처가 조직되고 지방행정 관할 기구로 지방 군정관 예하에 6개국을 두게 했다.

<표 4-5> 미군정의 중앙 조직 (1947년 7월 현재)

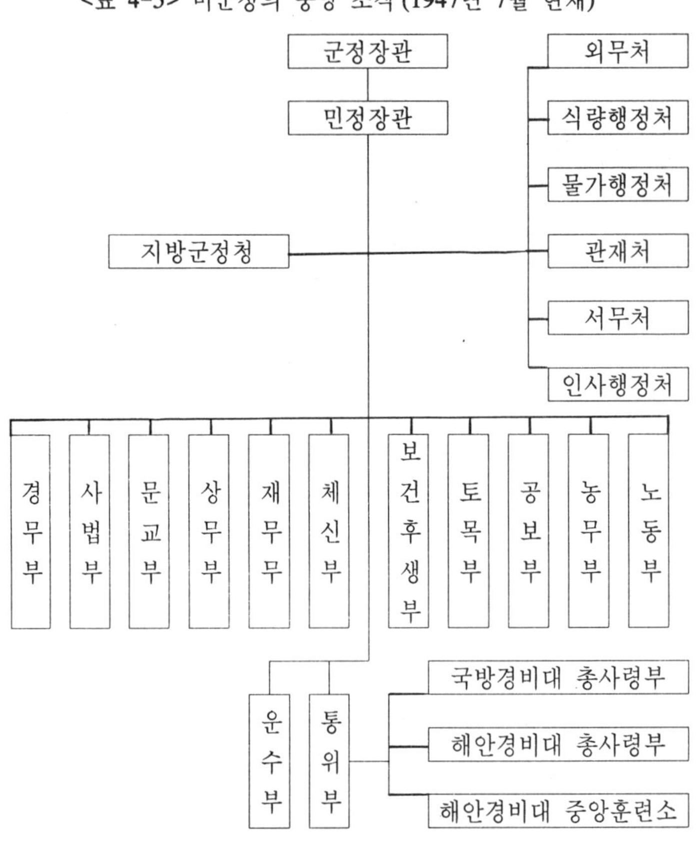

자료 : 조선통신사, 『조선년감』(1947, 1948년판)

이렇게 하여 전국적으로 정비된 군정 행정 통치 기구는 1946년 3월 29일 법령 64호에 의해 局이 部로 승격되었으며, '47년 7월에 이르러 남조선 과도정부의 수립과 함께 13部 6개 處의 기구를 갖추게 되었다. 미군정이 발족시킨 남조선 과도정부 행정 기구의 조직은 '47년 7월 현재 <표 4-5>와 같이 이루어져 있었다.[5] 군정 행정 기구의 확대 · 개편 과정을 좀더 자세히 살펴보면, 군정 초기에는 총독부 국(局)에 상응하는 학무, 재무, 법무, 광공, 통상,

경무, 교통, 체신의 8개국이 있었으나 거기에 '46년 말까지 위생국, 공보국, 군무국의 3국이 신설되었다. '46년 3월 군정 법령 64호에 의해 학무국이 문교부로, 재무국이 재무부로, 법무국이 사법부로, 광공국이 상무부로, 농상국이 농무부로, 경무국이 경무부로, 교통국이 운수부로, 체신국이 체신부로, 위생국이 보건후생부로, 공보국이 공보부로, 군무국이 국방부(후에 통위부로 개칭)로 승격되고 토목부와 노동부가 신설되어 13개 부가 완성되었으며, 서무처, 외무처, 식량행정처, 인사행정처, 물가행정처, 관재처 등 6개 처가 구성되었다.

1946년 9월 군정장관 러취는 형식상 입법 기관인 남조선 과도입법의원의 성립과 병행하여, 행정 각부서의 직능을 한국인 직원에게 위임한다는 방침 하에 군정청 각부장급 이하 지방관의 소관 행정권을 한국인 관리에게 이양하기 시작했다.[6] 이와 같은 행정 기구의 점진적 이양 이후 1947년 5월 17일 법령 141호의 공포로 북위 38도선 이남의 입법, 행정, 사법 각 부문의 미군정청 한국인 기관을 망라하여 '47년 6월 3일에는 남조선 과도정부가 성립되었다. 그러나 민정장관(안재홍) 및 그를 포함한 부처장 회의(政務위원회)는 군정장관

---

5) 군정청 기구의 재편 과정을 자세히 살펴보면 아래와 같다.
군정법령 제1호(1945. 9. 24) 위생국 신설
제8호(1945. 10. 1) 관방외무과, 재산관리과 신설
제18호(1945. 10. 27) 위생국을 보건후생국으로 개칭
제28호(1945. 11. 23) 군무국 신설
제32호(1945 11. 30) 관방정보과를 공보과로 개칭
제45호(1946. 2. 13) 공보과를 공보국으로 승격
제48호(1946. 2. 13) 광공국을 상무국으로, 농상국을 농무국으로 개칭
제61호(1946. 3. 20) 기존 각 국을 부로 개칭
제67호(1946. 4. 2.) 회계처를 서무처로 개칭
제69호(1946. 4. 20) 인사행정처 신설
제90호(1946. 5. 28) 중앙경제위원회의 일환으로 중앙물가행정처와 중앙식량행정처 신설
제97호(1946. 7. 23) 노동부 신설
제104호(1946. 8. 7) 토목부 신설
제118호(1946. 8. 24) 남조선 과도 입법의원 창설
제141호(1947. 5. 17) 남조선 과도정부의 명칭
송남헌(1985), pp. 333-334 참조.

6) 조선통신사, 「조선연감」(1947), p. 37.

의 거부권 행사와 각 부처 내의 미국인 고문의 부결권 행사 및 간섭으로 인해 사실상 자율적인 행정 통치 권한이 거의 없었다.[7]

미군정 기구에는 군정청 행정 기구 외에도 여러 가지 광범위한 고문 기구가 존재하였는데, 군정 초기 한민당계 인사들로 구성된 군정장관의 한국인 고문회의 외에도 民主議院, 立法議院 등이 중요한 역할을 하였다. 미군정은 한국에 대한 5개년 신탁통치 발표 이후 좌우 대립이 격화된 상황 속에서 1946년 2월 14일 하지 사령관의 자문 기관으로서 '남조선 대한국민 대표 민주의원'을 발족시켰다. 미군정은 임시정부 수립의 기초를 마련하는데 있어 한국민의 대표 기구이자 미군정과의 협의 기구로서 민주의원을 발족시키려 했으나, 좌익 정당 · 사회 단체가 이에 맞서 民戰을 결성함으로써 좌익 세력은 배제되었다.[8]

여기서 행정 기구와 형식적으로 구분되는 입법 기구에 대해서 잠깐 살펴보기로 하겠다. 미군정은 '46년 6월 29일 한국 민족의 대표 기관으로 입법 기관을 설립하겠다고 발표하고 1946년 8월 24일 군정 법령 118호로 입법의원의 설립을 공포하여 1946년 말에는 입법 기구로서 남조선 과도입법의원을 개원하였다. 그리하여 미군정은 남조선 과도정부, 기존의 군정청 법원 조직과 함께 형식적으로는 민주주의 국가의 3권 분립 체계를 갖추게 했다.

그러나 입법의원은 기본적으로 군정청의 권한하에서만 기능할 수 있었으며, 군정장관이 입법의원을 해산할 수 있고 새 의원을 임명하거나 새로이 선거를 요구할 권한을 가질 수 있도록 함으로써[9], 한국인의 대표 기구였다기보다는 미군정의 통치를 돕는 보조적인 역할을 수행하는 데 그쳤다.[10] 더욱이 입법의

---

7) 조석준, 「미군정과 제1공화국의 수반관리기구에 관한 연구」, 『행정논총』, Vol. 4 No. 2, 1966.

8) 조선통신사, 『조선연감』(1947), p. 36.참조.

9) 조선통신사. 『조선연감』(1947), p. 37 참조.

10) 입법 의원은 독자적인 입법권을 가지지 못했고 미군정 장관의 인준권과 비준권 하에서 존재했기 때문에 입법 의원에서 통과한 법률이라 할지라도 미정령 당국의 이해에 배치되는 것들은 인준이 보류되거나 보류되었다. 입법 의원에서 통과되었으나 미군정에 의해 인준의 거부되었던 법률들에 대해서는 제7장 1절에서 보다 자세히 다룰 것이다.

원은 관선 의원 45명, 민선 의원 45 명 등 90 명의 의원으로 구성되었는데, 관선 의원은 군정장관이 임명 결정권을 가지고 있었고, 민선 의원 45 명의 선거도 10월 항쟁의 와중에서 좌익 정치 지도자들이 총검거된 상황하에서 이루어진 것이었기 때문에 좌익 세력의 참여가 거의 배제되었다. 민선 의원 45 명은 동(洞: 村, 里)→면→군→도의 순으로 다단계식 간접 선거에 의해 10월 중에 각도별로 선출되었는데, 인민위원회 조직이 와해되지 않은 제주도의 경우만 인민위원회 소속이 선출되었을 뿐, 대부분 한민당, 독촉계 등 극우익 인사들이 당선되었으며 한독당도 극소수였다(<표 4-6> 참조).

<표4-6> 입법의원 민선 의원의 정당 소속별 구성

한국민주당	한독당	독촉국민회	기타	무소속
12명	4명	17명	4명	3명*

*무소속 13명은 이승만, 신익희를 비롯하여 대부분이 한민당과 같은 계열의 극우파 인물들이었으며, 이갑성, 이종근 등과 같이 이승만의 단정 노선 지지자들이었다. 진덕규, 「미군정의 정치사적 인식」, 『해방전후사의 인식 1』, p. 51. 참조.

이에 대해 1946년 11월 4일 좌우합작위원회 공동 의장인 김규식은 선거 부정이 심하고 친일파가 주류인 민선의원에 대해 재선거를 요청했지만 미소공위 미국 측 대표 브라운 소장은 이를 거절했다. 관선 의원의 경우는 민선이 끝난 후 당시 좌우합작위원회의 심사 위원 金奎植, 元世勳, 崔東旿, 宋南憲 등이 추천한 자들 중에서 하지 중장이 최종 결정했는데, 합작 위원 6명, 우익 12 명, 중간파 12 명, 기타(종교계, 여성계, 문화계, 언론계, 법조계, 지역별 등) 15 명으로 결정되었다. 좌익의 통전체인 '民戰'은 단정 수립을 준비하는 입법 기구의 수립에 반대하고 미소공위 재개를 요구하고 있었기 때문에 이 선거에 불참했으며 관선 의원에 지명된 民戰 위원을 제명하겠다고 선언했다.[11]

11) Mark Gain, *Japan Diary*, 1948 ; 까치편집부 옮김, 『해방과 미군정』(까치, 1986) p. 76.

제2절 관료의 충원과 그 특징

미군정은 일제 식민지 통치 기구 더욱 중앙 집권화된 형태로 재편했을 뿐만 아니라, 그 기구들을 구식민지 관료들과 한민당계 극우 세력으로 충원하였다. 군정장관의 충원권에 의해 좌우되는 관료 충원에는 크게 두 가지 원칙이 작용했다.

첫째 원칙은 영어 구사력이 있고[12] 교육 수준이 높을 뿐 아니라 미국의 자유주의 이념을 옹호하는 친미적 성향을 갖는 인물이어야 한다는 점이다. 대한민국 정부 수립 직전까지 행정 분야에는 영어에 유창한 인물이 400여 명 있었는데 이들은 대개 부농이나 지주 집안 출신들로 미국 유학 경험이 있는 사람들이다. 이들은 한국어를 할 줄 아는 미국인 장교들이 절대적으로 부족한 상황에서 군정 당국의 이름으로 막강한 권력을 행사하였으며 관료 충원의 결정에도 큰 영향을 미쳤다. 10월 항쟁 당시 한국 민중의 원한의 표적이 친일 경찰, 관료와 함께 통역관이었다는 점은 이것을 잘 반영해준다. 이 때문에 스노우(Edgar Snow)는 주한 미군정을 통역관 정부(an interpreter's government)라고 비판하기도 했다.[13] 한국에 진주한 미군 군정 요원들이 한국에 관한 초보적인 지식조차 없는 상황에서 이들 통역관이 주는 정보는 큰 영향을 미칠 수밖에 없었는데, 이들 중에는 행정 경력은 전무한 교직자들이 대다수였다.[14] 하지 사령관의 통역으로 발탁됐던 이묘묵(李卯默)은 시라커스(Syracus) 대학에서 역사학 박사 학위를 수여 받은 사람으로 코리아타임즈 창간 기자로 활동했으며, 연희전문학교에서 영어와 역사를 가르쳤던 인물이었다. 이묘묵은 한민당의 지지자로서, 人共은 철저한 적색 집단이라고 공언하였으며 여운형과 안재홍까지도 친일파라고 매도할 정도로 극우적인 인물이었다.[15] 이 밖

12) *HUSAMGIK*, Part 1, p. 30

13) 이원설, *The United States & Division of Korea*, 1982, p. 273.

14) 이한빈, 「해방후 한국의 정치변동과 관료제의 발전」, 『서울대행정논총』, 5/1, 1967, p. 6.

15) 송남헌(1985), p. 97.

에도 콜롬비아(Columbia) 大 출신으로 군정 문교부 차장을 지낸 오천석과 위스콘신(Wisconsin) 大 출신으로 농무부 장관을 지낸 이훈구, 그리고 임영신(Louise Yim) 등을 들 수 있다.

또 관료 충원에 한국인 통역관 못지 않게 영향을 미쳤던 인물들은 한국어를 구사할 줄 아는 극소수의 미군정 요원들이었다. 윌리암스(George Z. Willams)는 개성에서 전도 사업을 했던 목사의 아들로 한민당 간부들과 절친했으며 미국에서 교제가 있던 조병옥을 경무국장에 발탁하는 것을 비롯하여 관료 충원에 큰 영향력을 행사했다. 윌리암즈와 마찬가지로 선교사의 아들로 한국에서 출생한 윔즈(Clarence Weems) 또한 관료 충원에 영향력이 컸다.[16)]

관료 충원의 두 번째 원칙은 공산주의와 관계 있는 한국인들을 배제한다는 점이었다.[17)] 미군정은 공산주의자들은 비협조적일 뿐 아니라, 소련에 의해 조종되는 당 노선에 집착하기 때문에 파괴적인 영향을 끼친다고 간주하였다. 미군정 관료 충원의 이 원칙으로 인해 군정 관료 기구의 충원에서는 조선공산당 계열의 인물들이 배제되었다. 이러한 두 가지 원칙은 행정 관료제뿐만 아니라 경찰, 군, 사법부에 있어서도 일관되게 관철된 원칙이었다.

이러한 관료 충원의 원칙으로 인해 앞장에서 논의한 여러 사회 세력들 중 한민당계 인사들이 가장 유리한 위치에 있었다. 한민당은 지주층과 친일 관료 집단을 중심으로 구미 유학파들을 망라하고 있었고 반공산주의 노선을 명확히 하고 있었기 때문에, 자연히 한민당 요원들이 군정 관료 기구의 핵심 지위를 차지하게 되었다.

미군정의 관료 충원 방식 또한 한민당계 인물들이 용이하게 관료 기구의 핵심 지위에 진출할 수 있게 해주었다. 미군정은 1945년 말까지 군정 초기 3개월 정도의 기간에 약 7만 5천여 명의 한국인 관리들을 유임 혹은 신규 임용하였는데, 이들은 공개 채용의 방식에 의해 충원된 것이 아니라 추천에 의한 임명으로 충원되었다. 이러한 임명 방식은 좌익 세력을 배제하는 데 효과적이

16) 이원설(1982), p. 268.

17) *HUSAMGIK*, Part 1, p. 31

었다고 보여진다.

미군정은 관료의 신규 임용과 관련하여 1946년 4월 20일 군정 법령 제69호를 공포하여 중앙 인사 행정 기관인 인사행정처를 설치하고 공개 시험에 입각한 성적 위주의 임용 원칙을 천명했다. 군정 법령 제69호 제4조는 "정부에 채용될 자는 임명될 직위의 담임에 필요한 성실 · 적성을 확인하기 위한 문관 시험에 합격하여야 하며…"라고 규정하고 있다. 그러나 미군정 전기간을 통해 공개 경쟁 시험이 실시된 적은 한번도 없으며, 한번 실시되었다고 하는 보통 문관 시험은 언제 어디서 시행한다는 소식도 없이 공개되지 않은 채 실시되었다.[18] 이러한 충원 방식은 지방 관료의 임명에 있어서도 마찬가지였다. 미군정은 1946년 11월 15일 군정 법령 제126호를 공포하여 도지사, 부윤, 군수, 島司, 읍장, 면장, 도의원, 부회의원, 읍회의원, 면회의원 등을 선거로 충원한다고 하였으나, 그 또한 한번도 시행되지 않았다. 그 후 미군정은 방침을 바꾸어 1947년 3월 15일 군정 법령 제135호를 공포하여 각 도나 지방 행정 기구 각 部處 내 관리의 임명을 해당 도지사나 部處長이 결정할 수 있도록 규정하였다.

이상과 같은 미군정의 관료 기구 충원 원칙과 충원 방식에 의해 한민당계 인물들이 관료 기구에 진출한 과정을 살펴보자. 미군정은 10월 5일 군정 자문기구로서 11명으로 구성된 한국인 행정고문회의를 발족시켰는데[19], 위원장은 한민당의 핵심 인물인 김성수였으며 송진우, 김용무(후에 대법원장이 됨), 강병순 등이 한민당원이었다. 그 밖에 김동원, 이용설, 오영수, 윤기익도 한민당 지정인이었다.[20] 이 고문회의 11인의 행정 고문들 중 독립 운동의 경력이 있는 사람은 여운형과 조만식 2명뿐이었는데, 조만식은 평양에 있는 관계로 사

---

18) 오석홍, 「미군정기 우리나라 인사 행정 제도」, 『행정 논총』(박영사, 1963), 제3권 제1호, p. 343.

19) 미군정 행정고문회의 구성원 11명은 金性洙, 金用茂, 金東元, 宋鎭禹, 李容卨, 姜炳順, 吳泳秀, 尹基益, 全用淳, 呂運亨, 曺晩植 등이다.

20) 김광식, 「미군정과 분단국가의 형성」, 최장집(편), 『한국현대사 1 : 1945-1950』(열음사, 1986), p. 131.

실상 참여가 불가능했으며 여운형은 친일파들과 함께 참여할 수 없다고 하여 탈퇴하였다. 이 고문회의는 군정 행정에 대한 공식적인 결정권을 갖는 기구는 아니었지만 군정 초기에 군정청 관료 엘리트의 충원에 큰 영향을 끼쳤다. 이 고문회의는 군정청 기구가 정비되고 그 구성원 일부가 군정청 행정 기구의 요직에 기용됨에 따라 유명무실화되었으나 한민당원이 군정청 관리로 진출하는 데 교량 역할을 하였다.

사실상 군정 경찰, 사법부와 함께 군정 행정 기구는 한민당의 정치 수단으로 기능할 수 있을 만큼 한민당계 인사들의 진출이 현저했다. 대법원장인 김용무, 경무부장인 조병옥, 수도경찰청장인 장택상, 문교부 장관인 유억겸, 지방법원장인 윤원상, 강병순, 윤명용 등이 모두 한민당 요인들이었다.

미군정청은 1945년 말부터 군정청 행정 기구에 미국인과 한국인의 兩局長 제도를 실시하였으며, 1946년 3월 29일에는 미군정 법령 제64호로 군정청 각 局를 部로 확대 개편하여 행정 체계를 정비하였는데, 그 당시 군정청 각 부서에 임명된 한민당원들은 <표 4-7>과 같다.

<표 4-7>에서 볼 수 있는 바와 같이 경무부, 사법부 등 미군정 억압 기구에 대한 한민당계 인물의 진출은 다른 행정부서에 비해 더 현저하다. 또 이 표에 나타나 있는 인물 외에도 군정청 산하의 각 기관들, 특히 식량 관리 기구나 신한공사와 같은 경제 기구뿐만 아니라 군정청의 각종 정책 결정에 관여하였던 자문 기구들, 즉 노동조정위원회, 조선교육심의회, 보건후생고문위원회 등에도 한민당계 인물들이 다수 등용되었다. 한민당의 핵심 요인인 金俊淵, 金度演 (한민당총무), 洪性夏 (한민당 초대 노농부장) 등은 5명으로 구성된 중앙노동조정위원회에 관여하고 있었으며, 한민당 선전부 부원이었던 白樂濬은 경성대 총장에 임명되었고, 중앙방송국 편성부장에 임명된 林炳現, 한국상품공사 이사에 임명된 李東濟, 서울시 행정처장에 임명된 李雲 등도 한민당계 인물이었다.[21] 1947년 6월 3일 남조선 과도정부 성립 이후 체계화된 군정청 중앙행정 기구 핵심 지위에도 한민당계 인물들이 다수를 차지하고 있었다.

21) B. Cumings (1986), p. 209 참조.

(<표4-8> 참조)

<표 4-7> 한민당계 인물의 군정 고위간직 진출 현황

부 서	직 위	성 명
대법원	대법원장	金用茂
	대법관	金瓚泳
	대법관	盧鎭卨
사법부	부장	金炳魯
	법제처장	權承烈
	법원국장	姜炳順
	총무국장	金用무
	형정국장	崔秉錫
	수사국장	具滋觀
경무부	부장	趙炳玉
	수도경찰청장	張澤相
	공안국장	咸大勳
	제주감찰청장	金大奉
	제5관구경찰청부청장	姜邃昌
	공안과장	李萬鐘
	보안과장	朴瓚鉉
	정보과장	金 憲
	여자경찰과장	黃賢淑
문교부	부장	兪億兼
노동부	부장	李勳求
농무부	부장	尹潽善
보건후생부	부장	李用卨
체신부	총무국장	朴鐘萬
외무처	처장	文章郁
물가행정처	처장	崔泰旭
인사행정처	처장	鄭一亨
기획처	통계국장	李順澤

자료 : 심지연, 『현대 한국 정당론』(창작과 비평사, 1984), pp. 56–57 ; B. Cumings (1986), p. 209 ; 유왕보, 「미군정하 한국 관료제의 형성에 관한 연구」(연세대 행정학과 석사논문, 1987), pp. 61–62 참조.

<표 4-8> 남조선 과도정부 행정기구와 인적 구성 (*는 한민당계 인물)

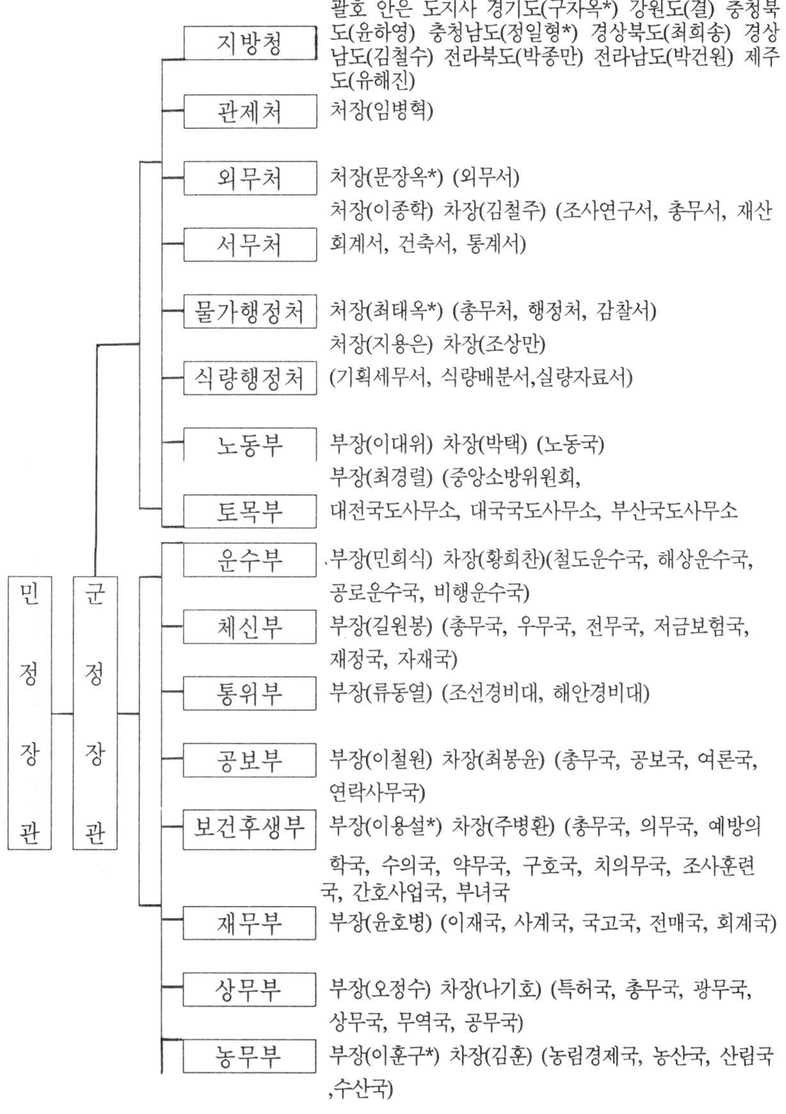

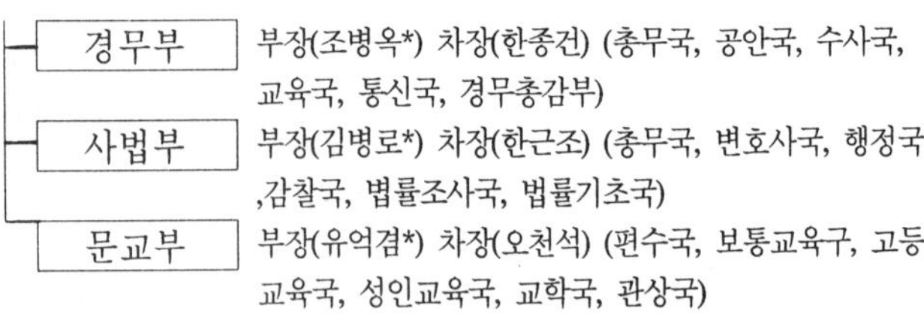

자료 : 조선통신사, 『조선연감』(1947) ; 송남헌 (1985), p. 456.

한민당 세력의 국가 관료 기구 장악은 중앙의 군정청 기구뿐만 아니라 지방의 도 · 군 행정 기구에 있어서도 마찬가지였다. 군정 초기에 극우 인사들로 이루어진 각 지역의 한인 고문회의는 각 지방의 관료 충원에서 중요한 역할을 했다.[22] 지방 군정의 예로 전남 군정관 고문회의의 경우를 살펴보면 아래에서 보는 바와 같이 대부분 한민당계 우익 인물들로 구성되었다.

<표 4-9> 전남군정관 고문회의 명단, ( ) 안은 직업

崔興綜* (의장, 기독교 목사)	金時中 (한민당 지부장)
金良洙 (한민당 순천지부장)	張容泰 (은행 지배인)
姜信泰 (서중학교 교장)	呂喆鉉 (변호사)
金鐘弼 (지주, 실업가)	崔鐘涉 (독촉 지부장)
李殷相 (한민당원, 호남신문사 사장)	朴準圭* (도 인민위원장)

* 최홍종과 박준규는 민족주의계 인물이었다.
자료 : 『광주민보』, 1945년 11월 30일자

지방 군정의 고문회의가 주로 한민당계 인물들에 의해 구성되었기 때문에 지방의 경우에도 한민당계 인물에 의한 관료 충원의 경향이 뚜렷하다. 지방 군수의 정당 관계에 관한 자료가 남아있는 전남의 경우를 보면 1946년 초 군수 21 명 중 17 명이 한민당 소속이다. 그밖의 지방 관료 충원에 관한 자료가 제한되어 있기는 하지만 <표 4-10>에 나타난 바와 같이 한민당계 인물의 진출이 두드러짐을 볼 수 있다.

22) Mark Gain, 앞의 『해방과 미군정』, p. 80.

<표 4-10> 한민당계 지방 관료 명단

具滋玉 : 경기도지사	金洪植 : 경기도 광공국장
金鳴善 : 경기도 보건국장	朴鐘萬 : 충남도지사
崔熙松 : 경북도지사	許　億 : 경북 내무국장
金秉圭 : 경남도지사	李慶熙 : 대구시장
徐珉濠 : 光州시장	

자료 : B. Cumings (1986), p. 210 ; G-2 『Weekly Report』 제24호, 1946, 2.17-2.24 ; 유왕보 (1987), p. 63.

미군정 행정 관료 기구의 충원에 있어서 또 하나의 중요한 특징은 총독부 친일 관료들이 두드러지게 진출했다는 점이다. 미군정이 앞에서 언급한 관료 충원의 두 가지 원칙에 따라 관료제의 핵심 지위에는 한민당계의 친미적 인물들을 선택하였지만, 이들은 수적으로 제한되어 있었기 때문에 친일 관료들 중에서 활용 가능한 인적 자원을 구했다. 미군정은 행정 업무에 기술적 자질과 경력이 있는 고학력의 한국인들을 필요로 하였는데, 이것이 중하위 수준의 관료 직위에 친일 관료들을 대거 등용하게 만들었다.

앞에서 살펴보았듯이 미군정은 진주 즉시 포고령 1호를 통해 구총독부 관료들의 유임을 명령했는데, 이로써 해방 직후 친일파로 비난받으면서 도피·은둔해 있었던 중앙과 각지방의 경찰·행정관료들이 군정의 권위 하에 다시 복귀하였으며, 일본인이 물러간 직위에 승진하였다. 식민지하 친일 관료 경력자들은 대부분 하급 관직에 머무르고 있었는데, 일본인 관료의 해임에 따라 중간급 관리직에로 급상승할 수 있었던 것이다.

<표 4-11> 일제시대 일본인 관리 수 (1936년 현재)

중앙 행정부 (총독부)	1,648 (한국인 321명)
중추원	5
군, 면사무소	35,850
도	4,132
부 (시), 읍, 면	3,306

자료 : E. Fränkel, 『주한 미군정의 구조』, E. Fränkel 외 (김동춘 역), 『한국 현대사 연구 I』 (이성과 현실사, 1988), p. 95.

일제 조선총독부 관료 기구의 민족별 인적 구성은 日人 관료가 7만 명, 한국인 관리가 3만 명 정도였다(철도 종업원, 동척 등 반관반민회사 종업원까지 포함하면 20만 명에 이름). 1936년 통계를 보면 총독부와 소속 관서 관료 71, 500명 중 한국 전체 인구의 5%에 불과한 일본인이 적어도 44, 941명으로 나타나는데 이들 대부분이 고위직에 있었다. <표 4-11>에 나타난 바와 같이 총독부 직원의 경우만 살펴보면 일본인은 1, 638 명인 데 비해 한국인은 321 명에 지나지 않는다. 조선총독부 직원 중에서도 핵심 직위인 총독부 각 국장은 역대 총 87 명이었는데 이중 단 2 명만이 한국인이었다.[23] 또 역대 도지사 186 명 중 한국인은 86 명(46%)에 불과했다. 일제 식민지 시대 관료 구성을 보면 일제 말기에 한국인의 진출이 늘어나지만 대부분 하급 직위(吏員, 囑託, 雇用員)에 배치되어 있다. 해방 직전 조선총독부 및 소속 관서의 전체 관료 중 일본인이 차지하는 비율은 64.1%인데 이들은 대부분 고위직을 차지하고 있다. 해방 직전인 1943년 전체 관료 중 일본인이 차지한 비율은 고등관(친임관, 칙임관)의 95.4%, 주임관의 86%, 판임관의 62%이며, 한국인이 차지한 비율은 칙임관의 4.6%, 주임관의 13.9%, 판임관의 37.6%, 하위직인 고원의 64.9%이었다.[24]

또 <표 4-12>에서 보면 알 수 있듯이 일제 말기에 이를수록 전체 한국인 관리의 수는 늘어나는 반면, 상위직을 점한 한국인의 비중은 오히려 현저히 감소하고 있다. 특히 상위직의 경우도 소속 관서에는 어느 정도 한국인이 진출해 있으나 총독부에는 거의 없을 정도이다. 이와 같이 총독부에의 한국인 관리의 등용은 극히 제한되어 있었는데, 고급 관료와 하급 관료의 민족별 구성의 편차(총독부 내 칙임관, 주임관 등 고관의 구성비는 1942년의 경우 한국인 대 일본인이 약 4 : 96의 비율)를 살펴보면 그 차별이 더욱 심했다. 미군정이 조선

23) 윤형섭, 「미군정의 정치적 충원에 관한 발전론적 연구」, 「한국정치학회보」, 제8집, 1974, p.186

24) 이태일, 「일제의 식민지 통치와 관료주의」, 『한국 사회 연구』, 제2집(한길사, 1984), p. 219.

총독부를 인수할 당시(1945년 9월 9일) 한국 전체의 행정 관료들의 숫자를 보면 <표 4-13>과 같이 상위직의 한국인 관료의 비중은 극히 작다.

<표 4-12> 조선 총독부 및 소속관서 한국인 구성비

연도	구분	칙임관	주임관	판임관	촉탁	고원	전체
1918	총독부	0	0.9	40.9	4.8	17.0	10.4
	소속관서	54.9	34.8	18.0	18.0	56.4	41.8
	전체	47.0	31.0	26.9	15.3	53.6	39.6
1922	총독부	7.1	5.4	5.8	18.9	23.6	15.1
	소속관서	47.2	29.8	38.7	22.4	48.4	40.6
	전체	40.7	27.1	37.9	21.6	46.0	39.4
1926	총독부	6.7	4.2	6.6	21.0	21.0	14.2
	소속관서	45.8	26.2	24.4	30.7	41.3	36.7
	전체	39.8	23.8	23.4	29.1	40.1	35.9
1929	총독부	0	3.9	7.1	69.1	19.4	14.2
	소속관서	20.0	25.6	34.3	17.5	40.4	36.0
	전체	16.5	23.6	33.8	27.3	39.4	35.2
1942	총독부	0	4.0	8.0	67.6	52.1	39.0
	소속관서	25.5	20.1	32.9	33.8	57.6	44.8
	전체	22.8	17.7	32.2	47.7	57.3	44.5

자료 : 조선총독부, 『조선총독부 통계년보』; 김운태(1986), p. 278, p. 490
*비고 : 칙임관, 주임관, 판임관에는 대우도 각각 포함됨.

<표 4-13> 해방 당시 총독부 및 소속관서 관리의 민족별 구성비(단위 : 명 %)

등 급	일본인	한국인	합 계
1등급(친임관, 칙임관)	2	4	6
2등급(주임관)	143 (82.2)	31 (17.8)	174
3등급(판임관)	3, 848 (86.0)	624 (14.0)	4, 472
4등급(촉탁, 고원)	46, 664 (61.8)	28, 891 (38.2)	75, 555
합 계	50, 657 (63.2)	29, 550 (36.8)	80, 207

자료 : *HUSAMGIK*, PART 1, P. 32.

1946년 1월말에는 총독부 일본인 관리는 60여 명만 남고 군정청의 핵심부서에는 모두 미군정 요원이, 또 중하위직에는 총독부의 한국인 관료들이 충원되었다. 한편 북한에서 1945년 가을 친일파 처단이 조기에 이루어짐에 따라 친일 관료들이 대거 월남하였기 때문에 미군정이 활용할 수 있는 총독부의 한

인 관리의 자원은 2배로 늘어났다.[25)]

앞에서 살펴보았듯이 일제 시대의 친일 관료들은 해방이 되자 거의 잠적했었으나 미군 진주와 미군정의 총독부 관료 유임 명령에 따라 관직에 복귀했다. 이들은 단순한 기술 관료 집단이 아니라 식민지 정책 수행에 봉사했다는 과거의 경력 때문에 친일파 처단과 식민지 잔재 청산에 반대하는 공동의 이해로 통합되었다. 이들은 해방 정국의 혁명적 요구에 대한 공포를 공유했으며, 미군 진주시 한국에서 가장 강력하게 응집될 수 있는 정치 집단이기도 했다.[26)] 군정 관료들의 동질성과 연대감은 그들의 과거의 친일 경력에 기인한 것만은 아니었다. 이들 친일 관료 출신들은 대개 부농이나 지주 출신 자제로서 공통의 계급적 기반을 가졌으며 식민지 고등교육이라는 공통의 교육적 배경을 공유했다.[27)] 특히 1930년대 이후에는 일제 식민지교육을 받은 세대들이 고등문관(행정과, 사법과) 시험을 통해 식민지 국가 기구의 요직으로 진출할 수 있었다.

미군정의 관료 충원에 있어서의 '적극적 선택'으로 구지배 세력인 지주 층과 친일 관료층이 집권하게 되자 1946년 10월 이에 대한 민중의 저항이 전국적으로 일어났다. 10월 항쟁에서 원한의 표적은 군정 경찰과 군정 지방 관료들 및 극우익 인사들이었다. 그러나 미군정은 10월 항쟁 후에도 친일파 처벌 문제는 한국인 자치 정부가 수립된 이후에 처리할 일이라 하여 친일 관료 등용의 문제를 회피하였다.

대한민국 정부가 수립된 후에도 친일파 및 반민족 행위자[28)] 처벌 문제는 국

---

25) 군정 초기 몇 개월간에 한국인 관료 7만 5천명이 공직에 배치된데서 볼 수 있듯이, 군정 관료 기구의 비대화로 인해 이들 친일 관료들만으로는 군정의 수요를 채울 수 없었다. 미군정 말기인 1948년에 이르면 경찰관과 고용원 3만여 명 제외한 관리수는 149,549명으로 증가하게 된다. 이것은 미군정 행정 관료 기구의 비대화와 국가 행정의 강화를 뜻한다고 볼 수 있을 것이다. 박문옥, 『한국정부론』(박영사, 1963), p. 343 참조.

26) 이원설(1982), pp. 274-275.

27) 이원설(1982), p. 278.

28) 민주주의 민족전선이 규정한 친일파·민족 반역자의 규정은 아래와 같다(단정 수립 후 제헌국회의 반민족 행위 처벌법에서 규정된 '친일파' 규정도 민전의 규정에 기초하고 있다). 월간중앙 刊, 『광복 30년 중요자료집』, 월간중앙, 1975년 1월호 별책부록, pp. 48-49.

가의 정통성 문제의 핵심 과제로 남게되어 제헌 국회에서 '반민족 행위 처벌법'이 제정되지만 제대로 시행되지 못하였다. 정부 수립의 핵심 세력이 이승만과 한민당의 비호를 받은 구친일 지배 세력이었기 때문에 집권 세력의 재배치 없이는 친일파 처벌이란 불가능한 일이었다. 1945년초 제헌 국회의 반민특위 활동으로 검거된 친일파들은 그 주류가 대부분 고등계 경찰이나 관료 출신들이었다. 반민특위의 특별 재판부에서 재판을 받은 40여 명을 포함하여 반민특위에 의해 체포된 305 명 가운데 여론의 비난을 크게 받은 70여 명의 친일파들의 연령과 일제하에서의 직업을 살펴보면 그것이 뚜렷이 증명된다.[29)]

<표 4-14>에 나타나 있듯이 친일파들의 일제하 직업 분포를 보면 고등계 경찰 관료가 33 명, 총독부 관료 및 친일 귀족(대부분 중추원[30)] 참의 내지 고문)이 20 명, 자산가가 6 명, 문화계의 친일 지식인이 5 명으로 고등계 경찰과 총독부 관료가 그 대부분임을 알 수 있다. 이들은 정부 수립 후 제1공화국 하

○조선을 일본 제국주의에 매도한 매국노와 그 관계자.
○爵者, 중추원 고문, 중추원 참의, 관선도부평의원.
○일본 제국주의 통치 시대의 고관(총독부 국장, 지사 등).
○경찰, 헌병의 고급 관리(경사, 사관급).
○군사, 고등 정치경찰의 비밀 탐정의 책임자.
○행정 사법 경찰을 통하여 극히 악질 분자로서 인민의 원한의 표적이 된 자.
○황민화 운동, 내선융화 운동, 지원병, 학병, 징용, 징병, 창씨 등 문제에 있어서의 이론적 정치적 지도자.
○군수 산업의 책임 경영자.
○전쟁 협조를 목적으로 하거나 또는 파쇼적 성질을 가진 단체.

29) 안진, 「해방후 반민족 행위자 처벌에 관한 일고찰」, 「한국 사회학 연구」, 9집, 1988, p. 159 참조.

30) 중추원은 일제 총독의 자문 기관으로 총독부의 日人 정무총감이 의장을 겸임했으며, 조선인은 대개 중추원 참의나 고문에 그쳤고 실권이 전혀 없었다. 조선인으로 중추원 부의장(親任官 대우)까지 승진하여 일본 귀족원의 의원까지 지낸 사람은 伊藤博文의 양아들 박종양이었다. 한일합방의 공로로 도지사, 중추원 부의장, 귀족원 의원까지 지낸 박종양의 친일 경력이 보여주듯이 중추원 참의를 지낸 조선인들은 관료로서의 친일성과 전력을 인정받아 발탁된 사람들이 대부분이다. 또, 일제 시대에는 행정 관료의 전문화나 분화가 이루어져 있지 않았으며 각 분야 간의 이동이 잦았다. 예컨대 경찰직에서 지방 관리(군수, 도참여관)로 이동하는 경우가 많았으며 이들이 친일의 경력을 인정받아 중추원 참의가 되는 경우가 많았다.

에서도 행정부 관료 기구의 핵심적 지위를 장악하게 되었다.[31)]

<표 4-14> 반민족행위자의 일제시 직업 분포

직 업	인 명
고등계 경찰 (33 名)	노덕술 최운하 이성근① (평북 경찰부 고등과장) 김덕기② (평북 경찰부 고등과사찰 주임) 김태석③ (경기도 경찰부 형사과장) 이종형④ (일본 관동군 밀정) 최 연 (경기도 경찰부 형사과장) 정성식 (부산시 경찰서 고등계주임) 김우영 (이리 고등계 형사, 중참) 이필순 (일본 헌병보) 조동선 (평북 강계 고등계 형사) 이성엽 (김제 경찰서장) 이안순 (전북도경 사찰과장) 유 철 (함경도 일본헌병) 서영출 (경주 경찰서장) 이원보 (경기도 형사과장 · 도지사) 전봉덕⑤ (경기도 경찰부 보안과장) 윤우경 김정채 이구범 조응선 하판락 노기주 김성범 양영환 문귀호 김극일 김영호 양병일 오세준 정병칠 배만수 김대형
관료 및 친일 귀족 (중추원 참의) (20 名)	박종양 (중추원 부의장 · 도지사) 이기용 (일본자작) 이풍한 (일본 남작) 장헌식 (중참 · 도지사) 김창수(중참) 서병조 (중추원 부의장) 김창수 (중참) 서병조 (중추원 부의장) 김윤복 (府會의원 · 중참) 이익홍 (2관구청장) 이승우 (변호사) 문명기 김우영 장준영 서병주 정해봉 신 옥 진희채 김재환 고원훈 원병희 최승렬
자산가 (6 名)	박홍식⑥ (조선비행기공업주식회사 · 매일신보 감사) 김연수⑦ (경성방직 · 중참) 신용욱 (조선항공사주식회사) 김갑순 (여주 부호) 방의석 (함남자동차 · 중참) 김홍배
문화계 ⑧ 지식인 (5 名)	최남선 (중추원 참의) 이광수(조선문인협회) 최 린(중추원 참의) 정국은 (朝日신문 특파원) 주요한 (皇民문단의 건설)

31) 임종국(1984) 의 연구에 의하면 제1공화국 사법부 고위직 (대법원장, 대법관) 인물들 68.4% 가 일제하 판검사 출신이며 제1공화국 행정부 각료들 중 부일협력자들은 31.3%나 된다. 반면, 사법부나 행정부에 비하면 국회 내부의 친일 인맥은 적은 편이다(제헌 의회에서는 4.8% 이지만 2-4대 국회에서는 10%로 증가한다). 그러나 국회의 경우 직업적인 친일 경력자들의 비중은 적지만 일제하 경제적 지배층인 지주 출신 한민당계 인사의 비중이 압도적이다.

*이 직업 분류는 경제 활동이라는 의미의 직업 분류가 아니라 <반민법>의 범죄 규정 조항을 근거로 분류한 것이다. 중추원 참의는 일종의 명예직으로서 대부분 관료로서 친일 경력을 인정받은 다음 수여 받은 자리이므로 관료의 범주에 포함시켰으며 관료 경력이 없는 경우에는 주된 활동을 기준으로 하여 분류하였다.

①이성근은 한일합방전 통감부 순검으로 출발하여 3·1 운동 당시 평북도경 경찰부 고등과장, 충남지사 등을 역임했는데 고등과장 1년 동안 매년 1백건의 독립 운동 관계 사건과 300여 명 정도의 독립 투사들을 취조하였다.

②김덕기는 14년 동안 고등 경찰을 지낸 인물로 그가 검거한 사상범이 1천명에 이르며, 이중 10% 정도가 사형에 처해졌다. 김은 반민족 행위 공판에서 사형을 구형 받았지만 1950년에 들어 감형으로 석방되었다.

③고문왕으로 알려진 김태석은 강우규 의사를 검거한 주범으로 사형을 구형 받았으나 역시 특위 와해 후 석방된다.

④이종형은 일본관동군 밀정으로 맹활약하면서 250여 명의 독립 투사를 밀고하여 그 중 17명을 사형 당하게 했다.

⑤친일 경찰들 다수가 정부 수립 후 헌병대에 영관급으로 입대하였으며, 전봉덕은 육군 헌병 사령관을 지내기도 하였다.

⑥박흥식은 東拓위원, 군수 공업 책임 경영 등, 반민범죄 사실이 현저하였지만 創氏改名을 거부하고 도산 안창호의 옥바라지를 맡은 사실 등 정상을 참작하여 검거 100여일 후 병보석으로 석방되었다.

⑦김연수는 한민당의 수뇌 김성수의 동생으로 일제하 경성방직을 운영하고 중추원 참의를 지내면서 학병을 권유하는 등의 친일 행위를 했으나 민족 운동가에게 독립 운동 자금을 제공했다는 공로를 참작하여 무죄를 선고받았다.

⑧친일 지식인의 경우, 친일 행적이 온건했다는 점과 최남선, 이광수, 최린 등과 같이 한때 독립 운동을 했다는 점 등으로 여론의 동정을 받았다.

이들 친일 관료들은 친일파·민족 반역자라는 오명을 은폐하고 스스로를 애국자로 변신시키기 위해 반공 이데올로기를 옹호하고, 미군정과 이승만-한민당 세력에 헌신했다. 이와 같이 친일 관료들은 미군 사령부와 한민당 내에서 적극적인 동맹자를 얻을 수 있었다.[32)]

32) B. Cumings (1981), p. 209.

제3절 군정 관료제의 특징

이상에서 살펴본 미군정 관료제의 특징을 요약해보면 다음과 같다.

첫째, 미군정은 초기에는 상위 조직은 군정 체제를 따르고 하위 기구는 일제 식민지 통치 기구를 조직적 자원으로 활용하여 국가 기구를 재편성하였으며 후기에는 점차 민간 정부 조직 체계로 변화시켰다. 미군정은 처음 2개월여 동안에는 총독부 일본인 관리들을 군정청 고문으로 유임시켜 총독부 기구에 새로 임명된 미군 장교들에게 행정 업무를 인계하게 하였다. 또 1945년 말에는 군대를 창설하기 위해 기존의 군정청 기구에 군무국을 설치하고 그것을 기존의 경무국과 통합하여 국방사령부를 발족하는 등 국가 기구의 단일 통제 체제를 구축했다. 미군정은 1946년 말에는 남조선 과도입법의원을 개원함으로써 형식상의 입법 기구를 갖추었으며, 47년 5월 17일에는 남조선 과도정부를 발족시켜 형식적으로 민주주의 국가의 3권 분립 기구를 갖추게 했다.

미군정기 국가 기구의 조직상의 중요한 특징은 중앙 집권화와 기구의 비대화였다. 국가 기구가 중앙 집권화된 이유는 주둔군 사령관의 통제가 용이하게 하기 위해 중앙 집권화를 조직의 원칙으로 삼았으며 조직의 자원이 된 식민지 통치 기구 또한 중앙 집권화되어 있었기 때문이다.

일제 식민지 관료제는 총독이 입법, 사법, 행정 등 모든 권력을 한 손에 장악하고 있었는데, 미군 진주 후에는 이러한 총독의 권한이 남조선 미주둔군 사령관에게 이양되었다. 군사점령권을 행사할 수 있는 주둔군 사령관은 입법, 사법, 행정의 전권을 가지고 있었으며 군정장관과 함께 관료 통치 기구의 최상위에 존재하였다. 군정 말기에 미군정은 형식적으로 남조선 과도정부를 발족시켜 입법·행정·사법의 3권 분립 체계의 외양을 갖추었으나, 한국인 사법부와 과도 입법의원은 물론 과도정부의 민정장관까지도 군정장관의 전권과 거부권 하에서만 존재할 수 있었다. 또한 미군 사령관과 군정장관은 행정 부처의 간부들에 대해서 뿐 아니라 국방경비대와 군정 경찰에 대한 최고 지휘권과 통제권을 가지고 있었다. 미군정하 관료제는 군·경찰과 함께 미군 사령관

의 지휘하에서 미국의 점령 정책을 이행하는 국가 기구로서 기능할 수 있었다.[33)]

둘째, 핵심 관료의 충원이 공개적인 채용과 능력에 따른 승진에 의해 이루어진 것이 아니라, 친미적 배경과 식민지하의 관료 경력에 의해, 또 미군정 점령 정책을 지지하는 특정 정치 세력에 의해 이루어졌다는 점이다.

관료제의 충원은 여러 통로로 이루어졌는데 상층 관료는 군정장관의 충원권에 의해 좌우되었다. 상층 관료 충원에는 크게 두 가지 원칙이 작용하였다. 첫째는 영어 구사력이 있고 교육 수준이 높을 뿐 아니라 미국의 자유주의 이념을 옹호하는 친미적 성향을 갖는 인물이어야 한다는 점이었고, 두 번째 원칙은 공산주의와 관계 있는 한국인들을 배제한다는 점이었다. 이러한 원칙들에 의해서 관료제의 핵심 지위에는 친미적 성향의 인물들이 충원되었고, 중하위 수준의 직위에는 총독부 관리를 지낸 친일 관료들이 충원되었다. 미국은 자신의 점령 정책을 충실히 수행할 수 있는 국가 기구의 관료들을 '적극적 선택'에 의해 충원하려 하였지만, 관료적 자질을 갖춘 친미적 인물들은 극히 적었다. 따라서 관료제의 최상층부에는 친미적 인물들을 충원할 수 있었지만, 미국 유학 경력을 가진 친미적 성향의 인물들이 수적으로 제한되어 있었기 때문에 중하위 수준의 충원에 있어서는 일제하의 친일 관료들을 등용했다. 미군정은 친일 관료들이 대중적 비난을 받고 있었음에도 불구하고, 행정 업무에 기술적 자질과 경력이 있는 고학력의 한국인들을 필요로 하였기 때문에 불가피하게 그들에게 의존하게 되었다. 좌익 혁명 세력을 배제한다는 점령 정책의 원칙으로 인해 친일 관료층을 제외하고는 미군정 통치를 대행할 다른 대안적 집단이 현실적으로 존재하지 않았던 것이다. 그리하여 친일 관료들은 미군 진주 직후 포고령 1호를 통해 미군정의 권위 하에서 관료 직위에 복귀하였을 뿐 아니라, 일제하에 하급 관직에 있었던 관리들이 일본인 관료의 해임에 따라

33) 관료제는 그 본질상 최고 통치권자나 정부의 집행기관에 지나지 않으며, 그 스스로 권력을 갖는다고 보기 어렵다. R. Bendix, "Bureaucracy & the Problem of Power", in R. K. Merton et al (eds.), *Reader in Bureaucracy*, N.Y. : The Free Press, 1952 참조.

승진할 수 있었다.

이러한 관료 충원은 정치 세력의 측면에서는 이승만-한민당 세력의 진출로 나타났다. 한민당은 지주층과 친일 관료 집단을 중심으로 구미 유학파들을 망라하고 있었기 때문에 자연히 한민당 요원들이 군정 관료 기구의 핵심 지위를 장악하게 되었다. 미군정은 군정청 중앙 행정 기구와 지방 행정 기구의 조직 과정에서 기존의 建準과 그 지방 조직을 와해시켰을 뿐 아니라, 朝共계의 인물들은 물론 임정계의 인물들까지도 관료 충원에서 배제하였다. 요컨대 미군정은 재편 강화된 행정 기구의 핵심 지위에 초기에는 미군 장교를 직접 임명했으나, 말기에 이르면 소위 한인화(Koreanization) 정책에 의해 그들이 믿을만한 한민당계 인물들과 친일 관료 출신의 인사들을 충원했다.

제5장 미군정 경찰의 재편과 그 성격

이 장에서는 미군정 국가 기구의 재편과 미국의 점령 정책의 실행에 있어서 중추적인 기능을 수행한 경찰 기구의 재편 과정에 대해 고찰하려 한다. 군정 경찰은 가장 먼저 재편된 국가 기구로서 建準과 관련하여 활동하고 있던 자생적 권력 기구들을 해체시키는 데 있어 직접적인 수단이 되었다. 미군정은 경찰 기구를 재편하는 데 있어서도 다른 국가 기구들과 마찬가지로 건준 산하의 자생적 치안 단체들을 해체하고 식민지 경찰 기구를 활용하였다. 여기에서는 군정 경찰 기구가 재편되는 과정과 인적 충원 과정, 그리고 미군정 정책을 실행하는 데 있어서 그것이 맡은 역할과 활동 등에 대해 고찰하고자 한다.

제1절 군정 경찰의 조직

일제의 패망으로 총독부 통치 기능이 와해된 상태에서 건준은 국내의 자치적 치안 활동에 있어서 중요한 역할을 수행했다. 건준 위원장인 여운형은 8월 15일 엔도(遠藤) 정무총감과의 회담에서 건준이 치안 유지를 맡는 대신, 일본 측이 정치범 석방, 정치 활동 보장 등 5개 조건을 수락할 것을 요구하였다.[1] 이 회담에 의하여 8월 16일 여운형은 건국동맹 요원들과 총독부 사법 관료들을 대동하고 서대문 형무소의 사상범, 경제범 석방에 입회하였다. 뒤이어

8월 16일까지 경성 각지의 기 · 미결 수감자 1, 100 명이 석방되었으며 청주 사상범 예방 구금소의 수감자들도 석방되었다. 이들 석방된 정치범들은 해방 공간에서 대중의 정치화와 조직화에 큰 역할을 하게 되었다.

해방 직후 건준에게 부과된 주요 과제는 대중의 정치적 동원과 조직화와 함께 국내 치안을 확보하는 문제였다. 총독부 경찰 기능이 와해된 상태에서그 것을 대신할 수 있는 치안력의 확보는 급선무가 아닐 수 없었다.

<표 5-1> 해방 직전 총독부 경찰관의 규모

직급	간부급				비간부급(순사부장 및 순사)	합계
	경찰부장	경시 (현총경)	경부 (현경정)	경부보 (현경감)		
조선인	1*	21**	105	220	10, 272	10, 619
일본인	12	48	433	790	14, 775	16, 058
합계	13	69	538	1, 010	25, 047	26, 667

자료 출처 : 수도관구경찰청, 『해방 이후 수도경찰 발달사』(1947), pp. 82-83 에서 재작성.

*일제 시대를 통틀어 한국인으로서 도 경찰부장을 지낸 자는 1944년 황해도 경찰부장이 된 윤종화 단 한 사람뿐이다. 그는 해방 직후 소련군에 끌려 간 뒤 생사를 알 수 없게 되었다.

**해방 당시 일제 경찰의 警視를 지냈던 자들 가운데 알려진 사람들로는 아래와 같은 이들이 있다. 조갑제, 앞의 책, p. 13 참조.

최경진 (총독부 경무국 사무관, 군정하 수도청 차장)
최 연 (경기도 형사과장, 군정하 수도청 보좌관)
전봉덕 (경기도 보안과장, 군정하 수도청 보좌관)
이익흥 (평북 박천서장, 내무부장관)
윤우경 (황해도 송화서장, 중부서장)
노덕술 (평남 보안과장, 수도청 수사과장)
손석도 (서울 성동서장, 중부서장)
노주봉 (전남도 경찰부 경시, 군정하 전남 경찰부장)

해방 당시 한국인 경찰관의 규모를 살펴보면 <표 5-1>에 나타난 바와 같이 1만여 명 정도였는데[2], 이들은 해방 후 대부분 도피하여 — 미군정의 기

1) 이 논문의 제3장 참조.

존 행정 체제 인정(포고문 1호)으로 대부분 10월 중순까지 복귀하게 되지만 — 출근율이 20%도 안되었다.[3] 또 해방 직후 친일 경찰에 대한 보복이 극심하였던 바, 피살과 폭행 사건의 대부분이 친일 경찰에 대한 것이었다.[4]

여운형은 일본인의 지배하에 있던 중요 물자의 소각, 파괴 및 매각을 방지하기 위해 해방 직후 자연발생적으로 조직된 지방조직을 기반으로 하여 건준 직속으로 치안대, 학도대, 청년대, 노동자의 직장 자위대 등을 조직하였다. 여운형은 당시 YMCA 체육부 간사이자 유도 사범으로 있던 장권(張權)으로 하여금 전국적인 치안 조직의 책임을 맡게 하였다. 이에 따라 8월 16일 장권을 치안대장으로 하여 시내 체육계, 무도계 대표 및 중학교 체육 교사, 전문학교 이상 학도 대표들을 총망라한 건국청년치안대가 조직되었으며 안국동 풍문학교에 본부를 설치하여 활동을 시작하였다.[5] 이들은 ①청년, 학생 2천 명을 동원하여 시울의 치안을 유지하고; ②지역별, 직장별 치안대를 조직하여 중요 자원과 기관을 확보하고; ③특히 水源地를 경비하고; ④전기 회사, 철도국과 연결하여 교통 원활에 노력하고; ⑤전문학교 이상 학도 100여 명을 국내 각지에 파견하여 지방 치안대를 조직하는 등의 활동을 하였다.[6] 이들의 활동 결과 지방 유지 대표가 승인을 받아 조직한 지방 치안대가 전국 162곳에 성립되었다. 이들 대부분은 자연 발생적인 치안 단체들이 건준에 통합된 것으로서, 해방 당시 전국 경찰서의 숫자가 175개라는 점에 비추어볼 때 큰 규모이다. 장권의 지도하에 활동하던 치안대는 9월 2일 건준에 정식으로 통합되었는

---

2) 일제는 1943년 7월 헌병 사찰권의 증대로 경찰권이 축소되자 조선인 경찰관의 수를 늘렸는데, 대부분이 간부급이 아닌 비간부급(순사 내지 순사보) 들이었다.

3) 일본인 경찰관은 90% 정도가 자리를 지키고 있었으나 대부분 일본인의 생명과 재산 보호, 본국으로의 송환 등에 종사하고 있었으며, 조선 내부의 치안에 직접적으로 관여하는 경우는 드물었다. 조선통신사, 『조선년감 I』(1947), p. 154.

4) 조갑제, 『고문과 조작의 기술자들』(한길사, 1987), p. 14 참조. 1945년 8월 16일부터 8월 23일까지의 일주일 동안 경찰관에 대한 폭행・협박건은 177건인데 이 중 조선인 친일 경찰관에 대한 것이 111건이나 된다.

5) 송남헌(1985), pp. 39-40.

6) 한태수, 『한국정당사』(신태양사, 1961), p. 28.

데, 갑자기 조직되고 대중 훈련이 부족한 실정에 비해 상당한 능률을 내었다.[7] 건준 치안대의 조직과 간부들의 명단은 다음과 같다.[8]

< 건준 치안대의 조직과 간부 >

대장 : 장권 ; 사무국장 : 丁相允 ; 차장 :張日弘

총무부장 :宋秉武-인사반, 문서반, 기획반

경제부장 :韓弼求-조사반, 통제반

경리부장 :石鎭慶-회계반, 용도반, 구매반, 배급반

정보부장 : 金圭燁-조사반, 발간반, 통보반

동원부장 : 李景錫-학도반, 직역반, 공작반, 구호반, 소방관

운송부장 : 李龍震-철도반, 자동차반, 선박반, 소운송반

학도동원부장 : 李圭鉉

중등대대 : ×학교 중대, 제×소대, 제×분대

전문대학대대 : ××학교 중대, 제×소대, 제×분대

직역동원 본부장 : 鄭學鎔-산업종별 대대, 산업 직역별 중대, 직역 담당 소대, 제×분대

지역동원 본부장 : 趙暎河. 지역 대대, 지역 중대, 지역 소대, 지역 분대, 지방 지역 대대, 지방 지역 중대, 지방 지역 소대, 지방 지역 분대

건설대장 : 金東永 ; 전령대장 : 李元泳 ; 소방대장 : 方泳斗 ; 선전대장 : 金容七 ; 공작대장 : 金龜永 ; 구호대장 : 金晟鎭 ; 監警대장 : 安臺慶

건설본부진영-운수과 : 조사반, 철도반, 해운반, 자동차반, 우마차반, 전차반 ; 선무과 : 문예반, 기획반, 査警반 ; 종교과 : 총무반, 교화반, 조사반 ; 토건과 : 서무통계반, 토목반, 물자동원반

7) 한태수, 앞의 책, p. 30.

8) 송남헌, 앞의 책, pp. 39-40 ; 한태수, 『한국 정당사』(신태양사, 1961), pp. 29-30 참조.

미군 진주 이전에 각 지역의 치안대는 건준 치안대 본부 산하에서 절충적으로 활동하였으며, 후에 좌익과 동맹한 단체이든 우익과 동맹한 단체이든 간에 모두 자치적 치안 조직으로서 기능했다고 볼 수 있을 것이다.[9]

미군의 진주가 늦어지자 일본인들은 반동화하여[10] 접수된 경찰서를 탈환하려 하였고, 자신들이 소유한 물자를 매각 · 도피시키는 등의 행위를 하였으나 건준 치안대는 지방 치안대와 경위대, 학도대, 자위대[11], 보안대, 청년대 등 여러 명칭의 치안 단체들과 연락 하에 치안 유지에 주력하였다.

그러나 치안대의 무장 수준은 목총 정도이고 한국 주둔 일본군의 무력이 미군이 진주할 때까지 엄존하였기 때문에 그 활동에 한계가 있었으며, 총독부 경찰서의 상당수가 일본인 경찰관의 수중에 있었다. 더욱이 미군정이 총독 기구의 온존과 관료의 유임을 선포하고 군정 법령 28호로 자치적 치안 단체의 해산을 명하게 되자 치안대의 활동은 불법화되었다. 미군정 선포 후 친일 경찰의 대부분이 군정 경찰에 복귀하였으며, 치안대와 인민위원회에 접수된 경찰서들은 점차 미군과 재편된 군정 경찰에 의해 장악되었다.

그러면 군정 경찰 조직의 체계화 과정과 조직상의 특징에 대해 살펴보기로 하자. 미군정은 중앙에는 10월 21일 창설된 경무국을 두고, 그리고 지방에는

---

9) 학병동맹, 국군준비대 등은 인공이 선포되자 좌익의 하부 조직으로 통합되었으며, 서울에서 조직된 조선건설치안총본부는 일제하에서 사상범으로 도피 중이던 李玹이 吳正邦(吳炳哲)과 함께 8월 16일 청계천 화광교원에서 조직한 것으로 서울에 10개의 지부와 3천여 명의 단원을 확보했다. 선우기성, 『한국청년운동사』(금문사, 1973), pp. 640-41 참조.

10) 건준의 활동이 개시되자 조선 주둔 일본군은 遠藤-呂運亨간의 교섭에 대해 뒤늦게 알게 되었으며, 정무총감이 사전에 군과 상의하지 않은 데 대해 분개했다. 이에 따라 8월 18일 阿部 총독은 일본군의 엄존과 행정권 이양 취소를 발표하였으며, 8월 20일에는 경성 관구 사령관을 경성 경비사령관으로 임명하고 보병 2개 연대 병력의 패전군을 재조직하여 각 경찰서에 배치했다. 총독부는 일본인의 귀환을 추진하기 위해 경찰권 존속이 필수적이었다.

11) 여운형은 정무총감과의 회담 직후 윤명운(당시 종로서 보안주임) 등 전직 조선인 경찰관을 중심으로 한국 경위대를 편성하여 8월 18일까지 종로서, 용산서를 비롯한 서울 시내 경찰서를 접수하게 하였다. 그러나 총독부는 행정권 이양 취소 선언과 함께 기마대, 헌병을 앞세운 일본군을 서울 중심가에 투입하였으며 정예 부대 4개 중대 800여 명을 경찰관으로 발령하여 서울 시내 주요 경찰서에 배치했다. 『경향신문』, 「비화 한 세대 : 군정 경찰」(1977년 2월 10일, 11일) 참조.

도지사 예하에 경찰국장을 두어 재편된 경찰 조직을 통제했으나, 1945년 12월 27일 군정장관의 명령으로 「국립 경찰의 조직에 관한 건」을 발표하여 도지사 권한하에 있던 경찰 행정권을 분리시키고 각 도의 경찰부를 독립시켜 중앙 경무국의 직접적인 통제를 받게 했다. 군정 경찰은 식민지 경찰 체계를 자원으로 활용하면서 중앙 집권적인 조직 체계를 정비하였다. 군정 경찰은 3.1 운동 후 총독부 기구 개편과 지방 관제의 개정에 따라 지방 경찰권이 도지사의 권한에 속해 있었던 총독부 말기의 경찰 체제[12]보다 조직 체계의 측면에서 중앙 집권화가 더욱 강화되었다. (<표 5-2>와 <표 5-3>을 비교해 보라).

<표 5-2> 일제 말기의 총독부 경찰 기구 도표

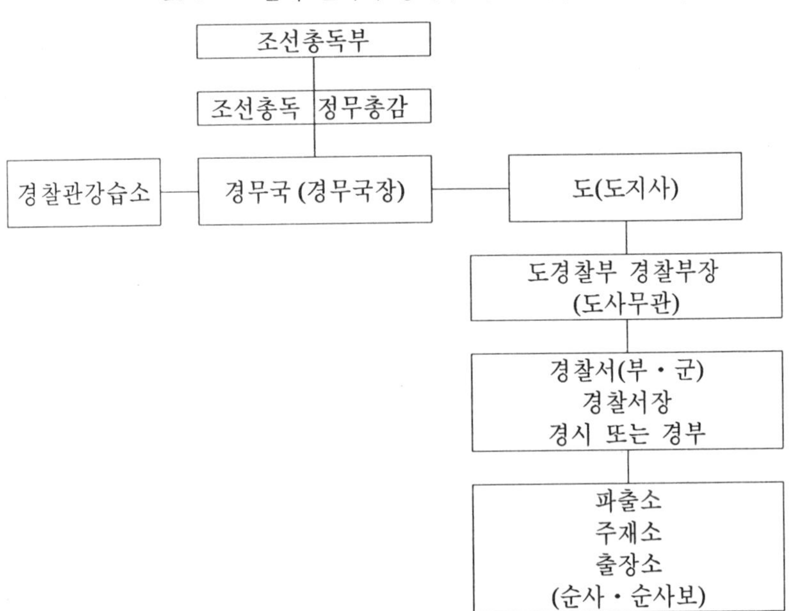

자료 : 수도 관구 경찰청, 『해방 이후 수도경찰 발달사』(1947), p. 80에서 재인용

12) 이태일, 「식민지 통치 기구의 정비와 운용」, 차기벽 (편), 『일제의 한국 식민통치』 (정음사, 1985), p. 69.

<표 5-3> 군정 경찰 기구 도표

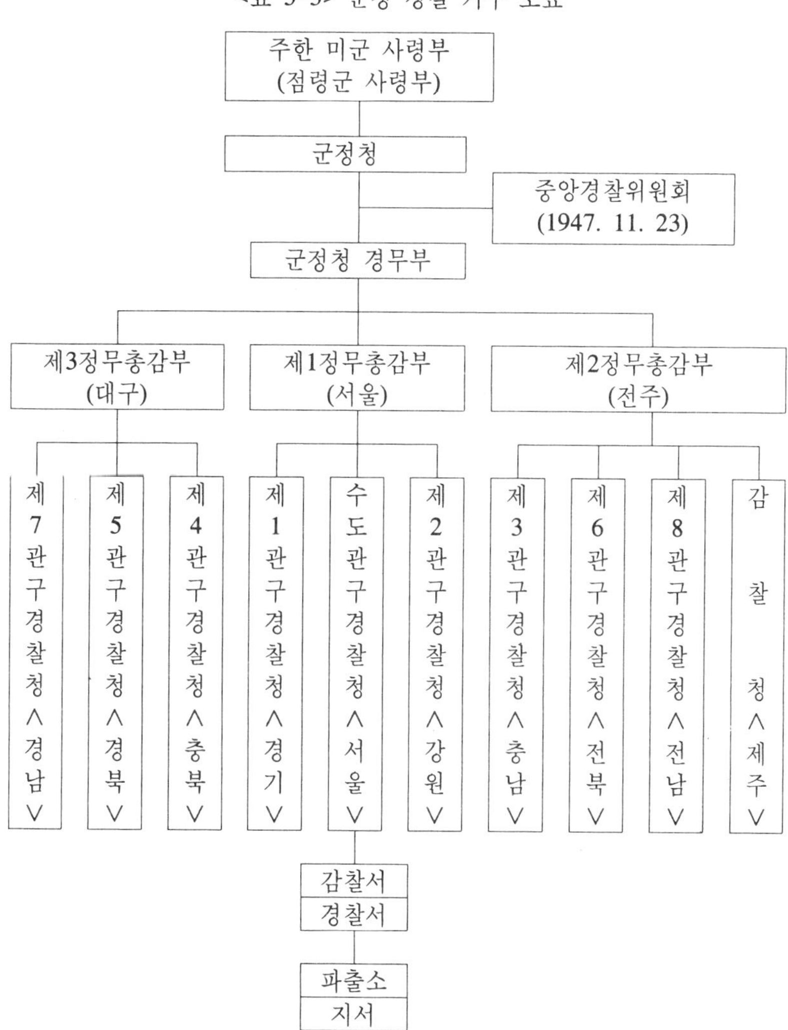

자료 : 「해방 이후 수도경찰 발달사」(1947), pp 206-207에서 재작성.

이와 같이 중앙 집권적으로 더욱 강화된 군정 경찰은 '46년 9월 총파업과 10월 항쟁[13)]을 진압하는 과정에서 더욱 급성장하게 된다. 1946년 9월 18일에는 서울에 수도관구경찰청을 설치함과 동시에 각 도를 8관구로 나누어 군대 편제와 비슷한 방식으로 조직을 개편했다. 또 '46년 9월 20일에는 서울, 대구, 전주 세 지역에 경무총감부를 설치하여 도별로 조직된 각 관구경찰청을 더욱 용이하게 하향적으로 통제하도록 했으며 '47년 7월에는 각 관구경찰청에 기동대를 설치하고 여자 경찰서와 철도관구경찰청을 신설하였다. '46년 말에 이르러 중앙 집권화된 통제 방식이 완성된 군정 경찰 조직을 살펴보면 <표 5-3>에 나타난 바와 같이 경무국→각 관구 경찰청(각 도에 설치)→감찰서(5개 경찰서마다 설치됨)→경찰서(부, 군, 도에 조직됨)→지서, 파출소→출장소의 순으로 위계적으로 체계화되어 있으며, 각 단위의 책임자들은 경무부장·차장→경찰청장(도)·부청장→감찰관→경감→경위→경사→순경 등의 직급으로 이루어져 있었다.[14)]

미군정 경찰은 조직 원리면에 있어서 영미법계의 자치 경찰 체계를 따르지 않고 대륙법계의 중앙 집권화된 국가 경찰 제도를 따라 조직되었다.[15)] <표 5-2>와 <표 5-3>을 대비해 보면 알 수 있듯이, 미군정 경찰의 조직 체계는 식민지 시기보다 중앙 집권화가 강화된 것을 볼 수 있다. 이러한 조직 체계를 기반으로 군정 경찰은 주한 미군 사령관→군정장관→경무부장 직속의 막강한 기동력을 전국에 걸쳐 행사할 수 있었다. 또 각 관구[道]나 각 구[郡] 경찰서 공안과에서는 군정이 필요로 하는 정치 집단에 관한 정보 수집과 보고의 업무를 수행했으며, 각 경찰서마다 반드시 사찰과를 설치하게 하여 정치·사회 단체에 관한 정보 수집, 집회 및 집단 행동에 대한 사찰, 폭동·시위 등에 관한 사찰, 반군정 범죄에 관한 사항을 맡게 하였다.

미군정 경찰은 총독 경찰 기구에 비해 조직 면에서 중앙 집권적인 통제가

---

13) 10월 항쟁 중 군정 경찰이 검거한 인원 총수는 5,710 명이며 경찰 44 명, 민간인 43 명이 사망했다.

14) 경무부 각 부서의 구성과 책임자 명단은 조선통신사, 『조선년감 I』(1947), pp. 151-153. 『조선년감 II』(1948), p. 117 참조.

15) 정진환, 「경찰 제도상 양대 체계의 비교 연구 I, II」, 『경찰학논총』, 제2, 3호, 1978, 1979.

강화되었을 뿐만 아니라, 규모 면에 있어서도 비대화되었다. 해방 직전에 남북한 통틀어 1만여 명이던 한국인 경찰관은 해방 후 불과 3개월만인 11월 중순 남한 지역만 해도 1만 5천 명으로 급증하게 되며, 10월 항쟁 후인 1946년 말에는 2만 5천 명의 규모로 더욱 늘어나게 되고, 대한민국 정부 수립 직전에는 4만 5천여 명에 이르게 된다.

<표 5-4> 경찰인원과 경찰관서의 규모

	경찰관	경찰관서
1946년 8월	23,655명	1,883개
1946년 7월	28,852명	1,997개

이와 같이 조직 체계가 완비된 군정 경찰의 장비 수준 또한 두드러져 보인다. 군정 경찰은 야만성의 상징인 일제 총독 경찰의 대검을 폐지하고 경찰봉을 휴대하게 하지만, 그 대신 칼빈 소총으로 재무장하게 되었다. 또 각 경찰서는 일제 시대의 장비에 더하여 미군의 군용 차량, 대검, 기관총, 독자적인 전화와 무선망까지 갖추게 되었다. 군정 경찰의 통신망과 정보망은 당시 남한에서 가장 뛰어난 것이었다. 아래의 인용문은 군정 경찰의 완벽한 조직 체계와 기동력, 그리고 무장 수준을 가장 간결하게 묘사해주고 있다.

> 내가 경무국장으로 취임한 후 […] 국립 경찰의 병력을 2만 5천 명으로 책정하고 그 병력을 미군과 같이 사단제로 편성하였다. 제주도를 포함한 각 도시인 도청 소재지에는 경찰청을 설치하고, 각 시에는 경찰서, 각 읍·면에는 지서 등을 설치하여 계통적인 경찰망 조직을 형성하고, 칼빈, M-1 소총 등의 경무기와 중화기 등으로 중무장하여 수시로 각지에서 일어나는 공산당의 폭동에 대비하였다. 그리고 전국의 중요 지점에는 기동 경찰대를 배치하여 유사시에 즉각적으로 출동할 수 있는 만반 태세를 갖추었다.

제2절 군정 경찰의 충원

미군정은 1945년 9월 14일 일본인 경무국장의 파면과 함께 치안대 중심의 자생적 치안 단체의 해산과 한국인 경찰관의 복귀를 명하였다. 같은 해 9월 16일에는 경찰관 강습소(10월 2일 경찰학교로 개칭)에서 경찰관을 신규 모집하여 확대된 경찰 기구를 충원하기 시작하였다. 미군정 측에 중요했던 것은 비간부급의 일반 경찰관의 충원보다는 비대화된 군정 경찰 기구의 수뇌부를 누구에게 맡길 것인가 하는 문제였다. 주한 미점령군 사령관 하지 중장의 고문이었던 윌리암스 대령은 10월 17일 한민당 수석총무인 송진우를 비롯한 원세훈, 조병옥 등 한민당 수뇌부와 요담하여 하지 사령관의 명령에 의해 반공사상에 철저한 인물을 추천해 줄 것을 부탁하였다.[16] 송진우는 믿을 만한 인물로 한민당의 총무로 활동중이던 조병옥을 추천하였으며, 조병옥은 다음 날인 10월 18일부터 군정 경무국장으로서 군정 경찰의 조직과 간부 충원을 주도하였다.[17] 조병옥이 경무국장으로 정식 발령을 받은 것은 다음 해인 46년 1월 4일이지만, 사실상 그는 군정 경찰의 초기 성립 과정부터 활동하였다. 또 1946년 1월 16일 수도경찰청장에 임명된 장택상도 한민당 요인으로서 1945년 10월 7일부터 실질적으로 수도 경찰의 조직과 활동을 주도하였다. 이와 같이 경찰 수뇌부는 여타의 군정 관료 기구의 요직들과 마찬가지로 한민당계 인물들에 의해 장악되었으며, 이들은 군정 경찰의 물리력을 통해 미군정의 정책과 이해를 미군정 요원들보다 더 민첩하게 실현함과 동시에, 한민당의 정치적 기반을 구축하고 합법적인 정치 공간에서 그 밖의 정치 세력들을 배제시켰다.

조병옥과 장택상이 군정 경찰의 수뇌부에 앉게 된 후, 경찰의 주요 간부직의 충원은 대부분 그들에 의해 이루어졌다. 아래에 나타난 바와 같이 1946년 10월까지 임명된 서울 시내 10개 경찰서장과 경기도 경찰부 간부들은 대다수

16) 김무용, 「조병옥의 친미반공노선과 극우테러」(인물평전), 역사문제연구소, 『역사비평』 제5호(1989년 여름), p. 246 참조.

17) 조병옥(1986), pp. 144-145.

가 친일 경찰과 총독부 관료 출신들이었다.[18)]

◆경기도 경찰부/경찰부장 보좌관 : 崔燕(해방 직전 경기도 형사과장), 보안과장 : 田鳳德(해방 직전 경기도 보안과장), 형사과장 : 홍병식, 정보과장 : 한승린, 경제과장 : 문형식, 소방과장 : 김정배, 건축과장 : 정덕현

◆서울 시내 10개 경찰서/종로서장 : 이성실, 本町서장 : 손석도, 동대문서장 : 김정제, 성동서장 : 이희상, 성북서장 : 김일석, 서대문서장 : 최운하, 마포서장 : 박주식, 용산서장 : 김정채, 영등포서장 : 윤명운, 창덕궁서장 : 변종현

친일 경찰, 관료에 의한 군정 경찰 간부 충원은 1946년에 들어서면 월남한 친일 경찰관들과 친일 관료들의 대거 진출로 인해 더욱 두드러진다. 경찰 간부들의 반탁 운동으로 1946년초 서울 시내 8개 서장이 해임되었는데, 신규 임명된 서장들 전원이 친일 경찰 출신들이며 거의 월남한 자들이다.[19)] 북한에서는 소련이 인민위원회로 하여금 총독부의 행정권을 접수하게 하여 총독부의 고위 행정·사법 관료층은 물론 경찰관, 헌병들도 모두 재판을 받거나 도피하였다.[20)] 북한에서 친일파 처단이 조기에 이루어짐으로써 남한에서 미군정이 활용할 수 있는 친일 경찰과 친일 관료들은 배가된 셈이다. 이들 월남 친일 경찰관들의 진출을 매개하였던 이는 경무부 차장이자 조병옥의 보좌관이던 최경진과 수도경찰청장의 보좌관이던 최연이었다. 1946년 말까지의 군정 경찰 간부의 충원을 종합적으로 살펴보면 <표 5-5>에 나타난 바와 같이 경위급 이상의 간부 1,157명 가운데 82%인 949명이 총독부 경찰 출신들로 나타난다.

군정 말기에 이르면 경찰 간부의 충원에 대한 중앙 통제는 제도화되기에

---

18) 수도관구경찰청, 『해방 이후 수도 경찰 발달사』, pp. 111-13.

19) 월남한 친일 경찰관들로는 평남 경찰부 보안과장을 지냈던 노덕술(월남후 경기도 경찰부 수사과장)을 비롯하여 이익홍(평북 박천서장), 이호우(평남 영원서장), 이하영, 윤우경, 홍병희, 김택일, 문석재, 홍택희 등이 있다.

20) 森田芳夫(정도한 역), 『朝鮮終戰の 記錄』 제6장, 「미군의 남한 진주와 군정의 개시」, 『한국 사회 연구』, 제5집(한길사, 1987), p. 353.

이른다. 미군정은 1947년 11월 25일 군정 법령 157호로 군정장관 직속 기관으로 중앙경찰위원회를 설립하고, 5급 이상의 경찰 간부의 任免과 경찰 정책들을 심의·결정하게 했다.[21] 경찰 간부의 인사 행정은 군정청 인사 행정처(후에 총무처로 통합됨)에서 통괄적으로 이루어지는 것이 아니라, 군정장관이 직접 통제할 수 있도록 독립되어 있었던 것이다.

<표 5-5> 1946년 현재 군정 경찰에 재직중인 친일 경찰의 분포

직위	1946년 총수	식민 경찰 출신	비율(%)
치안감	1	1	100
청장	8	5	63
국장	10	8	80
총경	30	25	83
경감	139	104	75
경위	969	806	83
합계	1, 157	949	82

*자료 : 10월 항쟁 이후 열린 조·미 회담에 제출한 군정 경찰의 책임자 W. Mcglin의 보고서에서 재작성

비대화된 군정 경찰의 하급 경찰관들은 경찰 학교(총독부 경무국의 경찰관 강습소가 개칭됨)에서 실시한 채용 시험을 통해 대거 충원되었는데, 시험은 한

21) 오석홍, 「미군정기 우리나라의 인사 행정 제도」, 『행정 논총』, 3권 1호, 1965, pp. 104-05 참조; 한국 법제 연구회(편), 『미군정 법령 총람』(1971), pp. 418-19 참조.

군정 법령 157호에 따르면 중앙 경찰 위원회의 조직과 권한은 아래와 같다.

①위원 6인으로 구성되며 위원들은 군정 장관이 임명한다. 위원 중 2명은 남조선 과도정부의 각 부·처장 중에서 추천하며, 다른 2명은 사법부장이 심판관 또는 검찰관 중에서 추천하고, 경찰부장은 표결권이 없는 위원이 된다.

②중요한 경무 정책을 수립하고 경무부장이 회부한 경무 정책 및 그 운영을 심의·결정한다.

③경찰의 처분 행위에 관한 경찰 관리의 소환과 신문.

④경찰 부장이 추천한 5급 이상의 경찰 관리의 任免·移動의 심의·결정.

⑤경찰 사문위원회의 결정의 재심.

⑥기타 경찰부 관계 사항으로서 군정장관이 회부한 사항의 심의.

글을 해독하고 자신의 이름 석 자를 쓸 정도면 합격이 가능했으며 대체로 교육 수준이 낮았다. 일제 치하에서 경찰에 종사했던 자들은 대부분 간부급으로 승진했고, 비간부급의 일반 경찰관들은 대부분 새로 충원된 것으로 볼 수 있을 것이다.

제3절 군정 경찰의 활동

미군정이 해방 공간의 과도기 치안을 떠맡은 치안 단체들을 불법화시키고 식민지 경찰 출신 관료들을 재등용함으로써 군정 경찰이 성립되었음을 앞에서 살펴보았다. 군정 경찰은 비대화된 식민지 경찰의 전국적 조직을 통해 해방 후 각 지역에서 자발적으로 형성되었던 인민위원회 중심의 대중 조직을 해체시켰으며 양곡의 공출을 비롯하여 집회, 언론, 출판, 파업, 학원 등 전 영역에 걸쳐 강제력을 행사하였다.

군정 경찰의 활동은 미군정기의 통일 독립 국가 수립 운동과의 역동적 관계 속에서 고찰되어야 할 것이다. 이 글에서는 제3장에서의 시기 구분에 따라 군정 경찰의 활동과 성장 과정을 군정 초기(미군 진주–1946년초), 10월 항쟁기(1946년 중반–1947년 중반), 정부 수립기(1947년 후반–정부 수립) 등 3기로 나누어 살펴보도록 하겠다. 제1기는 기존의 군정 경찰을 비롯한 군정 통치 구조가 공고화되는 단계로, 군정 경찰의 초기 형성 단계이다. 제2기는 한국 경찰 역사의 일대 전환점으로서 군정 경찰이 10월 항쟁을 성공적으로 진압하고 비약적으로 성장·비대화하는 단계이다. 제3기는 미·소 공동위원회가 결렬된 후 1947년 9월 한국 문제가 UN에 이관되어 남한에서 정부 수립이 추진되는 시기이다.

먼저 군정 초기의 경찰은 지방 인민위원회가 접수·운영하고 있던 행정 기관들을 탈환하고 군정 통치 기구들을 이식시키는 데 핵심적 역할을 했다. 이때는 군정 지배 기구가 아직 공고화되지 않았기 때문에 강력한 저항력에 의해 부분적으로 군정 경찰력이 와해되기도 했는데, 그렇게 되면 미군정은 궁극적인 강제력인 미군 부대의 출동에 의해 그것을 복구시켰다. 인민위원회 조직과 군정 경찰이 충돌한 단적인 예는 남원 사건의 경우에서 볼 수 있겠다.

남원 사건은 해방 후 비교적 일찍이 인민위원회가 조직되어 그것에 의해 군청을 비롯한 행정 기관들과 경찰서가 접수·운영되고 있었던 전북 지역에 위로부터 조직된 군정 경찰이 배치되면서 비롯되었다. 전라북도 경찰부는 미군정의 명령에 의해 金應祚를 비롯하여 丁來赫·崔福壽 등에 의해 조직되었는데, 인민위원회가 장악하고 있던 남원 군청과 남원 경찰서를 탈환하기 위해 1945년 11월 15일 무장 경찰 20명을 남원에 투입하여 군청 안의 인민위원회 간부 5명을 검거했다. 이에 11월 17일 인민위원회를 중심으로 한 청년·군민들이 구속 간부 5명의 석방을 요구하는 대규모의 시위를 벌이게 되자 경찰이 시위 군중에 발포하여 군민 2명과 경찰관 1명이 사망했다. 이 사건을 계기로 전북 경찰부는 김응조 전북 경찰부장의 지휘하에 인민위원회와 좌익계 인물들을 본격적으로 제거하기 시작했다. 남원 사건에서와 같이 인민위원회 조직과 군정 경찰의 충돌은 중앙에서보다 미군정의 성립이 늦고 인민위원회 조직이 상당히 오랫동안 존속할 수 있었던 지방에서 종종 발생하였다. 이에 대해 좌익 진영에서는 미군정과 민중간의 갈등의 근본 원인은 미군정이 민족 반역자와 친일 관료들을 육성한 데 있다고 지적하고 미군정에 일제 잔재 세력을 청산할 것을 요구하였다.[22)]

군정 경찰은 인민위원회 중심의 자생적 권력 기구들을 와해시켜 나갔을 뿐만 아니라, 중요한 좌익 단체들을 실질적으로 해체시키는 데 결정적 역할을 했다. 자생적 군사 단체이자 치안 단체인 조선국군준비대와 학병동맹의 해체가 그 전형적인 예이다. 국군준비대는 상비군 1만 5천 명과 예비군 10만 명 이상의 병력과 전국 조직을 가진 군사 기구였는데, 1945년 1월 3일 미군과 군정 경찰에 의해 경성연대가 무장 해제됨으로써 와해되기 시작했다.[23)] 학병동

---

22) 『해방일보』, 1945년 10월 25일자 사설 「테러리즘을 배격하자」와 12월 12일자 사설 「미군정에게 제언함: 군정내 일제 잔존 세력을 구축하라」 참조.

23) 미군정은 국군준비대 사건을 계기로 국군준비대 경성연대에 미군과 군정 경찰을 출동시켜 무장을 해제시키고 국군준비대 간부들을 검거했다. 국군준비대 사건은 우익 청년 단체인 건

맹은 학병 관계자의 70%를 흡수한 규모가 큰 단체[24]로 전국적인 조직을 가지고 있었으나, 반탁학생연맹과의 충돌(소위 학병동맹 사건)을 계기로 1946년 1월 19일 수도경찰청장 장택상이 지휘하는 무장 경찰대원 40여 명에 의해 동맹 본부가 습격 당하여 동맹원 3 명이 죽고 간부들 대부분이 체포됨으로써 해체되었다. 이 사건에 대해 당시 학병동맹은 체포된 학병을 즉시 석방할 것과 군정 경무국장 조병옥과 수도경찰청장 장택상을 징계 파면할 것을 미군정과 미·소공위에 건의했지만 묵살되었다.[25]

10월 항쟁 시기에 이르면 미군정은 남한의 혁명적 조류에 직면하여 초기의 자유주의적 제개혁들을 철회하게 된다.[26] 그뿐만 아니라 군정 위반에 대한 범죄 처벌, 정당 등록법, 신문 기타 정간물(우편물까지 포함) 검열법 등 억압적인 조치를 강화했다. 식량 정책에 있어서도 초기의 자유 곡가제를 폐지하고 양곡 공출(추곡뿐 아니라 하곡까지 거두어들임)을 실시했다. 또 좌익 계열의 조직을 불법화하는 데 그치지 않고 좌익이 주도하는 대중 집회까지 완전히 봉쇄하였다. 또 미군정은 1946년 5월에 발생한 정판사위조지폐 사건을 계기로 좌익계의 핵심적 정치 지도자들을 검거하기 시작했다. 이와 같이 미군정의 억압 정책들이 강화됨에 따라 경찰의 권한은 더욱 막강해졌다. 각 지역의 경찰은 집회 개최의 승인권뿐만 아니라 신문 출간, 팜플렛 등에 대한 승인권까지 부여받았으며, 그것을 우익의 활동을 보호하고 좌익을 배제하는 데 사용하였다.[27]

국청년회의 人民報社 테러에 대해 국군 특무대장 오영주가 건청 간부 10 명을 체포한 결과, 그들이 광복군과 결탁했음이 밝혀지자 1945년 11월 29일 국준 대원 120여 명이 광복군 사령부를 점거·보복한 것을 말한다. '건국청년회'는 이승만의 비서 윤치영의 직접적인 지도를 받았으며 이승만은 건청 회원들에게 국준 해산을 공언한 바 있다. 민주주의 민족전선, 『조선해방연보』(문우인서관, 1946), p. 234 ; 『해방일보』 1946년 1월 10일자 참조.

24) 학병동맹, 「학병동맹이 걸어온 길」, 『學兵』, 1집(1946년 1월 창간호) 참조.

25) 학병동맹, 『학병』, 2집(1946년 2월) 참조.

26) 미군정은 1945년 10월 9일 군정 법령 제11호에서 치안 유지법을 비롯한 일제 시대의 제악법의 폐지를 선언하였으나, 같은 해 12월 말에는 군정 법령 제21호를 공포하여 폐기되지 않은 식민지 법률 일체가 유효함을 선언하였다.

27) R. D. Robinson, 앞의 책, pp. 137-39.

한편 경찰에 대한 무제한의 권한 부여는 경찰의 부패를 가속화시켰다.

이에 따라 조선공산당을 중심으로 한 좌익 계열은 미군정과의 직접적인 충돌과 비판을 삼가하고 협력을 표방하였던 초기의 입장을 바꾸어 투쟁 노선을 전환시켰다. 미군정 통치 구조하에서 더이상 합법 공간이 주어지지 않게 되자, 조선공산당은 1946년 7월 정당 방위의 역공세라는 기치 하에 합법 투쟁뿐 아니라 폭력 투쟁과 비합법적 지하 운동을 병행하는 신전술을 택하였다.

1946년 전국적으로 발생한 9월 총파업과 10월 항쟁은 좌익 조직의 지도하에 미군정의 친일 관료층에 대한 한국 민중의 적대감이 촉발 요인이 되어 발생한 사건이다.[28] 군정 경찰의 반민족적, 억압적 성격은 10월 항쟁에서 가장 뚜렷이 드러난다. 1946년 10월 1일 대구시에서 식량 배급을 요구하던 시위 군중에 대한 경찰의 발포로 확산된 10월 항쟁은 전국적으로 경찰서와 각급 지방 행정 기관을 타도의 표적으로 하였다. 10월 항쟁 도중 한때 경기도 연백 경찰 지서를 비롯하여 몇 개의 경찰서가 민청, 전농, 인민위원회 등에 재접수되기도 하였으나 미군과 군정 경찰력의 동원으로 다시 탈환되었다.[29] 10월 항쟁 기간 동안 경찰서와 각 도의 군정 행정기관의 습격, 무기 탈취, 유치장 개방, 경찰 및 경찰 가족의 학살이 많았다는 사실은 군정 경찰에 대한 한국 민중의 원한을 입증해 준다고 볼 수 있겠다. 46년 10월 25일까지 무려 75명의 경찰관이 사망하고 200 내지 300명의 경찰관이 실종되었다. 그러나 어떻든 1946년 10월 항쟁은 미군 점령하 경찰 역사의 전환점이 되었다.[30] 군정 경찰은 10월 항쟁을 성공적으로 진압함으로써 국내 변혁 세력과의 전투력을 확신할 수 있었을 뿐 아니라 그 이후 1947년의 3 · 1절 소요 및 8 · 15 소요에서

28) 10월 인민 항쟁의 성격에 대해서는 논란이 많다. 그것을 주도하고 조직하는데 있어 조공 · 전평 · 전농 등 좌익의 역할이 컸다는 점을 무시할 수는 없겠지만, 투쟁의 표적이 미군정 지배 기구와 그 수행자들이었다는 점과 전국적인 동원의 규모로 평가해 볼 때, 미군정 (그리고 그 동맹 세력인 한민당계 보수 우익과 군정 관료들) 에 대한 조선 민중의 항쟁으로 보는 것이 타당할 것이다. 최근의 연구 (정해구, 1987) 는 그것을 뒷받침해준다.

29) 수도관구경찰서, 앞의 책, p. 292.

30) 주한미군사령부, *HUSAFIK*, 제3권, pp. 401-402.

4·3 항쟁에 이르기까지 제반 저항운동을 와해시켰기 때문이다.

10월 항쟁을 진압하고 난 후 미군정은 46년 10월 26일 좌·우합작위원회와 사태 수습을 위해 朝·美공동회담을 개최하였는데, 이 회담에서 논쟁의 초점은 군정 경찰 내부의 일제 잔재 청산 문제(특히 일제 고등계 출신 형사 숙청)였다. 아래에 나타난 바와 같이 이 회담 결과 건의한 핵심적인 내용은 제1항, 제2항으로 친일 경찰 및 군정청 내의 친일 관료의 처벌이었다.

하지 중장에게 제출한 조·미 공동 회담의 건의 요지[31)]

1. 경찰에 대한 원한

경찰 인사에 있어 일제 경찰 출신, 특히 일제하에서 항일 애국자를 탄압하고 박해하던 일제의 악질 고등 경찰 출신이, 해방된 금일 경무부 당국에 의해 등용되고 특히 사찰 경찰의 일선에 배치되어, 비록 공산주의자라 할지라도 그들이 경찰 기술자라는 명목으로 그들을 체포·고문하는 사실은 한국인의 감정을 지극히 손상시켰으며, 그 결과 군정 경찰에 대한 일반 민중의 반감을 사고 있으므로 이를 시정할 것.

2. 군정청 내 前친일파의 잔류

그들이 일제 36년 폭정 하에서 살아왔다는 점에 유의하여 열성적으로 자진하여 일제에 협조함으로써 민족에 해를 끼친 적극적인 친일파와 부득이 살기 위한 친일파와는 구별하여 친일파를 처리할 것.[32)]

---

31) Mark Gain, 까치 편집부, 옮김, 『해방과 미군정 : 1946년 10-11』, (까치, 1986). pp. 16-17.

32) 좌우합작위원회는 친일파 혹은 민족 반역자의 규정에 있어, ①적극적인 친일파와 ②부득이 살기 위해 친일한 자를 구분하는 등 다소 온건한 입장을 보이고 있는데, 이것은 중간파로서의 좌우 합작위원회의 성격이 강하게 드러난 것으로 보인다. 이상 두 가지 유형의 분류는 당시 경무부장이던 조병옥이 조·미공동회담에 출석하여 김규식·여운형·안재홍 등을 향해 김규식의 아들이 일본 해군의 스파이였다는 점을 비롯하여 일제하에서 그들이 총독부와 관계하였던 극히 하찮은 사례들을 들어 그들을 친일파라고 공격하면서, 당시 군정에 재직 중인 대부분의 친일 경찰관들은 ①의 유형의 친일파 (Pro-Japanese)가 아니라 생계 유지를 위해 직업상 어쩔 수 없이 일제에 협력한 것 (Pro-Job)에 해당하므로 등용한 것이라고 변명한 데서 연유한 것이다. 조병옥, 『나의 회고록』(해동출판사 : 1986), pp. 162-65.

3. 정부 내의 과다한 통역관의 폐해.
4. 한국인 관리의 부패.
5. 한국인의 진실한 복리에 반대하는 악질적 선동.

또 김규식 · 여운형을 대표로 한 좌우합작위원회는 친일파 처벌과 함께 조병옥 경무부장의 파면을 요청했으나, 미군정은 이를 받아들이지 않았다.[33] 오히려 군정 경찰 간부 중 유일한 민족주의자로서 조 · 미 공동회담에서 친일 경찰의 처단을 주장했던 崔能鎭[34]이 조병옥에 의해 파면 당했다.

10월 항쟁에서 제기된 친일 경찰 처단 및 일제 잔재 청산에 대한 요구는 1946년 12월 12일 개원된 남조선 과도입법의원에서도 중요한 과제로 대두되었다. 입법의원은 내부적 한계[35]에도 불구하고 군정 경찰관들의 반대 속에서 1947년 3월 제31차 · 제32차 회의의 심의를 거쳐 「부일 협력자 · 민족 반역자 · 전범 · 간상배에 대한 특별 법률 조례」를 군정장관에게 제출하였다.[36] 그러나 미군정은 일본 통치 밑에서 협력자가 안되고 견딘 자는 극히 드물고 한국 민족의 통합에 악영향을 미친다는 이유를 들어 이 법의 인준을 거부하였다.[37]

---

33) 조병옥은 점령군 사령관 하지(J.R.Hodge) 중장의 절대적인 신임을 받고 있었기 때문에, 군정 기간에 몇 차례의 파면 요구가 있었으나 묵살되었다. 조 · 미회담 당시에 미군정 측은 조병옥 경무부장 대신 장택상 수도청장을 파면시키겠다고 대안을 제시하였으나 이것도 이행되지 않았다.

34) 崔能鎭은 해방 후 평양에서 건준 평남 지부 치안대장을 지내다가 월남하여 경무부 수사국장으로 일하고 있었다. 그는 1948년 5 · 10 국회의원 선거에서 동대문 갑구 후보로 출마하여 이승만과 대결했으나 친일 경찰과 우익 청년 단체의 방해로 후보 등록을 취소 당했으며 1951년 전쟁 중 군법 회의에서 이적죄의 명목으로 총살당했다. 최능진은 해방 후 악질 친일 경찰 암살을 준비하기도 하였다. B. Cumings, 앞의 책, p. 222 ; 조갑제, 앞의 책, p. 27 참조

35) 입법의원의 선거는 좌익계 정치 지도자들이 체포되어 있는 상황에서 치러졌고, 다단계식 선출 방식에 의해 한민당 및 독립촉성국민회 계열의 극우익 세력이 압도적으로 승리하였다. 더구나 군정장관의 거부권으로 인해 입법의원은 입법 기관으로서보다는 미군정의 자문 기관에 지나지 않았다. 자세한 내용은 제7장 참조.

36) 입법의원 비서처, 『입법의원 속기록』 제31차 · 제32차 회의록 참조.

식민지 기구의 재편에 의해 성립된 미군정의 본질적 성격상, 친일파 처단의 문제는 군정 지배 구조의 붕괴를 의미하는 것으로 이해될 수 있을 것이다. 더구나 10월 항쟁에 대한 성공적 진압으로 자신의 정당성을 획득하고 더욱 강력해진 군정 경찰을 처벌한다는 것은 사실상 불가능한 일이었다.

미군정 후기의 경찰의 활동은 5 · 10 선거 반대 투쟁을 진압하는데 집중되며, 총선거를 실시할 수 있게 하는 데 결정적으로 기여하였다. 군정 경찰은 국방 경비대 · 우익 청년 단체와 함께 5 · 10 선거에 반대하여 전국적으로 발생한 파업과 제주도 4 · 3 항쟁을 진압함으로써, 5 · 10 선거에 의한 정부 수립을 가능케 했다. 1948년 제주도 4 · 3 항쟁에서는 도내 15개 경찰서 중 11개 경찰서가 습격 당하였다. 사건 발생 후 군정 경무부에서는 각 도 경찰청에서 1개 중대의 경찰력 1,700 명을 동원하여[38] 제주도에 급파하였으며, 서북청년단 등 우익 청년 단체 대원들로 토벌대를 편성하여 진압 병력을 강화했다. 4 · 3 항쟁은 8월 무렵까지 계속되었으며 군정 경찰과 우익 청년 단체, 국방 경비대의 진압 작전[39]은 더욱 강화되었다. 1948년 8월 15일 대한민국 정부가 수립된 이후에도 경찰을 중심으로 한 토벌 작전은 계속되었으며 1949년 4월경에 가서야 거의 마무리되었다. 4 · 3 항쟁에 대한 진압 과정에서 경찰은 한라산 주변의 대부분의 부락을 초토화하였으며 주민에 대한 대량 살상(당시 제주도 도민 30만 명 중 5-7만 명이 사망)을 감행하였다.

군정 경찰은 5 · 10 선거 반대 투쟁을 진압하였을 뿐 아니라 5 · 10 선거 과정에서 선전 · 동원의 역할을 수행했다. 선거 1개월여 전에 조병옥 경무부장

---

37) 입법의원 비서처, 같은 책, 제176차 회의(1947년 11월 27일)에 보고된 C. G. 헬믹 군정 장관 대리의 인준 보류 통지서 참조.

38) 국방부 전사편찬위원회, 『한국 전쟁사 I : 해방과 건준』(1969).

39) 군정 억압 기구들 가운데서도 경찰 조직은 군에 비해 훨씬 중요하다. 병력 규모 · 장비면에서 우수하였을 뿐 아니라, 좌익 세력의 진출이 가능했던 군과 달리 경찰은 내적인 응집력과 기동성을 가질 수 있었다. 4 · 3 항쟁에 대한 진압에 있어서도 군은 소극적이었으며 군에 대한 주민의 적개심도 작았다. 제주도 인민 유격대장 김달삼은 "제주도 인민의 투쟁 목표는 경찰이지 경비대가 아니다"라고 하였다. 아라리 연구원(편), 『제주 민중항쟁』(소나무, 1988), p. 280.

이 경찰 보조대로서 조직한 鄕保團은 그러한 역할을 수행한 핵심적 기구였다.[40] 향보단은 경찰 지서 단위의 각 지역에 우익 청년 단원을 중심으로 하여 55세 이하의 청장년들로 조직되었다. 5 · 10 선거 과정에서 경찰과 향보단원들은 선거인들에게 등록을 강요하기도 하였다고 한다.[41]

군정 경찰의 활동을 살펴보는 데 있어 빠뜨릴 수 없는 것은 우익 청년 단체의 역할이다. 우익 청년 단체는 미군정 지배 구조의 외곽에서 미군정과 우익 정치 세력을 지원 · 보조하는 역할을 수행했다. 군정 초기부터 건국청년회를 비롯하여 다수의 우익 청년 단체들이 만들어졌는데, 이것들은 한민당 계열이나 임시정부 계열의 정치 세력의 지원을 받으면서 성장했으며, 그 중에는 미군정의 직접적인 지원을 받은 것도 있었다.[42]

우익 청년 단체들 가운데 군정 경찰과 밀접한 관련을 가지고 준국가 기구로서 활동한 것으로는, 월남 청년들을 중심으로 결성된 서북청년단(회장 : 문봉제), 대한민주청년동맹(회장 : 유진산), 한국광복청년회(회장 : 오광선), 대동청년단(회장 : 이청천), 민족청년단(회장 : 이범석) 등이 대표적인 것이다.

군정 초기에 우익 청년 단체들은 우익 세력의 정치 활동을 지원하면서 때로는 조선인민보사, 해방일보사, 인민위원회 본부 등 좌익 기관을 습격하거나, 좌익 집회에 나타나 테러 행위를 하여 경찰 출동을 정당화시켜 주는 등 경찰의 측면에서 지원 활동을 하기도 했는데, 후기에 이르면 군정 경찰과 우익 청년 단체들과의 관계는 상당히 공식적이고 직접적이며 조직적인 협조 관계로

---

40) 조병옥은 선거에 대비하여 100만 명 규모의 보조 경찰대를 조직할 것을 하지 장군에게 건의하였으나, 하지는 미군정이 경찰 국가로 용인 받는다고 하여 거절하였다고 한다. 그러나 그는 향보단을 조직했다. 조병옥, 앞의 책, p. 186.

41) 『노력인민』, 1948년 4월 21일자 참조.

42) 하지 중장은 10월 항쟁 발생 직후 맥아더에게 보낸 메시지에서 점령군 및 경찰을 지원할 목적으로 우익 청년군을 구성할 것을 주장했는데, 그에 따라 1946년 10월9일 민족청년단(단장 : 이범석)이 결성되었다. 민족청년단은 미군정의 재정 지원(총 2천4백만원), 장비 지원, 훈련교관단 파견 등을 토대로 하여 급성장하였으며, 중앙훈련소와 지방훈련소를 설치하여 모든 단원들에게 훈련과 교육을 실시하였다. 그 결과 족청은 정부 수립 직후 115만의 단원을 확보한 가장 강력한 청년 단체로 부상하게 되었다. 오유석, 「미군정 하의 우익 청년 단체에 관한 연구」(이대 사회학과 석사 학위논문, 1988), p. 60

정착되었다.[43] 서북청년단, 민족청년단 등 우익 청년 단체들은 정부 수립 과정에서 사실상 준국가 기구로서의 역할을 수행했다. 군정 경찰과 우익 청년 단체들의 이러한 공식적인 협조 관계는 1946년 9월 총파업과 10월 항쟁을 진압하는 과정에서 형성된 것으로, 4·3 항쟁 진압 과정에서는 양자가 더욱 조직적으로 움직일 수 있었다. 4·3 항쟁 당시 서북청년단은 조병옥 경무부장의 요청에 의해 500여 명의 단원을 경찰전투대로 편성하여 제주도에 파견하는 등 항쟁의 진압과 유격대 토벌에 중요한 역할을 해냈다. 서북청년단은 우익 청년 단체들 가운데 가장 과격하고 철저한 극우 단체로, 남한의 좌익 토벌과 정부 수립에 있어 전위적인 행동 부대로 활동하였다. 서북청년단 단장을 지낸 문봉제는 그 때의 상황을 다음과 같이 말하였다.

> 피비린내 나는 살상, 바로 그 연속이 서북청년단의 역사였다 해도 과언이 아니다. 당시 일부에서 서청을 백색 테러단으로 규정짓는 소이도 여기에 있다.[44]

제4절 군정 경찰의 특성

이상에서 고찰한 군정 경찰의 조직, 충원 및 활동을 토대로 군정 경찰의 특성을 요약해 보면 다음의 네 가지로 간추려질 수 있겠다.

첫째, 군정 경찰은 군정 통치 기구 가운데 최대의 물리적 강제력을 갖는 국가 기구라는 점이다. 군정 경찰은 소극적 의미의 치안 유지나 시민의 생명 및 재산 보호의 기능 뿐 아니라, 정부 수립 과정에서 좌익 세력을 배제시키고 탄압하는 기능을 수행했다. 군정 경찰의 억압적 특성은 그것에 충원된 친일 경찰들의 활동에서도 드러난다. 군정 시기의 경찰관들은 독립 운동가들을 탄압

43) 같은 책, p. 60.

44) 문봉제, 「서북청년회(1)」, 중앙일보, 1972년 12월 21일자 참조.

하던 일제 시대의 고문[45]과 조작의 수사 기법을 사용하기도 하였다.

> 나는 경찰이 각이 날카로운 나무 몽둥이로 사람들의 정강이를 때리는 것을 보았습니다. 경찰들은 사람 손톱 밑에 뾰족한 나뭇조각을 쑤셔 넣기도 했지요. 또 내가 기억할 수 없을 만큼 많은 사람들이 물고문을 받는 것을 보았습니다. 그들은 어떤 사람의 입에다 고무 튜브로 계속 물을 퍼부어 거의 질식할 지경으로 만들어 놓았습니다. 또한 경찰들이 쇠몽둥이로 한 사람의 어깨를 갈기고 쇠고리에 매달아 놓는 것도 보았지요.[46]

둘째, 조직 면에서 중앙 집권화의 정도가 강하며, 조직의 과정이 하향적이라는 점이다. 군정 경찰은 해방 후 전국적으로 조직된 자생적 치안 조직을 흡수하는 방식으로 형성된 것이 아니라, 오히려 그것을 해체하고 식민지 경찰 기구를 자원으로 활용하면서 성립되었다. 또한 군정 경찰의 중요한 특징은 기구의 비대화라고 할 수 있다. 비대화된 군정 경찰은 미군정기의 군정 정책 수행에 가장 효과적인 국가 기구로 활동했다.

셋째, 군정 경찰의 전투 경찰로서의 군사적 특성과 함께 그것의 정치화가 주된 특징으로 지적될 수 있겠다. 군정 경찰의 수뇌부는 대부분 한민당계 요인들과 친일 경찰 관료 출신들에 의해 충원됨으로써 보수 우익 세력의 정치적 이해의 실현에 기능했다. 군정 경찰의 정치화에 작용한 또 하나의 요인은 반공 이데올로기의 수용과 정착이었다.

마지막으로, 군정 경찰 관료 집단의 내적 응집성과 동질성을 주된 특징으로 들 수 있겠다. 이는 군정 경찰이 경찰 관료 출신들로 충원되었던 데서 연유한다. 군정 경찰의 최상층부에는 친미적인 조병옥 · 장택상 등이 등용되었지만, 중하위 수준의 경찰 간부들과 일반 경찰들은 대부분 친일 경찰 출신들로 채워

---

45) 군정 기간에는 경찰의 고문치사 사건이 많았던 바, 장택상의 저격 용의자인 임화의 사망이 대표적 예이다.

46) Mark Gain, 앞의 책, p. 87.

졌다. 군정 경찰은 단순한 기술 관료 집단과 달리 친일의 경력이 가시적이었고 조직의 통일성이 컸기 때문에 내적 응집성과 동질성을 가지고 고도의 기동력을 발휘할 수 있었다. 이러한 특성은 출신 배경의 다양성으로 인해 파벌이 많았고 좌익의 진출이 용이했던 국방경비대와 매우 대조적이다.

제6장 조선국방경비대의 창설과 성격

이 장에서는 해방 직후에 나타난 군사 단체의 현황을 살펴보고 조선국방경비대의 조직과 충원 과정을 분석하고자 한다. 그런데 식민지 시대에 독립 운동 과정에서 독립군이 창설되었고, 다른 한편으로는 다수의 한국인들이 일본 군대에서 자의건 타의건 군 경력을 쌓았기 때문에 이것을 먼저 검토하는 것이 필요하다.

제1절 해방 직전 해외 무장 독립군의 활동 상황

해방 직전[1] 해외에서 조직 세력으로서 항일 무장 투쟁을 전개하고 있었던 무장 세력은 重慶 임시정부 산하의 광복군과 延安의 조선독립동맹 산하의

---

1) 40년대 이전에 만주에는 두 계열의 무장 독립 운동 세력이 있었다. 1928년에 창설되어 1937년경까지 격렬하게 무장 투쟁을 해온 국민부 산하의 조선혁명군이 그 하나이며, 다른 하나는 1935년 공산주의 독립군으로 결성되어 1940년까지 중국공산당의 동북항일연군과 합작 하에 게릴라 투쟁을 전개해 온 동북인민혁명군 내의 조선인 부대이다. 전자는 1937년경 주력이 중국 관내로 이동하여 나중에 광복군에 수용되며, 후자는 김일성이 소속되었던 세력으로 40년 말에 소련 국경 지대로 넘어가 소련 제25군에 편입되었다.

조선의용군이 있었다. 이밖에도 美洲와 南洋 각지의 연합군에 개별적으로 소속되어 있던 한국인들이 있었으나 이들은 조직된 독립 운동 세력으로서 의미를 갖지 못했다.

광복군은 1940년 9월 15일 重慶에서 '조국의 광복을 완성하고 적과 최후의 一戰을 決한다'는 기치 하에 발족하였다.[2] 광복군은 창설 1년 후인 1941년 11월 중국국민당의 승인을 받게되고 41년 12월 대일 선전포고를 하였다. 광복군은 중국국민당 정부가 재정 지원을 승인한 대가로 요구한 '한국 광복군 행동준승 9개항'에 의해 국민당 군사위원회의 직접적인 지휘를 받아야만 하게 되어 있었다. '9개 준승'은 전후 한반도에 대한 중국국민당의 이해 관계를 반영하는 것으로 광복군이 국민당의 군사위원회에 예속될 뿐만 아니라 중국 영토 내에서의 전투는 물론 한국 내지에 진군할 경우에도 국민당 군사 당국의 지휘에 복종할 것을 명시하고 있었다.[3] 처음에는 실제로 국민당의 군사위원회는 광복군의 공작 활동을 일일이 규제했을 뿐만 아니라, 광복군의 주요 직책에 중국인 장교를 앉혀 광복군을 완전 통제하고 있었다.[4]

그러나 이러한 제약 속에서도 건국 강령이 공포된 후 臨政의 좌우 합작이 이루어지고 1942년에는 김원봉(若山)의 조선의용대가 광복군 제1지대로 편입하는 등 전투력이 강화되었으며, 1945년 4월에 이르러서는 광복군(당시 병력 규모는 400 명)의 독립성과 자율적인 작전 활동을 저해하였던 '행동 준승 9개항'이 폐지되고 독자적인 작전권과 지휘권을 획득하게 되었다.[5] 또한 광복

---

2) 광복군이 재정 문제에 대한 대책을 마련하지도 못한 상태에서 12명이라는 적은 인원으로 발족된 것은, 김원봉의 조선민족혁명당이 조선의용대를 결성한 데 대한 반응이었다. 박성수, 「한국 광복군에 대하여」, 신용하 외, 『한국근대사론 II』(지식산업사, 1977), p. 339 참조.

3) 박성수, 앞의 글, p. 335.

4) 박성수, 같은 글, p. 339.

5) 박성수, 같은 글, p.342 참조. 광복군의 활동을 제약하는 '9개 준승'은 1945년 4월 신군사협정(關於韓國光復軍中韓兩方商定辨法)에 의해 폐기되었는데, 이 협정의 주된 내용은 다음의 세 가지이다. ①국민당의 광복군에 대한 통수권 제한은 광복군이 중국 국경 내에서 작전할 때에만 해당되며, 광복군의 조국 진공 작전에는 적용하지 않을 것, ②광복군에 대한 국민당의 원조를 차관 형식으로 바꾸어 임정을 통해 전해줄 것, ③중국 각지 포로수용소의

군은 일본군에서 탈출한 학병과 중국 각지 포로수용소의 한인 포로들을 광복군에 편입하고 중국에 주둔하고 있던 미군과 합작하여 국내 진공 작전[6]을 준비하기도 하였다. 광복군이 일본의 급작스런 항복으로 미국과 합동 훈련 중이었음에도 불구하고 연합군과 국내 진공할 기회를 상실한 채 해방을 맞게 되자, 김구는 오광선을 조기 귀국시켜 광복군 국내 지대를 조직하였다. 그리고 이범석, 장준하, 김준엽 등을 광복군 선발대로 파견했으나 8월 18일 여의도 공항에 착륙한 광복군 선발대는 일본군의 입국 거부로 인해 다시 중국으로 돌아갔다. 또 김구는 미군정이 임시정부를 승인하지 않게 되자 개인 자격으로 귀국하면서 이청천(총사령관)·이범석으로 하여금 중국 정부와 교섭하여 일제에 의해 징발된 한인 청년들을 인도 받아 광복군 잠편지대를 확대·편성하고 전부대를 무장시켜 임시정부의 군대로서 귀국하도록 지시했는데, 잠편지대가 편성되기는 하였지만 그들도 미군정의 불인정으로 개인 자격으로 입국할 수밖에 없었다. 그러나 임시정부의 이러한 노력들에 의해 광복군은 해방 직전 800명이던 병력 규모에서 해방 후 2만여 명 정도까지 증강되었다.[7]

조선의용군은 華北으로 간 조선의용대가 1941년 여름 武亭의 지도하에 개편된 것으로 조선독립동맹의 기간 무장 조직으로 활동하였다. 조선의용군은 중공군과 연합하여 화북·화중 각지에서 중국 八路軍, 新四軍 등과 함께 항일 투쟁을 전개하였으며 2차대전 종전 직전에 국내 진격을 계획한 바 있었으나 좌절되었다.[8] 이들은 해방 직후에 만주에서 신병을 모집하여 부대를 확

한인 포로들을 韓中 쌍방의 조사를 거친 후에 광복군에 인도할 것.

6) 1945년 8월 미국은 전황의 급진전으로 일본 본토 상륙 작전을 감행하게 되자, 주중 미군사령관 웨드마이어 중장을 통해 미육군전략처(OSS)와 광복군의 합동작전을 계획한다. 이에 따라 西安의 제2지대(지대장 이범석)와 阜陽의 제3지대(지대장 김학규)가 탈출 학병을 중심으로 대일 비밀 공작을 위한 합동훈련을 갖게 되었지만, 일본의 조기 항복으로 인해 실현을 보지 못했다. 합동작전 훈련을 받은 광복군 대원들은 장준하, 김준연 등 90여 명이다. (백범사업회, 『白凡 金九 : 생애와 사상』(교문사, 1982) ; 고정훈, 『秘錄 : 軍』(동방서원, 1967) 참조.

7) 국방부, 『한국 전쟁사』 제1권, 1967.

8) 조동걸, 「8·15 직전의 독립 운동과 그 시련」, 송건호 외, 『해방 전후사의 인식 1』(한길사,

대한 후에 국내에 귀환하려고 하였으나 蘇군정에 의해 거부되어 그 일부만이 무장해제 당한 채 개인 자격으로 환국하였다.[9] 1946년 초 조선독립동맹이 신민당을 결성하게 되자 귀국한 조선독립동맹의 간부들은 여기에 참여하였고 귀국한 조선의용군의 장교와 병사들은 그 후 1948년 2월 8일 북한 인민군이 조직되자 거기에 편입되었다.

제2절 해방 직후 사설 군사 단체의 현황

1. 군 경력자의 출신 계열

미군정이 조직한 국방경비대의 간부들의 충원이 어떤 집단에 의해 이루어졌는가를 살펴보려면, 먼저 일제하 한국인 군사 경력자들의 형성과 이들에 의해 조직된 해방 직후 사설 군사 단체들의 상황에 대해 고찰해야 할 것이다. 일제하에서 군사 경력을 쌓을 수 있는 통로는 중국 각지에서 항일무장투쟁에 투신하거나 그와 정반대로 제국주의 일본군이나 만주군에 복무하는 것이었다. 전혀 다른 지향을 가지고 있는 식민지 시대 군 경력자들을 그 출신 계열에 따라 나누어 보면 크게 다음의 세 부류로 나누어 볼 수 있다.

1) 일본군·만주군 출신

식민지 시대에 한국인들 중에는 일본이나 만주국의 정규 사관학교를 지망하여 군 간부가 된 사람들이 있었다. 구한말부터 해방 당시까지 일본 정규 육사에 입학한 한국인들은 총 141명이었으며[10], 이들 중 미군정기 국방경비대에

1977), p. 264.

9) 『해방일보』, 1946년 1월 16일자에는 조선의용군 200여 명이 귀환했다는 기사가 실려 있었다.

10) 이기동, 『비극의 군인들 : 일본육사출신의 역사』, 일조각, 1982, p. 2.

참여한 사람은 약 35명 정도이다. 일본 육사 출신들은 대개 고등 교육을 이수한 후 육사에 입학했기 때문에 교육 수준이 높았고 사관학교에서 최고 수준의 군사 교육을 받았을 뿐만 아니라, 특히 일본군 부대의 장교로 있으면서 중국군·연합군과의 실전을 통해 전투 경험을 가지고 있었다. 이들은 대개 제국주의 日本 천황과 국가에 대한 충성심과 군기를 중시하는 군인 정신으로 무장되어 있었으며, 항일 무장 독립 운동과 상반되는 경력을 거친 부류의 집단들이었으나 해방 후 미군정에 의해 국방경비대의 핵심적 지위에 발탁되었다.

또 하나의 부류는 일제가 만주사변 후 만주에 세운 만주국 군대에서 간부를 지냈던 사람들이다. 이들은 대부분 1932년에 설립된 2년제 奉天군관학교를 졸업했거나, 1938년에 설립된 4년제 新京군관학교를 졸업하여 만주군의 장교로 근무한 사람들이다.[11] 이들은 군대의 지휘·운영 면에서 일본군(關東軍)의 통제를 받고 있었다는 점을 제외하고는 일본 육사 출신들과 비슷한 성향을 가졌다고 볼 수 있겠다. 만주군 장교 출신으로 군정기 국방경비대에 참여한 사람들은 대략 40여 명 정도였다.[12]

한국이 해방되자 만주군 소속 한인들은 만주국의 수도인 新京(長春)에서 원용덕과 정일권을 중심으로 광복군 잠편지대에 편입되었고, 북경에서는 만주군 소속 한국인 特設隊인 鐵石部隊 출신 군인들이 북경 지구 광복군 잠편부대을 편성하는 등 임시정부를 지지하여 미래의 한국군 창설에 가담코자 하였다. 그러나 이들은 미군정이 임시정부를 승인하지 않음에 따라 임정 요인과 광복군이 개인 자격으로 귀국하게 되자, 1946년 4월부터 개인적으로 귀환하였다.[13]

만군 출신들은 실전 경험이 적고 대부분 정규전 수행 훈련보다는 반란 진

11) 만주군관학교는 奉天의 2년제 군관학교로 출발했으나 1938년에는 新京(長春)으로 옮겨 일본 육사와 동일한 편제와 교과 내용을 가진 4년제 군관학교로 발전하였다. 장창국, 『육사 졸업생』(중앙일보사, 1984), pp. 18-19 ; 한용원, 『창군』(박영사, 1984), p. 87.

12) 김영만, 「미군정기 조선경비대 창설과정 연구:군사영어학교를 중심으로」(고대대학원 사학과 석사논문, 1985), p. 14.

13) 장창국, 같은 책, p. 55.

압, 流賊 소탕 등의 전술만을 교육받았을 뿐이어서 기술적인 자질 면에서는 일본군 출신에 뒤떨어졌지만, 만주군 복무시 日人 고문관 제도에 숙달되어 있어 미군정의 고문관 제도에 잘 적응할 수 있었다. 이러한 장점으로 인해 만군 출신들은 군정 시기에 일본군 출신들과 함께 국방경비대에 두드러지게 진출할 수 있었다.[14] 한편 이들 중에는 만주에서 활동하던 독립 운동가들과 공산주의자들의 영향을 받은 사람들도 상당수 있었으며 肅軍 때 처형되기도 하였다.

2) 지원병·학병 출신

일본군의 범주에 속하면서도 학병과 지원병 출신들은 일본 육사 출신의 장교들과 그 성격이 달랐다. 지원병은 일제가 한국인들을 전투 요원에 동원하기 위한 첫단계의 조치로서 1938년 칙령 95호 '육군 특별 지원법령'을 공포함에 따라 일본군에 입대한 사람들이다. 1943년에는 지원병 제도가 해군에까지 확대 시행되었으며 1944년까지 6년 동안 총 1만 7664명의 한국인 청년들이 지원병으로 일본 군대에 입대하였다.[15] 이들은 형식상 '지원'이라는 형태로 입대하였지만 선동이나 강요에 의해 동원된 경우가 많았다. 지원병들은 대개 사전 군사 교육을 받지 않고 일본군 사병으로 입대하였으나, 전쟁이 확대됨에 따라 초급 간부의 수요가 증대되자 이들 중 소수가 간부 후보생 과정을 거쳐 하사관이나 초급 장교로 진출할 수 있었다. 지원병 출신자들은 실전 경험은 있었으나 학병 출신자들에 비해 학력이 낮았으며 상명하복의 수직적 명령 계통을 엄수하는 등 군국주의적 기질이 강했다. 이들은 해방 후 단체로 조직되지 못했지만 군정기 국방경비대에 열성적으로 참여하였다. 지원병 출신으로 국방경비대 창설에 참여한 인원은 100여 명 이상으로 군사 경력자 출신 계열 중 가장 많은 수를 점하고 있다.[16]

---

14) 한용원, 같은 책, p. 50.

15) 김영만, 위의 책, p.11. 지원병제도에 대해서는 宮田節子, 「朝鮮における 志願兵制度の 展開とその意義」, 旗田魏 先生古稀記念會編, 『朝鮮歷史論集』 下卷 (東京 : 龍溪書舍, 1979), pp. 411-444 참조.

학병 출신들은 일제가 태평양 전쟁 발발 후인 1943년 10월 '대학생 징집 연기 임시 특례법'에 의해 이전에 전문학교 이상의 재학생과 졸업생들에게 면제되었던 지원병 제도를 폐지하고 일본군 입대를 강요함으로써 군사 경력을 쌓게 된 사람들이다. 일제는 학병들의 학력 수준을 고려하여 6개월간의 간부 후보생 과정을 거쳐, 초급장교에 충원하거나 소모품 소대장의 현지 조달원으로 활용했다.[17] 학병들은 해방 당시까지 총 4,385명이 일본군에 복무했으며 해방 후 귀환 인원은 3천 명 정도였는데[18], 이들 중 국방경비대에 참여했던 인원은 90 명 정도였다. 학병 출신들은 과거 일본군이었지만 복무 기간이 극히 짧았고 강제 징집 당한 경우가 많았다. 또 일본군에서 탈출하여 연합군이나 광복군 측에 귀환한 사람들도 상당수 있었으므로, 일본 육사 출신이나 만주군 출신에 비해서 '친일'이라는 비난의 소지가 덜하였을 뿐 아니라 영어에 숙달되어 있고 학력 수준이 높아서 미군정의 신뢰를 받는 편이었다. 그러나 해방 당시에 상위 계급자가 없고 군사적 기술이 부족해서 군정기에는 대개 하위 장교의 수준에 머물러 있었다.[19]

3) 광복군 · 중국군 출신

항일 무장 독립 운동 세력 가운데 해방 후 남한에 귀국하여 국방경비대에 참여한 유일한 부류로는 광복군과 중국국민당이나 지방 군벌에 소속되어 싸웠던 중국군 출신자들을 들 수 있다. 광복군과 중국군 출신자들은 1924년에 창설된 중국국민당 산하의 중국 中央군관학교(일명 황포 군관학교)와 洛陽분교 한인특별반, 지방 군벌의 군관학교와 사설 講武堂에서 군사 교육을 받은 후, 중국 내의 각종 지방 군벌이나 장개석의 국민당에 소속되어 항일 전투와 중공군과의 전투 경력을 가지고 있었다.

---

16) 한용원, 같은 책, pp. 58-59; 장창국, 같은 책, p. 46. 지원병 출신 창군 요원들 100여 명은 대부분 장군까지 진급했으며 합참의장 2 명, 육군참모총장 2 명이 배출되었다.

17) 고정훈, 『秘錄 : 軍』(동방서원, 1967), p. 254.

18) 장창국, 앞의 책, pp. 38-40.

19) 육군본부, 『창군 前史』, 육본 군사편찬과, 1980, p. 4.

광복군 출신자들은 항일 무장 독립 운동의 맥을 잇는다는 점에서 남한에서 유일하게 정통성을 갖는 군경력자들이었으나, 미군정의 임정 불승인으로 해방 후 주체적으로 군대를 창설하려는 의지가 좌절되었다. 광복군계 출신자들은 일본군·만주군계가 주류인 국방경비대 창설에 적극적으로 참여하지 않았다. 1946년 6월 말 귀국한 광복군의 주력은 국방경비대 간부 양성 기관인 경비사관학교(정확하게는 경비대훈련소)에의 입교를 거부했지만, 유동열이 통위부장(정확하게는 국내 경비부장)으로 취임한 후부터 경비사관학교에 상당수 입교하게 되었다. 그러나 해방 후 미군정기에 국방경비대 창설에 참여하여 장성까지 진출했던 광복군·중국군 출신은 20여 명 내외였다.

2. 해방 직후의 사설 군사 단체

이상에서 고찰한 바와 같이 다양한 출신 계열의 식민지 시대의 군경력자들은 귀환 후 과거의 출신 배경을 중심으로 사설 군사 단체를 결성하여 여러 정치 세력들과 관련을 맺고 국내 치안 유지와 미래의 국군 창건을 위해 활발한 움직임을 보였다. 사설 군사 단체들은 단순한 친목 단체의 성격을 갖는 것에서 미래의 국가 구상과 전국적인 조직을 갖는 것에 이르기까지 다양했으며, 1945년 11월 현재 군정청에 등록된 것만해도 무려 30여 개에 이를 정도로 난립 상을 보였다.[20]

1) 일본군·만주군계 군사 단체

해방 후 일본군·만주군계 출신들이 결성한 우익계 군사 단체 중 대표적인 것으로는 조선임시군사위원회(위원장 李應俊, 부위원장 김석원, 1945년 8월 말 결성)가 있었다. 조선임시군사위원회는 李應俊 등 일본 육군사관학교 출신의 일본군 간부들이 중심이 되고, 元容德 등 만주군 출신들도 다수 참여하였는데, 휘하에 치안대 총사령부를 두고 있었으며 국군 편성 초안을 작성하여 미

20) 국방부, 『한국전쟁사』 제1권, 1967, p. 247. 이들 사설 군사 단체들에 대한 종합적인 고찰로는 한용원, 앞의 책, pp. 27-29 참조.

군정청에 제출하는 등 활발한 움직임을 보였다. 조선임시군사위원회는 1945년 9월 8일 성북경찰서를 접수하려다 일제 시대부터 근무해오던 한국인 경찰관들과 충돌하여 미군에 의해 무장 해제됨으로써 해체되었으나,[21] 그 성원들은 미군정의 국방경비대 창설의 핵심 세력이 되었다.

일본군·만주군계의 군사 단체는 수적으로 가장 많았지만 통합된 세력으로 결집되지 못했고 통일 독립 국가 형성에 대한 체계적인 구상이 없었다. 더욱이 일본군이나 만주군 출신이라는 과거의 경력 때문에 군대 창설의 정당성을 주장하기가 힘들었다. 그러나 그 성원들은 미군정이 주도하였던 국방경비대 창설의 핵심 요원들로 선택받았을 뿐 아니라 국방경비대에 자발적으로 참여했던 까닭으로 군정기에 그 영향력이 컸다.

2) 광복군계 군사 단체

해방 후 국내에서 조직된 광복군계 군사 단체로는 대한국군준비위원회(대표 유동열, 1945년 11월 1일 결성)와 대한민국군사후원회(총재 조성환, 1945년 12월 9일 결성)가 있다. 대한국군준비위원회는 임시정부 김구의 지시로 오광선이 먼저 귀국하여 편성한 광복군 국내 지대를 기반으로 하여 조직된 것이다. 이들은 독립 운동의 맥을 잇는 정통성을 가졌음에도 불구하고 조직력이 약한 편이었으며, 미군정의 사설 군사 단체 불법화 이후에는 광복청년회로 변신하여 우익 청년 단체로 활동하게 되었다. 대한민국 군사후원회는 조선군사후원회, 한국광복군후원회, 한국광복군군사후원회 등 3개 군사 단체가 결합하여 발족한 광복군계의 군사 단체이다.

3) 좌익계 군사 기구

건국준비위원회는 자생적 군사 기구로서 귀환장병대(후에 조선국군준비대로 개칭)를 조직하였다. 국군준비대는 1945년 8월 27일 서울 시내 교동국민학교에서 조직 결성을 준비하였으나, 미 태평양 방면 육군사령관의 일반 명령 1호

21) 육군본부, 『창군 前史』, 육본군사편찬과, 1980, pp. 278-280.

에 의해 남한 주둔 일본군의 무장력이 유지되고 있었기 때문에 '귀환장병대'라는 명칭을 사용하였다. 그후 미군 상륙 직전인 9월 7일 명칭을 조선국군준비대 (총사령 이혁기, 부사령 박승환) 로 바꾸었다.

국군준비대는 예비군 10만 명,[22] 상비군 1만 5천 명의 병력으로 전국적인 조직 (각 도에 사령부와 각 부 · 군에 지대를 결성) 을 가지고 있었으며 조선국군학교를 흡수하고 있었다.[23] 조선국군학교의 교장은 임정 좌파의 지도적 인물인 김원봉 (金元鳳) 이었다. 조선국군학교는 양주에 있었던 구지원병 훈련소에서 1 · 2차 학생을 모집하여 1천여 명을 교육시켰다. 또 국군준비대는 태능에 훈련소를 두어 군사 훈련을 실시하기도 하였다. 국군준비대의 조직은 <표 6-2>와 같다.

<표6-1> 국군준비대 총사령부 기구 및 부서 편성표

총사령 : 이혁기 ;	부사령 : 박승환 ;
고급부관 : 이영석, 이재복 ;	고급참모 : 최 영, 왕홍경
군수부장 : 이영섭 ; 차장 : 결손 ;	병사부장 : 전철구 ; 주임 : 박덕련
보도부장 : 권용활 ; 차장 : 이기영 ;	군의부장 : 마동악 ; 차장 : 결손
교육부장 : 원덕용 ;	헌무사령 : 총사령이 겸임 ;
한군대장 : 연 정 ; 부대장 : 안영남 ;	특무대장 : 오영주 ; 부대장 : 염윤구
항공사령 : 노정민 ; 중대장 : 고태호 ;	해군사령 : 이상렬 ; 중대장 : 이충전
경성연대 : 제1대대장 : 박상호 ;	
제2대대장 : 백재정 ; 중대장 : 김창봉, 전월봉, 임부택	
연대경리관 : 안호봉	

자료: 민주주의 민족전선, 『해방 조선 1』, pp. 290-291.

국군준비대는 다음의 선언과 강령에서 나타나는 바와 같이 뚜렷한 이념을 표방하고 있었다.[24]

22) 민주주의 민족전선, 『해방 조선 1』에는 10만 명, 『한국 전쟁사』에는 6만 명으로 기록되어 있다.

23) 민주주의 민족전선, 『조선해방년보』, 문우인서관, 1946, p. 233.

국군준비대의 선언, 강령, 운영 및 편성

선 언

일체의 제국주의 세력의 잔재와 친일파, 민족 반역자를 소탕하여 파쇼적인 직업적 군인 집단을 반대하고 인민을 위한 인민 자체의 무장을 선언한다.

강 령

1. 인민 무장에 의한 국군 건설.
2. 파쇼적, 군벌적 형태의 군사 활동 배격.
3. 군사적 훈련과 정치적 훈련의 통일에 의한 혁명군인 육성.

운 영

1. 경성에 총사령부를, 각 도에 도사령부를, 각 군에 支隊를 둠.
2. 총사령부는 도사령부를, 도사령부는 각 지대를 직접 관할함.
3. 총사령부에는 총사령과 부사령을, 도사령부에는 사령을, 지대에는 지대장을 각각 1명씩 둠.
4. 사관 양성을 위하여 국군학교를 두고 유기적으로 운영함.

편 성

1. 육해공군을 막론하고 군사적 훈련을 받은 자와 특별 지원한 청년으로 군대를 편성함.
2. 육군은 육군부, 해군은 해군부, 공군은 항공부로 편입함.
3. 편성상의 계급은 과거의 경력을 참작하여 훈련에 이상이 없도록 임시 책임을 담당케 함.
4. 군대 편성은 1개 연대는 3개 대대로, 1개 대대는 3개 중대로, 1개 중대는 3개 소대로, 1개 소대는 4개 분대로 함.

---

24) 『해방일보』, 1945년 12월 25일자; 민주주의 민족전선, 『해방조선 Ⅰ』, p. 292.

또 국군준비대는 정통성을 갖는 광복군·의용군과의 통합을 역설하였으며 실제로 광복군 계열의 군사 단체와 통합을 시도하기도 하였다.[25] 국군준비대는 1945년 12월 26일 전국대회를 갖고 각 사령부의 정세 보고를 받은 다음, 의용군·광복군·국군준비대의 완전 통합, 38선 이북을 망라한 전국적 조직, 경비의 자급자족 등의 사항을 결의하였다.

이상에서 알 수 있듯이 국군준비대는 자생적 군사 단체로서 여타의 사설 군사 단체에 비해 조직력이 크고 이념이 명확했기 때문에 미군정에게 가장 도전적인 존재로 보였다. 결국 미군정은 국군준비대와 건국청년회의 충돌 — 이른바 국군준비대 사건[26] — 을 계기로 미군 부대를 출동시켜 국준 경성연대를 무장 해제시킴으로서, 인공의 군사 기구인 국군준비대를 해체시켰다.[27]

---

25) 군대 창설의 기반을 다지려는 예비 작업으로서 1945년 9월 27일 국군준비대를 중심으로 재경 12개 군사 단체가 전국군사준비위원회를 결성하기 위해 대표자 대회를 가졌는데 광복군 계열은 통합 기구에 '조선'이란 명칭 대신에 '대한'이란 명칭을 사용할 것을 주장하여 10월 7일 준비위원회 결성에서 탈퇴하였다. 민전, 앞의 책, p. 234 참조. 군사 단체 연합체의 명칭 문제에 대해서 광복군은 '대한'이란 명칭을 주장하였고, 나머지 단체들은 '조선'이란 명칭을 주장하였는데, 양측의 근거는 아래와 같다. 민주주의 민족전선, 앞의 책, p. 293 참조.

* 대한을 주장하는 광복군 측의 이유: 재중경 임시정부는 국제 승인을 받았고 광복군은 이미 정통 군대이므로 임정이 입국하면 광복군이 신정부의 정통 국방군이 된다는 것.

* 조선을 주장하는 국내 기성 제단체의 이유: 임정이 국제 승인 운운하는 것은 아직 믿을 수 없고, 정당이 난립하여 정치적 혼란이 심한 때에 엄정 중립을 표방하는 군사 단체로서 '대한'은 부당하다. 해외에서 입국하는 군사 단체는 광복군만이 아니며, 연안 의용군이나 기타 지방에서 오는 군대를 맞이하는 입장에서든가, 남북을 통일하는 전국적인 문제를 취급할 경우에 '대한'이라는 것보다 4천여년 전부터 내려오는 '조선'이라는 명칭이 과도기 군사 단체 명칭으로서 가장 적절하다. 만일 이 '조선'이라는 명칭 때문에 통합이 되지 않는다면 '대한'도, '조선'도 모두 취소하는 방향으로 서로 양보하자는 것.

26) 이 사건은 극우 청년 단체인 건국청년회의 人民報社 테러 습격에 대해 국군준비대 특무대장 오영주가 건청 간부 10 명을 체포한 결과 그들이 광복군과 결탁했음이 밝혀지자 1945년 11월 29일 국군준비대의 120여 명의 대원이 광복군 사령부를 점거 보복한 것을 말한다. 이 사건을 이유로 1946년 1월 3일 미군이 국군준비대 경성연대에 출현하여 무장을 해제시키고 박상호 대대장을 비롯하여 국군준비대 간부들을 미군 헌병대로 연행해갔다. 『해방일보』, 1946년 1월 10일자 참조. '건국청년회'는 이승만의 비서 윤치영에 의해 직접 지도되었으며, 이승만은 국군준비대의 해산을 하지에게 요청해주겠다고 건청 대원들과 공공연히 약속하였다. 민전, 앞의 책, p. 234

국준 이외에도 좌익계 군사 단체로서 학병동맹(위원장: 박두만, 대표: 왕익권)이 있었다.[28] 학병동맹은 '과도기 치안 유지와 장차의 국군 건설'을 강령으로 1945년 8월 22일에 결성되었으며, 1945년 9월 15일에는 동맹원을 각 지역에 파견하여 지부 조직에 착수하였다. 학병동맹은 1946년 8월 현재 회원수 2천 명(각 지부를 합하면 3,500 명)으로 전국 학병 관계자의 70 퍼센트를 흡수한 규모가 큰 단체였다.[29]

그러나 학병동맹은 반탁학생연맹과의 충돌(학병동맹 사건)을 계기로 1946년 1월 19일 경기도 경찰부장 장택상이 지휘하는 무장 경찰대원 40여 명에 의해 동맹 본부가 습격 당하여 동맹원 3 명이 죽고 간부들이 대부분 체포됨으로서 사실상 해체되었다.[30]

조선국군준비대와 학병동맹 등 자생적인 군사 기구들은 미군정과 군정 경찰이 그것을 무장 해제시킴에 따라 와해되었다. 국군준비대와 학병동맹은 조직력에 있어서나 인원 면에 있어서나 해방 직후 남한에서 가장 규모가 큰 자생적 군사 기구였음에도 불구하고 점령 정책의 본질상 용납될 수 없었다.

제3절 조선국방경비대의 창설과 충원

먼저 미군정이 초기부터 국방경비대 창설을 서두르게 된 배경이 무엇인가

---

27) 국군준비대가 미군에 의해 해체된 직후 대원들은 서울 시내 도처에 50 명 정도씩 분산하여 합숙하였으나 학병동맹 사건 이후에는 그것조차 불가능하게 되자, 그 일부는 미군정 국방경비대에 입대하게 되고 또 일부는 귀향하였다. 민주주의 민족전선, 앞의 책, p. 299.

28) 학병동맹이 좌익 세력에 의해 주도되자, 여기서 탈퇴한 우익계 성원 37명은 따로 학병단(총사령 안동준, 위원장 김완룡, 1945년 12월 16일 결성)을 결성하였다. 학병단은 미군정청과 적극적으로 교섭하여 성원들 스스로를 경비대 창설 요원으로 추천하기도 하였다. 한용원, 앞의 책, p. 27.

29) 학병동맹, 「학병동맹이 걸어온 길」, 『학병』 제1집(창간호, 1946년 1월) 참조.

30) 학병동맹, 『學兵』 2집(1946년 2월) 참조. 이 사건에 대해 '학병동맹'은 ①체포 학병 즉시 석방과 ②군정 경무국장(조병옥)과 수도경찰부장(장택상)의 징계 파면을 하지 중장과 미소공위에 건의하였지만 묵살되었다.

부터 살펴보기로 하자. 제5장에서 고찰하였듯이 미군정은 조기에 군정 경찰을 재편·강화하여 남한의 혁명적 조류에 대처하고자 했다. 그러나 1946년 10월 항쟁 시기에 이를 때까지도 군정 경찰은 미군정에 대한 위협에 적절해 대처할 만큼 성장해 있지 못했으며, 지방에서의 사소한 저항을 진압하는데 있어서도 미군 전술 부대의 지원을 필요로 했다. 따라서 미군정은 남한의 내부 혁명 세력을 견제하기 위해 국립 경찰을 지원하는 보조 부대로서 국방경비대의 창설을 계획했다. 아래의 하지 사령관의 발언은 그러한 계획을 잘 나타내 준다.

> "나는 점령 초기부터 한국인 군대의 창설에 관심을 가지고 있었다. 미군의 많은 잔일들을 덜어줄 뿐만 아니라, 우리가 한국 정부 수립의 임무를 완수했을 경우에 대비하여 출발시켜 놓으려는 것이다."[31)]

이러한 계획을 실행에 옮기고 국방경비대를 창설하게 된 직접적인 동기는 1945년 10월 15일의 남원 사건이었다.[32)] 남원 사건은 군정 경찰과 미전술 부대가 남원의 인민위원회 및 국군준비대와 충돌함으로써 빚어진 사건으로, 이 사건 발생 후 경무국 초대 차장인 아고(Reamer T.Argo) 대령은 전북경찰국장 김응조와 만나 경찰을 지원할 경찰예비대의 창설을 제안했다. 미군정 당국은 남원 사건을 미군정에 대한 인민위원회의 저항으로 이해하였기 때문이다.

이에 따라 1945년 10월 31일 군정청 경무국장이자 점령군 사령부의 헌병 사령관인 쉬크(Lawrence E.Schick) 준장이 군대 창설을 건의하였으며, 같은 해 11월 10일에는 쉬크 준장을 책임자로 연구 장교단을 편성하여 이들에 의해 군대 창설 안이 작성되었다. 이어서 1945년 11월 13일에는 군정 법령 제28호에 의해 군정청 안에 국방사령부(Directorate of National Defence)를 설치하였다. 동 법령에 의하면 국방사령부의 설치 목적은 아래와 같다.[33)]

---

31) Robert K.Sawyer, *Military Advisors in Korea:KMAG in Peace & War*, Washington D. C.: *Office of the Chief of Military History*, 1962, p. 21에 실린 하지 사령관의 서신 참조.

32) B. Cumings (1981), p. 226.

한국의 영원한 독립을 준비하기 위하여, 장차 국제 사회에서 한국의 주권을 지키는데 필요한 군사력을 제공하기 위하여, 국민의 평화와 안전을 유지하고 국내의 혼란으로부터 국민의 권리를 방호하는데 필요한 시민 경찰을 보조하기 위하여, 국민의 종교·언론의 자유와 재산권을 지키기 위하여, 그리고 지상과 해상에서 요구되는 군사력 건설에 필요한 모병, 조직, 훈련, 장비 등의 문제를 해결하기 위하여, 이에 국방사령부를 설치한다.

이 계획에 따르면 국방사령부 예하에 기존의 경무국을 통합시키고 육군부(Army Department)와 해군부(Navy Department)로 구성되는 군무국(the Bureau of Armed Forces)을 설치하도록 되어 있었다.[34] 이 계획은 25,000명 규모로 경찰 병력을 강화하고 4만 5천 명 수준의 3개 보병 사단을 창설하며 해안 경비를 위해 5천 명의 해안경비대를 조직할 것을 골자로 하고 있었다. 그리고 조직은 미국식 체제를 따르고 장비는 미군의 잉여 장비로 충당하도록 되어 있었다.[35] 이 계획안이 그대로 실행된다면 1년 후인 1946년 말에는 미군 체제의 군단급 이상의 한국인 부대가 조직될 예정이었다.

그러나 주한 미점령군 사령부와 군정 당국의 이러한 계획은 맥아더 사령부와 미본국 합동참모부의 반대에 부딪혔다. 맥아더는 국방군 창설에 따른 군사적 부담의 증가를 우려하면서 치안 유지에 필요한 무장력은 현재의 경찰에 무기를 지급하는 것으로 충분하다고 하여 군대 창설에 반대하였으며[36], 미합동참모부는 맥아더 사령관에 대한 회신에서 미소공위가 개최되고 있는 당시의 상황에서 미국이 남한에 군대를 창설하는 것은 미소 관계를 악화시킬 것이라는 정치적 이유에서 반대를 표명하였다. 그 대안으로 미국 합참본부는 1945년

---

33) 한국법제연구회, 『미군정법령총람』(1967).

34) 주한미군사령부, ***HUSAFIK*** 제3권, p. 69.

35) R. K. Sawyer, 앞의 책, pp. 10-11.

36) 국방부 전사편찬위원회, 『한국전쟁사 : 해방과 건군』, 1967, p. 257.

12월 20일 하지 사령관에게 수정안을 하달하여 "소규모의 경찰 보조 기구"를 창설하도록 했다. 이에 따라 새 국방사령관에 참페니(Arthur S.Champeny) 대령이 임명되고, 그의 국방사령부 고문인 이응준에 의해서 같은 해 12월 말경에 이른바 "뱀부 계획(Bamboo Plan)"[37]이 수립되었다. 뱀부 계획은 일정한 주둔지를 근거로 하는 필리핀식 경찰 예비대(police constabulary)의 성격을 갖는 군 창설을 골자로 하는 바, 그 창설 안의 내용은 아래와 같다.[38]

◆ 규모 : 총 8개 聯隊로서 25,000 명의 兵力 水準을 목표로 한다.

◆ 배치 : 각 道마다 1개 聯隊씩 駐屯 · 배치한다.

◆ 편제 : 1개 中隊의 완전 편제는 사병 225명, 장교 6명으로 구성한다.

◆ 兵種 : 美軍式의 步兵 部隊로 하되 火器 小隊가 없는 中隊를 기본으로 한다.

◆ 募兵 : 兵力을 구성할 인원은 각 道단위로 책임 募兵한다.

◆ 지원 : 식량 및 장비 등 물자는 中央에서 조달한다.

◆ 창설 요령 : 먼저 각 道에 1개 中隊씩 창설하되 인원이 20%를 초과하면 또 다른 中隊를 新設하고, 이와 같이 3개 中隊가 되면 본부 중대와 大隊 本部를 구성, 1개 大隊를 만들고, 계속하여 같은 방식으로 각 道마다 1개 聯隊 규모가 될 때까지 증설한다.

◆ 창설 요원 : 한국인 최초 창설 요원 외에 창설 활동을 감독하고 지원할 要員으로서 미군 장교 2 명과 사병 4 명을 각 道마다 배치한다. 이들의 임무는 부대 위치 선정, 훈련 장소 모색, 모병 및 조직 등이다.

◆ 한국인 창설 요원 충원 방법 : 창설에 필요한 한국인 장교는 중앙에서 통제하여 양성, 배출한다.

---

37) 'Bamboo Plan'이란 지역별로 조직될 연대의 대원을 현지의 지원자로 충원하는 방식을 뜻한다.

38) R. K. Sawyer, 앞의 책, p.13 ; Young-Woo Lee, "Birth of Korean Army, 1945-1950", *Korea and World Affairs*, vol. 4, no. 4, 1980, p. 645 참조.

이러한 원칙에 따라 1946년 1월 15 일 경기도 태능에 제1연대를 창설하는 것을 필두로 조선국방경비대가 조직되었다. 그리고 1946년 3월 29일 군정청 기구 정비에 따라 국방사령부(Directorate of National Defence)의 지위를 국내경비부(Department of National Security : 한국인들은 통위부라 칭함)의 지위로 바꾸고, 군정 법령 제63에 의해 경무부를 다시 독립시키게 되었다. 조선경비대는 <표 6-2>[39]에서 볼 수 있는 바와 같이 1946년 말까지 각 도별로 9개 연대의 조직을 완료했으며, 1947년 12월 1일에는 기존의 9개 연대(8개 연대에 1946년 7월 2일 도로 승격된 제주도에 제9연대 창설)가 3개 여단으로 조직되었고, 1948년 5월에는 새로이 2개 여단 6개 연대가 설치됨으로써 더욱 증강되었다. 그리하여 정부 수립 전까지 모두 5개 여단 15개 연대 규모에 이르게 되었다.

조선국방경비대는 5 · 10 선거 직전에 제9연대에서 제15연대까지 병력을 증강하였다. 이와같이 국방경비대 병력의 증강은 초기에 경찰 예비대로서 출발한 국방경비대가 정규군의 양상으로 변화했음을 의미한다.

그러나 군정 기간 전시기를 놓고 보면 미점령군이 주둔하고 있던 관계로 국가 기구의 핵심적 기능은 군정 경찰에 부여되어 있었으며 국방경비대의 역할은 상대적으로 적은 편이었다. 국방경비대의 장비 수준과 교육 및 훈련 또한 군정 경찰보다 낮은 수준이었다. 국방경비대는 칼빈 소총과 중화기로 무장한 군정 경찰과 달리 구 일본군이 사용했던 99식, 38식 소총을 기본 장비로 하였으며, 훈련도 총검술과 폭동진압법 정도에 그쳤다.[40] 군정 시기의 국방경비대는 병력 규모 면에 있어서도 군정 경찰보다 작았다.

그러면 이렇게 조직된 조선국방경비대의 충원은 어떻게 이루어졌는가? 미군정은 국방경비대의 간부 요원과 통역관을 양성하기 위해 1945년 12월 5일 군사영어학교(Military Language School)를 개교했는데, 1946년 4월 30일 폐교될 때까지 총 200 명이 입교하여 총 110 명의 장교가 배출되었다.[41] 미군정의 원래 계획은 일본군 · 만주군 · 광복군 출신자 중에서 각각 20명씩을 선

39) 한용원, 앞의 책, p. 96에서 재인용.

<표 6-2> 국방경비대 연대 창설 현황

부대명	창설시기 · 장소	부대 편성	비 고
제 1연대	1946. 1.15 태능	1946. 9.18 연대편성	자원이 많아 당대 완료
제 2연대	1946. 2.28 대전	1946.12.25	4대 정위 최홍희 완료
제 3연대	1946. 2.26 이리	1946.12.25	3대 정위 김백일 완료
제 4연대	1946. 2.15 광주	1946.12.25	2대 정위 정일권 완료
제 5연대	1946. 1.29 부산	1947. 1. 1	2대 부위 백선엽 완료
제 6연대	1946. 2.18 대구	1948. 6.15	6대 소령 김종갑 완료
제 7연대	1946. 2. 7 청주	1947. 1.15	당대 편성 완료
제 8연대	1946. 4. 1 춘천	1946.12. 7	
제 9연대	1946.11.16 제주	1947. 3.20 대대편성	1948. 5.15 제11연대편성
제10연대	1948. 5. 1 강릉	8연대 3대대 기간	1948. 8. 1태백산 공비 토벌
제11연대	1948. 5. 4 수원	2, 3, 4, 5, 6 연대에서 1개 대대씩 차출	1948. 5. 15 제9연대 흡수
제12연대	1948. 5. 1 군산	3연대 2대대 기간	1948. 11 여수 반란 진압
제13연대	1948. 5. 4 온양	2연대 일부병력 기간	1949. 7. 5 옹진전투참가
제14연대	1948. 5. 4 여수	4연대 1개 대대 기간	1948. 10. 28 부대 해체

발하여 60 명을 군사영어학교에 입교시키려 했으나, 좌익계 군사 단체인 국군준비대와 학병동맹은 참여를 거부했으며, 광복군은 임시정부의 정통성을 주장하여 응시를 거부했기 때문에, 군사영어학교 입교자들은 만주군 출신 원용덕과 일본군 출신 이응준이 추천한 일본군 · 만주군 출신자들이 대부분을 이루었다. 군사영어학교 출신 임관자 110 명의 출신을 살펴보면 일본군 출신이 87 명, 만주군 출신이 21 명이었으며 광복군 출신은 2 명에 지나지 않았다.[42]

40) Robert K. Sawyer (1962), p. 16 ; 국방부 (1967) pp. 369-370 참조.

41) 한용원, 앞의 책, p. 73. 군영 200 명의 입교자 중 110 명만 임관된 것은 미소의 신탁통치안을 둘러싸고 반탁 학생 (우익) 들이 찬탁 학생 (좌익) 일부를 강제로 몰아낸 데다가, 장래 신분이 불확실하다는 이유로 재학중 스스로 퇴교한 자가 발생한 데 기인한다.

42) 한용원, 앞의 책, pp. 72-73.

군사영어학교가 해체된 이후에도 1946년 5월 1일 국립경비사관학교(정확하게는 조선경비대훈련소(Korean Constabulary Training Center))가 설치되어 본격적으로 경비대 간부 양성이 이루어졌다. 경비사관학교는 정부 수립 후 정규 육군사관학교로 개편될 때까지 1기에서 6기에 걸쳐 총 1,254명의 간부를 배출하였다. 이 중 1기에서 4기까지는 귀환이 늦어져서 군사영어학교에 입교하지 못한 군사 경력자가 대종을 이루었으며, 5기와 7기(정부 수립 직후)는 대부분 단신으로 월남한 이북 출신 우익 청년들이었다.[43] 경비사관학교 제5기생은 군 출신이 아닌 민간인만을 대상으로 하여 모집(1947년 5월 1일 모집)한 첫 번째 경우일 뿐 아니라, 교육 기간도 이전의 3개월에서 6개월로 연장되었고 교육 내용도 어느 정도 체계를 갖추었다. 또 5기생의 두드러진 특징은 ⅔정도가 월남 청년들이라는 점이었다. 제6기생은 대부분 현역 군인들 중 각 연대에서 추천한 우수한 하사관과 사병 중에서 선발되었으며 교육도 단기간에 지나지 않았다. 이들 제6기생들은 임관하자마자 지리산, 제주도, 여수, 순천, 오대산 등에서 공산주의 게릴라 부대를 토벌하는 데 참여하였으며 희생자도 많았다. 정부 수립 직전인 1948년 8월 9일에 입교한 제7기생들의 경우는 제5기생의 경우와 마찬가지로 월남 청년들이 대부분이었다.

<표6-3> 국방경비대체제시기의 군수뇌부

성 명	출 신	직 책
송호성	광복군 지대장	3연대장, 경비대 총사령관
원용덕	만주 군의병과	군영부교장, 경비대 총사령관, 경비사관학교장
채병덕	일본 육사 49기	1연대장, 통위부 병기부대 사령관
이형근	일본 육사 56기	2연대장, 경비사관학교장, 초대 경비대 총사령관, 통위부 참모총장
정일권	만주 봉천군관 5기	4연대장, 경비대 총참모총장

국방경비대 간부의 충원이 거의 일본군과 만주군 출신자들에 의해 이루어지게 된 것은, 그들이 적극적으로 군정에 협력하여 국방경비대에 참여한 데

43) 육사, 『대한민국 육군사관학교 30년사』, 1977, p. 89, p. 95 참조.

비해 광복군 출신자들은 다수가 국방경비대에 입대를 거부한 데도 원인이 있지만, 국방사령부의 한국인 고문이 일본군과 만주군 출신이었다는 데도 그 원인이 있다. 국방사령부 한국인 고문으로는 일본군 출신 이응준과 만주군 출신 원용덕이 발탁되었는데, 이들은 군사영어학교에 일본군과 만주군 경력자들을 대거 추천하였으며 군사영어학교와 경비대에의 좌익 참여를 막기 위해 사상검사를 실시할 것을 요구하였다.[44] 또 국방사령부 고문이었던 만주군 출신 원용덕은 국방경비대가 창설되자 총사령부 선임 장교가 되었다. 원용덕 이외에도 국방경비대의 최고 간부들은 <표 6-3>에서 보는 바와 같이 일본군이나 만주군 출신들이 대부분이었다.[45]

조선국방경비대 간부 요원의 충원은 주로 일본군, 만주군 출신의 군 경력자들로 이루어졌지만, 군사영어학교 입교자들과 초기 경비사관학교에는 학병 출신들도 상당수 참여하였다. 더욱이 미군정이 국방경비대의 기능을 대외적인 방위의 역할로서가 아니라 내부 혁명 세력의 저항의 진압에 두고 있었으므로, 미군정의 탄압 속에서 좌익 세력들은 국방경비대 침투에 주의를 기울이게 되었다.[46] 미군정이 자생적 군사 기구인 국군준비대를 해체시킨 후 경상남도 지역에서는 오덕준이 그 부하들과 함께 국방경비대에 입대하였으며, 경북 지역의 경우에도 하재팔이 이끄는 조공 세력이 국방경비대에 참여하여 좌익 성향이 강했다. 그 결과 군정 경찰과 달리 경상도 지역의 국방경비대원들은 10월 항쟁의 진압 과정에서 역할을 거의하지 못했으며, 영암 사건 등에서와 같이 군정 경찰과 경비대간에 무장 충돌이 발생하기도 했다.

그러나 미군정 후기에 이르면 제주도 4 · 3 항쟁을 계기로 군 내부의 좌익 배제가 거의 이루어졌다. 국방경비대는 제주도 4 · 3 항쟁의 진압과 무장 게릴라 토벌에 상당한 역할 을 하였으며, 이때부터 내부 혁명 세력에 대한 전투

44) 佐佐木春隆, 강창구 옮김, 『한국전 秘史 (上) : 건군과 시련』 (병학사, 1977), p. 94.

45) 허장, 「한국 군부의 초기제도화에 관한 분석」 (서울대 사회학과 석사학위논문, 1985), p. 44.

46) B. Cumings (1981), p. 235.

를 본격적으로 개시하게 되었다. 또 4 · 3 항쟁 이후 제주도 주둔 경비대 9연대 대원 40여 명 내지 100여 명이, 진압에 나선 경찰과 우익 청년단을 습격하고 좌익 유격대에 합세하는 사건이 발생하자, 미군방첩대(CIC)에 의해 이에 대한 수사가 진행되면서 군 내부의 좌익의 숙청과 이데올로기 교육의 문제가 핵심 과제로 제기되었다.

이상에서 고찰한 미군정기 국방경비대 창설 과정상의 특징은 다음의 두 가지로 요약될 수 있겠다.

첫째, 미군정기의 한국인 군대 조직은 내부 혁명 세력을 진압하기 위한 경비대(Constabulary)에서 비롯되었다고 할 수 있다. 그리고 국방경비대는 군사비, 장비 등 물적 기반을 국내가 아니라 미국에 두고 있었으며 군대의 조직화 과정 자체가 미군에 의해 주도되었다.

둘째, 국방경비대의 간부들의 충원이 대부분 일본군 · 만주군 계열의 군 출신자들에 의해 이루어졌다는 점이다. 국방경비대가 군대 편제와 조직의 측면에서는 일본 군대와 상이했으나 군간부의 충원에 있어서 일본군 · 만주군 출신자들이 지배적이었다.

제7장 군정 사법 체제의 재편 과정

이 장에서는 미군정 사법 체제(군성 법률, 재판 체제, 검찰, 감옥 등)에 대해 고찰하기로 하겠다. 사법 체제는 미군정 통치의 법적 근거와 그것의 집행을 보장해주었기 때문에, 미군정의 대한 정책의 실행에 있어서 중요한 위치를 차지한다. 사법 체제에 대한 분석은 다른 국가 기구들과 마찬가지로 그것이 재편되는 과정과 또 그것이 어떤 사회집단에 의해 충원되었는가를 중심으로 이루어질 것이다. 그런데 사법 체제의 분석에 있어서는 그것의 조직상의 특징과 충원 과정뿐만 아니라, 국제 정치 체제에서 미군정이 갖는 통치권의 국제법적 근거를 살펴보는 것이 필요하며, 또 미군정이 제정한 구체적 실체 법령들을 실정법적 차원에서 개괄하는 것이 요구된다. 따라서 이 장에서는 미군정이라는 점령 권력의 국제법상의 법적 지위와 미군정 법령들의 성격을 먼저 고찰하고 사법부의 조직 과정과 충원에 대해 분석하겠다.

제1절 미군정의 법적 지위와 군정 법령들의 주요 내용

일제가 패망하고 해방을 맞았으나 한국 민족의 주체적 인식과 달리 2차대전의 전승국인 열강들은 일제의 패망 이후에도 한국을 주권 국가로 인정하지 않았다. 미국은 일본이 포츠담 선언을 수락함으로써 한국에 대한 주권 (통치권)을 상실하였으며 한국이 일본 제국으로부터 해방되었음을 인정하면서도, 과거 일본이 가졌던 한국의 주권이 곧바로 한국 민족에게 주어지는 것은 아니라고 주장하였다. 미국은 한국에 대한 군사 점령은 일본이나 독일의 경우와는 달리 점령 당시 한국이라는 주권 국가(state) 도 정부(government) 로 존재하지 않았다고 간주하였기 때문에[1], 기존의 국제법상의 군사 점령권의 규정에 포함되지 않는 경우라고 주장하였으며, 따라서 비정상적인 상황하에서의 군사 정부에 의한 통치권의 행사가 필요하다고 주장하였다.

미국의 이러한 주장은 1947년 UN 한국임시위원단을 파견하기 전에 주권 국가로서의 미군정의 지위를 정당화하기 위해 쓰여진 당시 미군정의 사법 요원이었던 프랭켈의 『주한 미군정의 구조』라는 글에 압축되어 표현되어 있다.[2] 프랭켈은 일제 식민지로부터 해방된 한국은 주권을 갖지 못했기 때문에 미군에 의한 남한 점령은 군사 점령의 역사에서 독특한 경우라고 보았다.[3] 미국은 남한 점령을 국제법상으로 '임자 없는 땅'을 점령한 것으로 간주하였으며, 국제법에는 주권이 없는 국가에 대한 규정이 없기 때문에, 그 해결책은 주한 미군 사령관이 통상적인 군사 점령권을 행사할 뿐만 아니라, 주권국가의 통치권을 행사할 수 있게 한다는 것이다.[4] 또 주한 미군 사령관은 점령 국가의 정부

---

1) Leonard Hoag, *American Military Government in Korea : War Policy and the First Year of Occupation 1941-1946*, Military History Department of the Army, 1970, 부록「점령 당국의 법적 지위」, pp. 486-487 참조. 해방 후 조선의 경우와는 달리 같은 점령 지역이었던 일본과 독일의 경우는 군사 점령 기간 중에도 주권이 토착 정부에 있다는 국제법이 적용되었다.

2) Ernest Fränkel, *The Structure of the United States Military Government*,「주한 미군정의 구조」, 梶村秀樹 외(김동춘 편역),『한국 현대사 연구』 I, (이성과 현실사, 1988), pp. 93-94 참조. 원본은 매릴랜드 주 국가사료보관소의 주한 미군정 사법관제철(미분류, 16박스)에 보관되어 있음. E. Fränkel은 국제법의 권위자로서 당시 미군정의 사법부 요원으로 활동하였다.

3) USAFIK, *Selected Legal Opinions of the Department of Justice*, USAMGIK, Charles Pergler의 서문 참조

인 주한 미군정의 수뇌, 즉 군정장관에게 정부 권력의 행사를 위임하게 한다는 것이었다.[5] 이와 같이 주한 미사령관은 주권 정부가 없는 남한에서 종래의 주권 정부 즉 조선총독부의 대리 권한을 가질 수 있다고 스스로를 규정하였다.[6]

따라서 국제법에 따른 군사 점령자로서의 기능을 행사하는 것에 더하여 주한 미군 및 점령 사령관에게 과제로 제기된 것은 남한에서 배타적이고 유일한 정부로서 주한 미군정을 성립시키고 정부의 모든 수준에서 미국의 이해와 결부되는 법을 집행하는 국가 기구들을 조직하는 일이었다.

그러면 스스로 자부한 주권국가로서, 정부로서 기능하게 된 미군정의 법률 규범들은 어떠한 것들이 있었는가? 무엇보다도 미군정이 새로 공포한 군정 법령은 국제 공법상 승인된 법률 규범으로서 피점령국의 입법·사법·행정에 걸친 기존의 모든 정치 권력은 일체 배제되고, 군사령관과 그 예하의 군정장관의 명령이 그 자체 최고의 법으로서 효력을 발휘하게 되었다. 군사령관이 발하는 명령과 그의 권한을 대행하는 군정 기관의 명령은 기존 법질서에 우선하여 그것을 개폐하는 효력을 가졌던 것이다.[7] 다른 한편으로 미군정은 남한에서 정상적인 국내 정부의 통치 기능을 수행해야 했기 때문에, 국제법에 의해 뒷받침되는 군사 법령뿐만 아니라 한국에서 발효 중인 국내법에 의존했다.

따라서 미군정기를 통해 남한에 적용된 법령은 태평양 미육군 총사령부 포고령, 군정 법령, 행정 명령, 군정청 部令 및 指令[8], 군정이 폐기하지 않은 총독부 법령, 한국의 전통 관습 등이었다. 1946년 12월 12일 이에 더하여 남조선 입법의원이 개원된 이후에는 입법의원에서 심의하여 미군정장관이 인정·공포한 법률들이 미군정청에서 발하는 법령과 함께 효력을 갖게 되었다.

---

4) 군정청 사법부, 『법 견해 선집』, 서문 참조.

5) L. Hoag, 앞의 책, p. 489.

6) E. Fränkel, 앞의 글, p. 94.

7) 민운식, 「미군정 법령의 성질」, 『법정』, 1956년 1월호.

8) 이외에서 군정 장관의 서한이나 지시들, 군정청의 임명 사령 등도 법률의 형식을 띠지는 않았으나 모두 법적 효력을 갖는 것이다.

미군정 하에서 효력을 발휘하던 법규범들의 내용은 기존의 소유권 보호 등 현상 유지에 기초를 두고 있었다. 미군정은 진주 직후 일반 명령 5호로 치안 유지법을 비롯한 정치범처벌법, 정치범 보호 관찰령, 출판법, 경찰의 사법권, 神社法 등 12개의 일제 제악법들을 폐지하였으나 그후 얼마 되지 않은 45년 11월 2일 군정 법령 제21호[9]로 미군정이 특별명령으로 폐기하지 않은 일제 총독부의 모든 법령들을 존속시켰다.

그러면 미군정 하에서 효력을 발휘하였던 법규범들의 내용을 살펴보기로 하자. 태평양 미육군 총사령부 포고는 제4호까지 발하여졌는데, 제1호와 제2호는 남한에서 최고의 효력을 갖는 것이었다. 포고 제1호는 미주둔군이 국제법상 점령군으로서의 지위를 갖는다는 점과, 그에 의해 남한 최고의 국가 권력으로서 군정이 성립한다는 점, 군정 성립의 기초로서 구 일제 총독부의 기구와 직원의 존속을 명하고 기존의 소유권을 존중할 것, 공용어로서 영어를 사용할 것 등 미국의 점령 정책의 수행에서 가장 중요한 사항들을 규정하고 있다.[10] 포고 제2호는 포고 제1호의 집행에 관한 규정으로 점령군의 명령(포고·명령·지시 등)에 대한 불복종과 일체의 저항 행위는 범죄로 간주되며 그에 대한 처벌은 육군 점령 재판소(Military Occupation Court)의 결정에 의해 사형이나 기타의 형에 처해진다고 명하고 있다.

미군정은 1945년 10월 9일 법령 제11호로 일반 명령 제5호를 개정·보완하여 일제 시대에 민족적 차별을 가져온 악법 7개 — 치안 유지법(1925. 5. 8), 정치범 처벌법(1919. 4. 15. 제정), 예비 검속법(1941. 5. 15.), 출판법(1910. 2), 정치범 보호 관찰령(1936. 12. 20), 神社法(1917. 7. 18.), 경찰의 사법권 — 를 폐지하고, 어떤 사람이든지 그 범행 당시의 현행 법률에 처벌할 조문이 기록되어 있지 아니하면 처벌할 수 없다는 근대 형사 소송법 상의 형벌 불소급의 원칙과 죄형 법정주의의 원칙을 천명하였다. 그러나 이 법령이 공포된지 얼마 되지 않은 1945년 11월 2일 군정 법령 21호를 선포하여 미군

9) 이 장의 나중에 인용한 군정 법령 제21호 내용 참조.

10) 한국법제연구회(편), 『미군정 법령총람』(국문판, 1967), p. 1.

정이 특별한 명령으로 폐기하지 않은 일체의 총독부 법률(규칙, 명령, 고시, 기타 문서)의 존속을 명하였던 바[11], 이에 따라 군정장관은 종래 조선 총독이 행사하던 제반 직권을 행사할 수 있게 되었으며, 지방에 대한 제반 규칙에 대해서도 이러한 원칙이 동일하게 적용되었다. 또 기존의 총독부 산하의 모든 재판소로 육군 점령 재판소를 구성하게 하였다.[12] 미군정청 법령 제21호의 내용은 다음과 같다.

재조선 미국 육군사령부 군정청 법령 제21호(1945년 11월 2일)[13]

제1조 구법률의 존속. 모든 법률 또한 조선 구정부가 포고하고 법률적 효력을 가졌던 규칙, 명령, 고시 기타 문서로서 1945년 8월 9일 실시 중인 것은 그간 폐지된 것을 제외하고는 조선 구정부의 특수 법령으로 이를 폐지할 때까지 완전한 효력을 가지며 이를 존속함. 지방의 제반 법규와 관례는 당해 관청에서 폐지할 때까지 그 효력이 존속함. 법률의 규정으로서 조선총독부, 도청, 부, 면, 촌의 조직과 국장, 과장, 부윤, 군수, 경찰서장, 세무서장, 면장, 촌장 기타 하급 직원에 관한 것은 군정장관의 명령으로 개정 또는 폐지된 것을 제외하고는 당해 관청에서 폐지할 때까지 이를 존속함. 위 사령부의 지시에 따라 종래 조선 총독이 행사하던 제반 직권을 군정장관이 행사할 수 있다.

제2조 포고, 명령, 지령의 실행. 북위 38도 이남 조선의 모든 재판소는 조선의 법령, 미국 태평양 육군 총사령관의 포고의 제반 규정 및 조선 군정장관의 모든 명령과 법령을 주의, 시행할 것. 이 목적을 위하여 모든 재판소로 이에 육군 점령 재판소를 구성함. 본령의 조문에 의하여 이들 재판소에 관한 재판관할권을 미국 또는 연합군의 군인 또는 관리에게 부여하든가

11) 한국 법제 연구회, 앞의 책, p. 139. 법령 제21호 참조.

12) 육군 점령 재판소의 구성에 대해서는 뒷절 사법 체제의 구조에서 살펴보기로 하겠다.

13) 한국 법제 연구회, 앞의 책, p. 139.

또는 재조선 미국 육군이 설립한 군법 회의(군사 위원회), 헌병 재판소, 기타 육군 재판소에 부여한 재판 관할권을 박탈치 못함.

제3조 본령의 실시 기일. 본령은 1945년 11월 2일부터 효력을 가짐

재조선 미육군 사령관의 지령에 의하여
조선 군정장관 미육군 소장 A. 아놀드

그밖에 군정 법령들은 국가 기구의 개편이나 신설에 관한 조항, 추곡 수집령, 적산 처리 등 경제 관계법, 노동 관계법, 기존 자생적 국가 기구의 해체를 목표로 한 치안 관계법, 언론 통제에 관한 법규 등으로 대별된다. 미군정은 총독부 기구를 토대로 진주 후 3개월 여 동안에 경찰을 비롯하여 군정 통치 기구를 정비하고 11월 13일 법령 28호로 군 창설을 추진하였다. 1946년 1월 25일에는 법령 45호[14]로 미곡 수집령을 공포하여 매호당 1石의 45/100에 가족 인원수를 곱한 분량만큼의 백미 혹은 현미를 남기고 그 나머지는 적당한 가격을 지불 받고 미군정에 공출하도록 했다. 1946년 2월 21일에는 법령 52호로 신한공사(New Korean Company)를 설치하여 과거 동양척식주식회사가 소유했던 귀속 재산을 모두 미군정에 귀속시켜 관리토록 했다. 1946년 2월 23일에는 법령 55호 '정당에 관한 규칙'을 공포하여 모든 정당에 대해 정당 등록을 의무화했다. 이 법은 모든 정당은 군정청에 등록해야만 정치 활동이 가능하며, 등록 사항에 당의 목적, 결사 인원 뿐 아니라 보통 당원 이상인 자의 지위와 성명까지 표시하도록 규정하고 있다.

언론 통제 면에 있어서 미군정은 1907년 이완용 내각이 법률1호로 공포한 광무신문지법이 존속하고 있었음에도 불구하고, 1945년 10월 30일 법령 19호[15]로 국가적 비상 시기를 선포하여 소책자, 신문, 기타 모든 인쇄물에 대한

14) 같은 책, 미군정 법령 제45호 제1조, 제2조, 제3조, pp. 158-159

15) 같은 책, p. 136, 국가적 비상 시기의 선언에 대해서는 법령 제19호 제1조 참조. 법령 19호는 정간물 등록(제 5조) 뿐 아니라, 미육군 또는 조선 군정청 직원이나 그 권한하에 근무하는 자에게 공무에 한하여 저항하는 자는 불법(제4조)이라고 재천명하고 있고, 노동쟁의

등록을 의무화하였다. 더욱이 1946년 5월 29일에 이르면 법령 8호로 신문 및 기타 정간물의 등록제를 허가제로 바꾸었다.

또 미군정은 1946년 5월 4일 법령 72호를 제정 '군정 위반에 대한 범죄' 82개 항과 그에 대한 처벌에 관해 규정하고 있는데, 이는 한국 민족의 격렬한 반대를 불러일으킨 것 중 대표적인 것이다. 법령 72호는 주둔군 또는 그 예하 기관에 대한 반항 행위(1조 2항) 뿐 아니라 심지어는 주둔군 및 그 명령 하에 행동하는 자에 대한 적대 또는 무례한 행위(77항: hostile or disrespectful conduct) 까지를 범죄로 규정하고 있으며, 무허가 전신·라디오·전화의 송수신 행위(1조 19항), 허가 없는 집회 및 시위의 조직·원조 또는 참가(1조 34항) 등을 범죄로 규정하고 있다.

미군정 법령 72호가 공포된 1946년 5월 무렵은 통치 기구가 정비되고 민족적 요구와 대립되는 세반 정책이 실행됨에 따라 미군정에 대한 반감이 고조되어 갔던 때로, 정판사위조지폐사건이 발표된 때와 시기가 비슷하다. 법령 72호는 결국 한국인의 반대에 부딪혀 폐기되었지만 그 내용이 태평양 미육군 총사령부 포고 제2호가 포괄할 수 있는 것이어서, 이 법령이 폐기되었다 할지라도 실제 그 효력이 발휘될 수 있었다.

미군정이 1946년 12월 12일 개원한 남조선 과도입법의원은 형식적으로는 한국인을 대표하는 입법 기관이었지만 미 군정장관의 인준권과 거부권으로 인해 자주적인 입법권을 갖지 못했으며 5·10 선거를 위한 대표 기구와 군정의 자문 기구의 역할에 그치게 되었다. 입법의원은 5·10 선거 후 제헌 국회가 성립되고 해체될 때까지 총 33건의 법률안을 심의하였다.

입법의원에서 심의된 33건의 법률 가운데 입법의원의 의결을 거쳐 통과된 법률은 18건인데, 이중 군정장관이 서명·공포하여 효력을 발생한 법률은 13건이며 군정장관이 인준을 거부하거나 보류한 법령은 5건이다. 입법의원에서 심의된 법률 중 약 20건 정도는 미군정측(군정장관 혹은 민정장관)이 발의한 것이고, 입법의원 議員들이 발의한 것은 13건 정도이다. 또한 군정장관이 서

와 파업을 군정청조종위원회에서 결정(제2조) 하도록 규정하고 있다.

명 · 공포하여 효력이 발생된 13건 중 대부분(10건)이 군정장관이 발의한 것이고 입법의원 의원들이 발의한 법령은 3건에 지나지 않는다. 이로 미루어 볼 때 입법의원이 형식적으로는 한국인의 입법 기관이었지만 심의된 법률 대부분이 군정장관이 제안한 것이고 입법의원에서 통과된 법률이라 할지라도 최종적인 결정권이 군정장관에게 부여되어 있었으므로 내용상으로는 미군정의 자문기구의 성격을 갖는 것이다.

입법의원에서 통과되고 군정장관이 남조선 과도정부 법률로 공포하여 군정기간 동안에 실시된 법률 13건은 아래와 같은 것들이다.[16)]

① 법률 제1호 : 군정 법령 제 102호(국립서울대학교 설립안) 제7조 개정

② 법률 제2호 : 하곡수집법

③ 법률 제3호 : 이리읍을 府로 승격

④ 법률 제4호 : 미성년자 노동 보호법

⑤ 법률 제5호 : 입법의원 의원 선거법

⑥ 법률 제6호 : 미곡 수집법

⑦ 법률 제7호 : 공창 제도 폐지령

⑧ 법률 제8호 : 군정 법령 제153호(미국인의 軍令위반방조금지령) 개정

⑨ 법률 제9호 : 법률 제7호(공창제도 폐지령) 개정

⑩ 법률 제10호 : 식목일 지정

㉠ 법률 제11호 : 국적에 관한 임시 조례

㉡ 법률 제12호 : 과도정부 입법의원의 해산

㉢ 군정 법령 제88호(신문 및 기타 정간물 허가에 관한 건)를 입법의원에서 개정하여 그대로 효력 발생

이들 13건의 법률 중 입법의원에 발의한 것은 입법의원 議員 선거법과 입

---

16) 입법 의원 비서처, 『남조선 과도정부 입법 의원 속기록』, 전 16권에서 재작성.

법의원의 해산, 공창 제도의 폐지에 관한 것 등 3건에 불과하다. 이들 중 입법의원 의원 선거법은 선거권, 피선거권 제한 대상자에 대한 규정을 주된 내용으로 하는데, 나중에 군정 법령 제175호(국회의원 선거법)로 공포되어 1948년 5월 10일 제헌 국회의원 선거에 적용되었다.[17)]

입법의원에서 통과되어 법률로 제정되었으나 군정장관으로부터 인준이 보류되어 공포되지 못한 법률들은 ①남조선 과도 約憲 ②부일 협력자·민족반역자·전범·간상배 등에 대한 특별 법률 조례(이하 부일 협력자 특별 법률 조례로 약함) ③공연법 ④유흥영업 정지법 ⑤사찰재산 임시보호법 등이다. 이중 특히 중요한 법률은 입법의원들이 제안한 남조선 과도 約憲과 부일 협력자 특별 법률 조례이다. 입법의원에서는 한국인 통치의 기초를 한국인의 일반 의사에 두기 위해 과도적인 기본 헌법으로서 남조선 과도 약헌을 제정하여 가결시켰으며, 그것의 효력 발생이 미군정의 권한을 침해하는 것이 아니라고 상소하였으나, 미군정은 이를 인준해 주지 않았다.[18)] 남조선 과도 약헌에 대한 미군정의 인준 거부는 미군정이 입법의원을 실질적인 입법 기구로서 인정하지 않았음을 보여주는 것이다.

입법의원에서 통과되어 법률로 제정되었으나 군정장관으로부터 인준이 거부된 또 하나의 중요한 법률은 '부일 협력자·민족반역자·전범·간상배 등에 대한 특별 법률 조례'이다. 이 법률은 5장 12조로 되어 있는데 범죄 유형을 ㉠민족 반역자(제1조) ㉡부일 협력자(제3조) ㉢간상배(제5조)의 세 가지로 분류하였고[19)], 형벌 규정에 있어서는 ㉠의 유형에는 사형에서 10년 이하의 징역까지 ㉡의 유형에는 5년 이하의 징역 또는 10년 이하의 공민권 정지 ㉢

17) 김혁동, 『미군정 하의 입법 의원』(범우사, 1970), p. 92.

18) 맥아더 사령관 통치하의 일본의 신헌법은 "미주둔군 사령관의 권한을 침해하지 않는다"는 조항이 삽입되어 있으나 남조선 과도 약헌에는 이 조항이 명시되어 있지 않다. 입법의원 비서처, 『남조선 과도정부 입법의원 속기록』, 제4권, 제33호, p. 16.

19) 입법의원에서의 이 법의 제안 설명에 나타나 있는 처벌 대상자 수는 민족 반역자 1000 명 내외(전국민의 0.003%), 부일 협력자 10만-20만 명(0.5%), 간상배 1만-2만 명(0.05%)으로 추산된다고 한다. 입법의원 비서처, 「남조선 과도정부 입법의원 속기록」, 31차·32차 회의록 참조. 31차 회의록에서 보고된 이 법의 제안 설명(김약수 의원) 참조.

의 유형에는 5년 이하의 징역 또는 벌금형에 처하도록 규정하고 있다. 또 형사소송 절차에 있어서는 특별 조사 위원회와 특별 재판소를 설치하여 동위원회 위원과 동재판소 판검사를 입법의원에서 선거하도록 규정하였다. 그러나 미군정은 입법의원이 제출한 부일 협력자 특별 법률 조례에 대해 "범죄자의 규정이 애매하여 부득이하게 친일한 자들을 구별해내기가 어려우므로 한국인의 정신적 통합에 악영향을 미칠 우려가 있다"는 점과 기술 관료의 자질의 중요성 등을 이유로 들어, 전의원이 민선으로 선출된 제헌 국회에서 反民族 行爲者 처벌을 다루어야 한다고 하여 이 법의 인준을 거부하였다.[20] 부일 협력자 특별 법률 조례에 대하여 미국 육군 대장 C. G. 헬믹 군정장관 대리가 남조선 과도입법의원 의장 김규식에 보낸 인준 보류 통지서에는 보류 사유가 다음과 같이 쓰여 있다.

> ……그러나 반역자로 또는 협력자로 규정받을 사람이 누구인가를 확인하는 문제는 상당히 곤란합니다.……일본의 점령이 장기간이었다는 것을 잊어서는 안됩니다. 어떤 의미에 있어서는 모든 조선 사람은 전혀 살기 위하여 직접 일본인과 같이는 일하지 않았다 하더라도 간접으로 그들을 위하여 친일을 하지 않을 수 없었습니다. ……일본 통치 밑에서 협력자가 안되고 견딘 유능한 인사는 극히 드물었다는 이유로서……우수한 자격자를 관직에서 제외하는 것은 부당합니다. ……원칙 문제로는 이런 종류의 법률이 필요하기는 하지마는 그것은 전조선 민족의 일치된 의견을 명백히 표현하여야 하므로 전의원이 민선으로 된 그 의원에서 나와야만 하겠습니다.

이와 같이 미군정의 통제력으로 인해 극우 세력들로 구성된[21] 과도 입법의

---

20) 입법의원 비서처, 같은 책, 제176차 회의(47년 11월27일)에 보고된 헬믹 군정장관 대리의 인준 보류 통지서 참조.

21) 미군정은 관선 의원 45 명을 좌우합작위원회의 추천에 따라 중간파 인물을 임명함으로써 좌우 합작을 달성하고자 했으나 여운형 등 중도 좌파 대표자와 임정 계열의 인물 등 5 명의 선임 거부로 이루어지지 못했다. 입법의원의 선거 방식은 각 마을의 가장(혹은 10가구의

원에서조차도 독자적인 입법권을 보장받을 수 없었으며, 입법의원에서의 법 제정은 미군정의 이해에 의해 좌우되었다.[22]

요컨대, 미군정 기간 중 법률 체제와 판례는 구일본법과 군사 점령 권한의 기득권에서 끌어낸 특별법 및 임시 조치의 혼합체였다. 미군정은 점령 정책에 따른 한국 민족의 불만을 억누르기 위해 구 일본 총독부의 제법률과 특권들을 적용했을 뿐만 아니라, 점령군으로서의 고유 권력에 크게 의존했다.[23]

제2절 군정 사법 체제의 재편

미군정기 사법 체제는 미군정이 성립한 후 최초 3개월여 동안에 재편되었다. 미군정은 진주 직후 일본인 법무국장을 파면하고 사법부와 감옥의 일본인 관리들을 한국인들로 대체해 나갔다. 초대 법무국장 미국인 우달(E. Woodall)은 한국인 법률 고문인 서광설과 김영희 두 사람의 보좌 하에 사법부 재편에 착수하였다.[24] 미군정이 성립된 후 3개월여 동안 한국인으로 재편된 사법부는 1946년 1월 15일 현재 남한 전역에 41개의 법원(대법원, 공소원, 지방법원, 지

대표자)들이 마을 대표 2 명을 선출한 후, 이들이 면 대표를 뽑고 다시 각 군마다 도 선거에 갈 대표 2 명을 뽑는 4단계(里 → 面 → 군 → 道) 추출 방법이었다. 이에 따라 선출된 민선 입법의원(45 명)의 정당 소속별 구성을 보면, 한민당 11 명, 독립촉성국민회 17 명, 한독당 4 명, 무소속 11 명, 인민위원회 2 명(제주도)의 분포로 극우익이 압도적인 다수를 차지했다.

22) 미군정 하에서 친일파 처벌에 관한 법률이 시행되지 못한 것은 군정 당국의 인준 거부가 주요인이었지만 다른 한편으로는 입법 의원 자체의 구성 요원들의 성격에도 기인한다. 법안의 심의 과정에서 범죄 규정이 어렵고 적용 범위가 광대하다는 이유로 반대하는 의원들이 많았는데, 그것은 입법 의원이 주로 한민당계의 극우익 인물들로 구성된 데서 오는 내적 한계로 보아야 할 것이다. 입법 의원의 정당 소속별 구성에 관해서는 제4장 참조. 김준연, 『독립노선』(시사시보사, 1959), p. 135.

23) B.Cumings(1981), p.215 참조.

24) 미군정, *HUSAMGIK*, p. 13. 서광설은 얼마 후 대법원 판사로 임명되었으며, 김영희는 법무국장 고문으로 임명되었다.

방법원 지청) 과 19개의 감옥을 갖추게 되었다. 이들 법원의 구조는 서울에 있는 대법원에 의해 감독되었으며, 서울과 대구에 2개의 재심 법원 (공소원) 과 각도의 수도에 지방법원이 설치되었는데, 이는 조선총독부 사법 체제를 자원으로 활용한 것이다.

미군정의 재판 제도는 크게 두 체계로 되어 있었다. 미군정 하 재판 제도는 군사 재판소 (Military Courts) 와 군정 사법부 예하의 '한국인 재판소'로 구성되어 있었으며, 후자는 육군 점령 재판소 (Military Occupation Courts) 의 일부로서 전자에 예속되어 있었다.[25] 그리고 한국인 재판소 운용에 관한 모든 사항은 법무국장 (후에는 사법부장) 이 결정하도록 되어 있었다. 따라서 한국인 재판소는 법무국장이 감독, 지시하는 미군정 통치 기구의 일부로서 사법권의 독립을 거의 갖지 못했다.

군사 재판소는 군법 회의 (군사위원회, 군률회의, Military Commission) 와 육군 헌병 재판소 (Military Provost Courts) 로 구성되어 있었는데, 점령군 및 부속 민간인의 범죄와 그들에 대한 범죄를 다룰 뿐만 아니라, 한국 법정이 특별한 형사 범죄를 잘 다루지 못할 것이라는 판단이 내려질 경우에는 어떤 범죄이든 군사 법원에서 심리할 수 있게 되어 있었다.[26] 군사 법원에 회부되는 소송 사건은 1차적으로 육군 헌병 재판소 (Provost Court) 가 취급하였다. 그런데 형사 사건의 경우든 민사 사건의 경우든 점령군이나 부속 민간인은 국제법상 한국 법정의 재판을 받지 않도록 되어 있었다.

실제로 미육군 재판소는 다수의 한국인들에 대한 사건을 맡았는데 특히 10월 항쟁 시기에 있어서는 미군 법무 장교들에 의한 즉석 재판이 통상적인 관례였다. 10월 항쟁 중에는 대부분의 사건이 군법 회의 (Military Commission)

---

25) 1946년 3월 13일자 법무국 검사에 대한 훈령을 보면 미육군 군사 재판소와 한국인 재판소의 관계가 잘 규정되어 있다. 당시 미국인 법무국장 테일러 (M. Taylor) 명으로 발급된 동 훈령 제4호에 보면 형사사건의 경우 각급 조선재판소의 소관 사항인지 군사 재판소의 소관 사항인지 사건 관할이 불분명한 경우는 각 한국인 재판소 검사장이 소관 내 군사 재판소와 상의하도록 규정 (2조 · 3조) 하고 있다.

26) E. Fränkel, 「주한 미군정의 구조」, 김동춘 엮음, 『한국 현대사 연구 Ⅰ』 (이성과 현실사, 1988), p. 106 ; 군정 법령 제21호 참조.

와 미육군 헌병 재판소(U.S. Military Provost Court)에서 판결되었는데 중죄라고 인정될 경우에는 군법 회의에서 관할하였으며 일반 사건은 헌병 재판소에서 처리하였다.

대부분의 심리가 행해지는 헌병 재판소의 경우는 재판장이 곧 변호인이자 검찰관이었다. 원칙적으로는 모든 피고가 미국인 변호사를 기용할 수 있었지만, 피고인의 숫자가 너무 많았기 때문에 피고인마다 변호사를 배정할 수 없었으며, 대부분의 피고인들이 변호사를 요구하지도 않았다. 10월 항쟁 중 한국에 와 있었던 한 미국인 기자가 관찰한 헌병 재판소의 재판 광경은 아래의 인용문에 잘 나타나 있다.

> 한 미육군 중령이 누더기를 걸친 한국 청년을 재판하고 있었는데 재판장은 을씨년스러웠고 먼지투성이였다. 방에는 단지 네 사람만이 있었다. 미육군 중령인 재판관, 피고, 통역, 그리고 소총을 든 한국인 경찰관이 그들이었다. 우리가 더러운 방청석에 앉자마자 재판관은 즉시 1년 동안의 징역을 선고했다. 청년은 머리털을 쥐어뜯으며 소리쳐 울면서 자기는 폭도가 아니며, 집에는 늙은 아버지가 자신에게 생계를 의존하고 있다고 말했다.
>
> ……우리가 판결을 내린 중령을 만났을 때 그는 자신의 판결이 매우 관대한 판결이며, 대부분의 다른 헌병 재판소의 경우 5년형을 언도한다고 말했다. 또 그는 군에서 승진된 후 아무런 직책도 배정 받지 못한 사람은 누구나 헌병 재판소 일을 맡게 되는데, 자신은 보병 장교이지 법률가가 아니며 피고인들의 판결에는 아무런 관심도 없다고 말했다.[27)]

이와 같이 미육군 재판소 재판관인 현역 육군 장교들은 대부분 법률 전문가들이 아니었으며 더욱이 한국 경찰의 증언에 기초하여 판결을 내렸기 때문

27) Mark Gain, *Japan Diary*, 1948, 제3장, "Korea"; 까치 편집부 옮김, 『해방과 미군정: 1946, 10-1』(까치, 1986), pp. 97-98. 이 인용문 가운데 헌병 재판소 미군들의 충원에 관한 진술이 일반적인 경향이었는지는 의문이다. 이 진술의 일반성 여부는 미군 군사 재판소의 사법 요원들 전체에 대한 신상 파악이 이루어진 후에야 검증될 수 있을 것이다.

에 공정한 판결이 어려웠다. 제5장에서 고찰하였듯이 한국 경찰들은 대부분의 경우 일제의 유습이던 고문에 의한 자백의 결과를 재판 자료로 제출한 경우가 많았기 때문이다. 육군 재판소는 특히 포고령과 군정 법령의 위반에 대한 사건을 주로 맡았는데 <표 7-1>에서 보는 바와 같이 관계 인원이 많았다.

<표 7-1> 법령의 종류별 범죄통계표 ('46. 1-'46. 12)

	사건 수	관계 인원
형 법 범	44,817	95,599
포고령 위반	965	3,947
군정법령 위반	4,585	7,672
특 별 범	1,748	324,053

* 자료 : 조선통신사, 『조선년감』 II, 1948, p. 326에서 재작성.

미군정은 조선 변호사회를 중심으로 한 한국 법조인들과 일반 여론의 비난이 커지자, 미군이 직접 주관하던 군정 재판을 1947년 4월 한국인 사법 기관에 이양시키는 듯했으나, 한국인 재판소의 판결이 너무 관대하다는 이유로 1947년 8월 군정 재판을 다시 부활시켰다. 미군정은 미주둔군의 안전과 좌익 탄압을 위해서는 억압적 법의 집행이 필요 불가결했다.[28]

그러면 미군정의 한국인 재판소의 구조는 어떻게 형성되었는가? 미군정의 한국인 재판소는 총독부 사법 체제를 골간으로 하여 재편되었다. 총독부 사법 체제는 1910년 조선총독부 재판소령에 의해 조선총독 직속 기관으로서 성립되었다. 총독부 재판 제도는 처음에는 각 재판소에 검사국을 병치하고 또 4급 3심제 (區 재판소[29], 지방 재판소, 控訴院, 고등법원) 의 심급 제도를 원칙으로

28) '47년 9월 5일 군정 장관 대리 헬믹은 기자 회견을 통해 "군정 재판은 과거에도 폐지한 일이 없다. 정책적으로 조선인 재판에 넘기고자 한 것이다. 그러나 조선인 재판소가 미군 물품 절도…좌우익 충돌 사건 등에 대한 재판을 포고 2호로 처리하지 않기 때문에 범죄를 조장하는 결과를 낳고 있다"고 군정 재판 부활의 이유를 밝히고 있다. 조선통신사, 『조선년감』 II (1948), pp. 321-322.

29) 區재판소는 "1년 이하의 징역, 금고, 벌금, 태형 또는 구류의 형에 해당하는 죄" 등 특정범

하였는데, 1944년에 이르러서는 전시 상황에 따라 附制令 제2호(조선 재판소령 전시특례)와 附制令 제4호(조선 전시 형사 특별령)를 발하여 3심제를 2심제로 단축하였으며 區 재판소의 단독 판사의 사건 관할을 확대시켰다. 이러한 전시 사법 체제는 미군정 하에서도 근본적인 구조의 변화 없이 유지되었다.[30) 미군정은 포고 1호로 한국인 사법 관료의 유임을 명했을 뿐 아니라, 기존의 조선총독부재판소령에 의해 조직되어 있던 법원 조직과 일제 발기의 전시 특례에 의해 시행되고 있었던 2심제를 그대로 받아들였다.[31) 미군정은 기존 경성 고등법원(검사국 병치)을 대법원으로 개칭하여[32) 대법관 제도를 신설하였으며 경성・대구 覆審법원을 控訴院(후에 심리원[33))으로 개칭하고, 청주, 춘천, 제주 지청을 지방법원으로 승격시켰다.

이렇게 하여 미군정 하에서 재조직된 한국인 사법 체제는 <표 7-2>에서와 같이 하나의 최고법원과 2개의 覆審법원, 9개의 지방법원과 지원(지청)으로 이루어져 있었으며, 그 예하에 검사국, 교도소를 두고 있었다. 이러한 사법 제도는 일제 식민지 시대의 고도로 중앙 집권화된 사법 체제를 확대 개편한 것으로, 정부 수립시까지 근본적인 변화 없이 그대로 존속하였다.

죄에 대해 1심으로서 관할권을 가지며 단독 판사가 재판한다.

30) 앞에서 언급하였듯이 1945년 11월 2일 공포된 군정 법령 제21호에 의해 미군정이 특별히 폐지하지 않은 일제 시대의 모든 법령들이 유효했기 때문에 조선총독부 재판소령이 효력을 가졌으며 따라서 법원의 기구는 해방 후 상당 기간 동안 변동 없이 유지되었다. 조선총독부 재판소령의 내용은 김병화, 「한국 사법사 2 : 근세편」, pp. 43-60 에 수록되어 있다.

31) 2심 제도는 1948년 4월 1일에 이르러 남조선 과도정부 법령 제181호(전시 특례에 관한 법령의 폐지 및 관계 법령의 개정)에 의해 폐지되었으므로 사실상 군정 기간 동안에는 일제의 전시 특례인 2심제가 적용되었던 셈이다. 한국 법제 연구회, 앞의 책, pp. 486-487 참조.

32) 대법원은 미군정이 별도로 신설한 것이 아니라 기존 경성 고등법원의 명칭을 바꾼 것이다. 미군정은 1945년 10월 11일자 군정청 임명 사령 제12호로 사법부 요직을 충원함에 있어서 당시 인사 발령시 공용어로 쓰였던 영어 원문에서 소속 기관 명을 기존 조선 고등법원의 경우 Supreme Court로 覆審법원의 경우 Court of Appeals로 영역하였는데 이것을 한국인 사법 관계자들이 대법원, 공소원으로 번역하였던 것이다.

33) '46년 12월 16일 명칭 변경에 따라 공소원→고등 심리원, 지방법원→지방 심리원으로 개칭하게 되며 검사총장→검찰총장으로, 판사→심판관, 검사→검찰관으로 부르게 하였다.

<표 7-2> 군정하 사법 체제

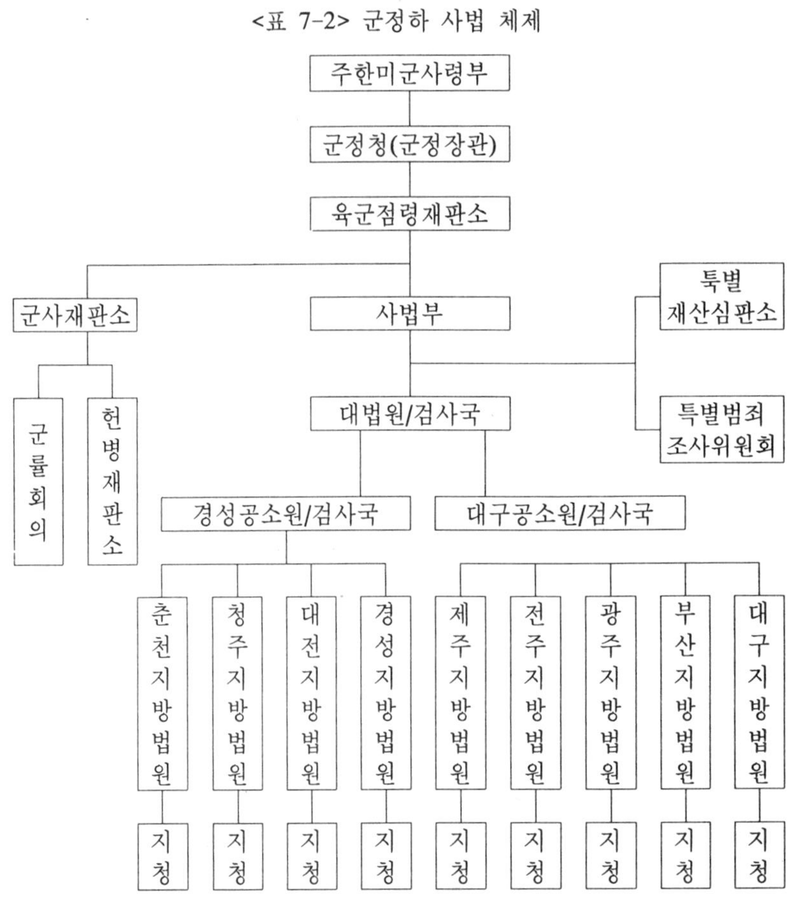

미군정 한국인 재판소 독특한 제도는 일종의 간이 재판 제도인 특별 심판원 제도(치안관 재도) 이다.[34)] 미군정 사법부는 1945년 10월 9일 군정 법령 제11호에 의해 일제하에서 악용된 경찰서장의 즉결 처분권(경찰의 사법권) 을 폐지했으나, 그 대신 사법부에 사법 요원으로 구성되는 특별 심판원 제도(치안

34) 미군정기 특별 심판원 제도가 미국의 사법 치안관(sheriff) 제도와 어떤 유사성과 차이가 있는지는 미국의 사법 체계 일반에 대한 연구를 토대로 하여 밝혀져야 할 과제이다. 그러나 본 연구는 아직 그 수준에 이르지 못하고 있다.

관 제도)를 창설했다. '46년 1월 10일 군정 법령 제41호[35]로 성립된 치안관 제도는 "課刑 범위가 형무소에 금고 30일 또는 벌금 300원을 초과하지 않는 사건이나 두 경우가 병행하는 사건"에 대해, 정규적인 재판 절차 없이 치안관이 즉결처분할 수 있게 하기 위해 만든 것이었다. 치안관은 각 지방법원 관내 판사 총 수의 범위 내에서 지방법원 수석 판사가 추천한 자를 법무국장이 임명하게 되어 있었다. 이 제도는 '46년 10월 24일 군정 법령 120호로 개정되었는데, 특별 심판원의 관할권이 "30일 이하의 구류, 만원 이하의 벌금 혹은 양자를 병과할만한 사건"을 맡도록 하여 더욱 확대되었다. 특별 심판원 제도를 규정한 군정 법령 제 41호의 내용은 다음과 같다.

미군정 법령 제41호: 특별 심판원(간이 재판 제도)(1946년 1월 10일)

1. 특별 심판원 이에 설립함

2. 특별 심판원은 課刑의 범위가 형무소에 금고(구류) 30일 또는 벌금 300원을 초과하지 아니하는 혹은 양자 병행하는 사건에 원시 관할권을 가짐

3. 지방법원 수석 판사의 추천에 의하여 법무국장이 특별 심판원을 임명하고 제2항에 규정한 사건에 관하여 판사의 직권을 행사케 함

4. 본령의 권한에 의하여 임명되는 각도 심판원의 수는 해당 도 지방법원 및 지청 판사의 전원수를 초과치 못함

……

6. 특별 심판원 앞에서의 법적 수속은 즉결 성질의 것으로 함

7. 피고소인이 특별 심판원의 판결에 불복할 때에는 지방법원 또는 그 지청의 재판을 요구할 수 있다.

8. 판결문에는 피고소인의 氏名, 연령 및 주소, 사실의 개략, 과형의 종류, 그리고 판결자의 氏名 및 직명과 판결 연월일을 기록할 것. 판결문의 영구 기록을 보존할 것.

---

35) 한국 법제 연구회, 『미군정 법령 총람』, p. 155.

9.지방법원 또는 그 지청의 재판을 요구하는 피고소인은 판결 언도 후 5일 이내에 특별 심판원에게 서면 또는 구두로 이를 청구할 것.

……

15.판결 언도 전에 특별 심판원은 당해 사건이 지방법원 또는 그 지청의 판결을 요할 성질의 것이라고 결정할 수 있다.

16.지방법원 수석 판사는 필요하다고 인정한 장소와 그 도내에 특별 심판원을 배정하고 본령에 의하여 특별 심판원에게 부여된 관할에 속한 사건의 심판을 수행케 할 직무가 있다.

이러한 즉결심판 제도가 지방 수준에서 실제 법률 사건들을 처리하는 데 얼마나 기여하였는지, 또 이 제도가 적용된 사건들의 유형이 어떠했는지, 나아가서는 미국의 한국 점령 정책의 실행에 있어 어떤 기능을 하였는가 하는 문제는 치안관들의 재판 사례들에 대한 사회사적 연구가 이루어진 후에 규명될 수 있을 것이다. 다만 이 제도가 미군정 정책을 집행하는 데서 야기되는 많은 사건들과 부담을 육군 점령 재판소와 함께 효율적으로 처리할 수 있게 하기 위해서 만든 것이라는 점만은 분명하다고 볼 수 있다.

그밖에도 미군정은 특별 재산 심판소, 특별범 조사 위원회(Special Criminal Investigating Committee)를 설치하여 일본인에 대한 법적 통제 기구를 마련하고자 했다. 1945년 10월 11일 임명 사령 제12호에 의해 설치된 특별범 조사 위원회(위원장 : 이인)는 일본의 항복 직후 급증하는 일본인 관리의 범죄를 다루려 했으나, 일본인 관리 불처벌의 방침에 따라 별다른 기능을 하지 못했다. 군정청 임명 사령 제36호로 '45년 11월 19일 설치된 특별 재산 심판소(초대회장 : 김윤근)는 귀속 재산의 이전에 관한 재판 문제를 취급하기 위해 만든 것으로 각 지방법원의 支院으로서 일반 법원과는 분리되어 창설되었다.

제3절 사법부 관료의 충원

그러면 거대화된 사법 체제와 사법부 수뇌진의 충원은 어떻게 이루어졌는가? 형식적인 법조문은 그 집행자의 이해 관심에 따라 내용이 결정되기 때문에 사법부의 충원에 대한 고찰은 군정 법령의 실체와 성격에 대한 분석 못지않게 중요하다고 할 수 있겠다. 초대 법무국장인 우달(E. Woodall)은 미국 유학 출신인 김영희를 법무국의 한국인 고문으로 임명하였는데, 각급 법원 및 검사국 등 사법부 핵심부 충원에는 그의 영향력이 크게 작용했다. 미군정은 1945년 10월 11일에는 일본인 판검사들을 전원 퇴임시키고, 대법원 재판장에 김용무, 대법원 검사 총장에 김찬영, 대법원 재판관에 李仁, 서광설, 이종성, 심상직 등을 임명했으며, 같은날 공소원장 및 지방법원장, 검사장도 임명하였다.[36] 이후 사법부 관료의 충원은 대부분 이들 고위직 사법 관료들에 의해 하향식으로 이루어졌다. 초대 대법원장 김용무는 한민당 문교부장이었으며, 초대 한국인 사법부장에 임명된 김병로는 한민당 감찰부장, 대법관 이인(후에 검사총장이 됨)은 당무부 부장이었고, 지방법원 부장인 양원용, 윤원상, 강병순, 윤명룡, 최병석, 구자관 등도 한민당계 인물들이었다.

사법부의 상층부는 일제 시대의 판검사나 변호사 출신들로 쉽게 충원될 수 있었지만, 거대화된 사법 체제의 중하위직의 충원의 인적 자원은 절대적으로 빈곤하였다. 미군정측 자료에 의하면 군정 성립 당시 사법 관료로서 자질 있는 한국인 법률가들은 대략 140여 명 정도였다.[37] 미군정기를 통틀어 판사 249 명, 검사 165 명, 치안관 19 명이 임명되었는데, 일제시 현직 판검사를 제외하면 이들 대부분은 일제 시대 변호사나 말단 사법 관료 출신들이었다. 사법부의 충원에 있어서는 일제 시대부터 존재해온 변호사회의 영향력이 특히 크게 작용했다. 총독부 재판소에는 한국인 판검사가 드물었고 대부분이 변호사들이었는데, 해방 무렵에 등록이 되어있던 한국인 변호사는 285 명이나 되

---

36) 민주주의 민족전선, 『조선해방년보』(1946), p. 124 참조.

37) 주한미군사령부, 『주한미군사』(*HUSAFIK*) 제3권 p. 504 참조.

었다.[38)]

해방 직전의 한국인 사법 관료의 분포를 파악할 수 있는 전체적인 자료는 없지만 1940년 9월 현재 대법원에 재직 중인 한국인 재판관은 전무하였으며, 공소원의 경우에는 총 35 명의 재판관 가운데 4 명만이 한국인이었다. 또, 지방법원의 경우에도 한국인의 비율은 10% 정도에 불과했다.[39)] 한 통계에 의하면 1939년 현재 총독부 재판소 235 명의 재판관 중 46 명만이 한국인이었으며 120명의 검사중 8명만이 한국인이었다.[40)] 판검사직에 한국인이 적은 이유는 전적으로 민족적 차별 때문이었다.

미군정은 경찰·행정 관료와 마찬가지로 일제하에서 한국인 사법 관료들이 일반적으로 부일 협력자로 비난받고 있다는 사실을 알면서도 총독부 한국인 판검사 대부분을 유임시켰다. 사법 관료의 충원이 친일 관료들로 이루어진 것은 미국의 대한반도 이해에 비추어 민족 자주 세력과 좌익 세력을 배제하고 난 후 활용할 수 있는 인적 자원이 제한되어 있었다는 데 있었다. 서광설, 이영희 등과 같은 구미 유학의 경험을 가진 친미적 성향을 가진 극소수의 인물을 제외하고는 법률 실무의 기술적 자질을 갖춘 한국인들은 친일 사법 관료층뿐이었고 또 미군정 3년이라는 단기간에 사법 관료들을 새로 육성한다는 것도 어려웠기 때문에 그들의 충원은 불가피했던 것이다.

미군정은 재판소와 사법부 고위직의 충원에 있어서 특히 과거의 경력 규정을 엄격히 요구하였기 때문에 친일 사법 관료의 등용을 더욱 심화시켰다. 군정은 대법원장, 대법관, 공소원장의 경우 ①10년 이상 판·검사직에 있던 자 ②15년 이상 변호사를 지냈거나 인정받은 법과대학 교수로 있던 자 ③이상의 두 경우의 직에 있던 자로서 그 근무 연수가 통산하여 15년 이상이 되는 자로 자격을 제한하였다. 고등법원과 지방법원 및 동지원 판사의 경우도 과거의 경

38) 대한변협, 『한국 변호사사』, 1979, p. 230. 「일제 시대 변호사 등록 통계」 참조.

39) 주한 미군 사령부, *HUSAFIK* 3권, p. 484.

40) A. J. Grajdanzev, *Modern Korea : Courts, Prisons, Police* (N. Y. : Institute of Pacific Relations, 1944) 참조.

력 규정이 엄격하여 식민지하 법률 경력이 없으면 거의 등용될 수 없었다.[41)]

미군정기 사법 관료의 충원은 다음의 몇 가지 경로를 통해 이루어졌다. 첫째 '45년 말 군정청 법무국이 서류 심사만으로 일제 시대의 재판장 서기를 판·검사에 임명한 것, 둘째 사법 양성소[42)] 시험 합격자들 60여 명 전원을 사법관 시보로 채용한 것, 셋째 일제 시대에 조선 변호사 시험, 일본 고등 문관 시험 사법과(司法科)에 합격했거나, 다년간 법원 서기를 지냈으나 월남이 늦어 판·검사에 채용되지 못한 자를 '46년 9월 판검사 특별 임용 고시(제1차 特任시험)를 통해 실무 수습도 거치지 않고 29명 채용한 것, 넷째 1947년 10월 실시된 제1회 변호사 시험 합격자 54 명 중 판검사가 되려는 자를 변호사 시보 아닌 사법관 시보로 채용한 것[43)], 다섯째 1945년 8월 해방 당시 실시하고 있었던 조선 변호사 시험에 응시했던 200여 명(懿法會·以法會[44)]) 중 106 명에게 합격 증시를 교부하고 그 중 일부를 '45년 11월 사법관 시보로 채용한 것 등이다.

이들 일제하 사법 관료 출신들은 1915년부터 시행된 조선 변호사 시험이나 1921년부터 시행된 고등 문관 사법과 고시, 1918년부터 실시된 판검사 특임 시험 등을 거쳤거나, 사법관 시보자 고시 혹은 사법 요원 양성소 서기·통역

---

41) 대법원, 『한국법관사』, 1975, p. 75 참조.

42) 법무부는 1946.3월 단기 교육 사법 양성소를 계획하였으나 미군정이 예산상의 이유로 창설을 거부, 입소 시험 합격자들이 사법관 시보로 채용되었다. 동 양성소 입소 시험의 과목, 시험 방법은 일제 시대 고등 시험, 변호사 시험과 대동소이했다. 대법원, 『한국 법관사』, 1975, p. 78.

43) 이 시험에는 800여 명의 지원자 중 예비 시험, 본시험을 통과한 필기 시험 합격자 30 명과 일제 시대 고등 문관 시험 사법과나 변호사 시험 합격 경력 있는 자 74 명 등 총 104 명 중 54 명을 선발했다. 조선 통신사, 『조선 년감』 II, 1948, p. 324. 참조.

44) '45년 변호사 시험은 같은 해 8월 4일과 8월 15일에 실시되었으며 8월 17일에는 제2차 시험(민사 소송법, 헌법 시험)이 치러질 예정이었으나 해방으로 중단되었다. 이에 대해 응시자들이 합격 증서 교부를 요구하며 만든 모임이 이법회이다. 미군정은 사법 관료가 절대적으로 부족한 상태라서 응시자 200여 명 중 연락이 불가능한 자를 제외하고 106 명 모두에게 시험 합격 증서를 교부했다. 이중 일부는 1945년 11월 사법관 시보로 채용되어 실무 수습 후 판검사로 임명되었고 나머지는 그 이후 실시된 변호사 시험에서 구술 시험만 받게 했다. 대법원, 『한국 법관사』, p. 참조.

생 등을 거쳐 대부분 사법부 말단에 재직하고 있던 중 해방을 맞이했는데, 미군정 하에서 급승진하게 된 것이다. 또, 만주 고문 사법과[45] 출신들도 경력자로 우대 받았다.

<표 7-3 > 미군정기 법관의 일제하 경력

<table>
<tr><th colspan="3">과거 경력</th><th colspan="2">인원 (%)</th></tr>
<tr><td rowspan="3">일제하
경력자</td><td rowspan="2">사법 시험
출신자</td><td>변호사 시험</td><td>38 (24.7)</td><td rowspan="3">127 명
(82.5)</td></tr>
<tr><td>일본, 만주 고등
문관시험 사법과</td><td>44 (28.6)</td></tr>
<tr><td colspan="2">서기 및 통역생 출신자*</td><td>45 (29.2)</td></tr>
<tr><td colspan="3">미군정 판검사 특별임용 출신 (46. 11. 15)</td><td>15</td><td rowspan="2">27명 (17.5)</td></tr>
<tr><td colspan="3">미군정 사법요원 양성소 출신 (48. 4. 1)</td><td>12</td></tr>
<tr><td colspan="3">총계</td><td colspan="2">154 명** (100)</td></tr>
</table>

자료출처: 대법원, 『한국법관사』(1975), 부록 법관 인명록(미군정기편), pp. 227-238 ; 미군정청 임명사령집 참조.

*일제하 법원 서기 출신으로는 미군정기에 대법원 검사총장을 지낸 바 있는 김찬영이 대표적 인물임.

**이 숫자는 과거 경력 확인이 불가능한 95 명이 제외된 것임(이들 중에는 군정 기간 중 의원 면직, 해임된 자들과 변호사 개업한 자들이 포함되어 있다).

미군정에 의해 임명된 판검사들의 일제하 경력과 충원 경로를 살펴보면 <표 7-3>와 <표 7-4>에 나타나 있듯이 친일 사법 관료 출신들이 대부분이다. <표 7-3>에서 보면 미군정기에 임명된 249 명의 판사중 경력과 충원 통로를 확인할 수 있는 154 명을 살펴보면 일제 시대 사법 시험 및 서기, 통역생 출신이 127 명(82.5%)이나 된다. 특별 임용자와 사법 요원 양성소 출신들 또한 일제 총독부 재판소에서 일했던 자들이 대부분이었으므로, 일제하 변호사 시험 출신자들 중 일부를 제외하고는 미군정 한국인 판사들은 친일 사법

45) 1938년부터 만주국에도 고등 문관 시험제도가 창설되었던 바, 이들 중 일부가 검사로 임용되기도 했다. 대법원, 「한국법관사」, p.24.

관료 출신들이 압도적이었다고 볼 수 있을 것이다.[46]

<표 7-4> 미군정기 검사의 일제하 경력

<table>
<tr><th colspan="3">과거 경력</th><th colspan="2">인원(%)</th></tr>
<tr><td rowspan="3">일제하
경력자</td><td rowspan="2">사법시험
출 신 자</td><td>변호사 시험**</td><td>16 명</td><td rowspan="3">53 명 (43%)</td></tr>
<tr><td>일본, 만주 고등
문관시험사법관***</td><td>31 명</td></tr>
<tr><td colspan="2">총독부 특별임용</td><td>5 명</td></tr>
<tr><td colspan="4">미군정의 특별임용(45년, 46년)</td><td>63 명 (51)</td></tr>
<tr><td colspan="4">기 타</td><td>7 명 (6)</td></tr>
<tr><td colspan="4">총 계</td><td>123 명*(100)</td></tr>
</table>

*인사 기록카드가 없어 일제하 경력을 확인할 수없는 42명은 통계에서 제외했음

**제1공화국에서 법무부장관을 시낸 권승렬, 미군정 하에서 검찰총장을 지내고 정부 수립 후 법무부장관이 된 이인 등이 대표적 인물임

***법무부장관을 역임한 권오병, 민복기, 배영호, 이호, 검찰총장을 지낸 김치열, 이태희 등이 대표적 인물임

****검찰총장을 지낸 정순석이 대표적 인물임

자료 : 대검찰청, 『한국검찰사』(1976), 부록, pp. 403-425 퇴직 검사 명단 참조.

<표 7-4>를 보면 미군정 하에서 임명된 165명의 검사 중 일제하 경력을 확인할 수 있는 123 명 중에서 53 명(43%)이 총독부 사법 시험 출신들로 나타나 있다.[47] 또 미군정 검사로 특별 임용된 63명(51%) 중 대부분이 총독

46) 미군정 하에서 특별 임용과 사법 요원 양성소를 통해 충원된 27명(17.5%)도 대부분 일제하에서 사법 실무와 관련이 있었던 사람들로 추측된다. 이처럼 일제하의 경력자들이 압도적인 것은 미군정이 과거 일제 식민지하 사법 경력이 없는 사람들을 군정 사법 관료로 새로 육성하는 데는 3년이라는 짧은 기간 안에 불가능했다는 점이 작용했을 것이다. 따라서 판검사 충원에 관한 <표7-3>과 <표7-4>의 해석에는 36년이라는 일제 식민지 기간과 3년이라는 미군정기의 '시간' 변수가 고려되어야 할 것이다.

47) 대법원, 위의 책, 인명록 참조. 일제 총독부 검사 출신들로는 '45년 10월 15일 부산 지방법원장에 임명된 金東鉉을 비롯, 安景老, 鄭在秀 등이 있다. 일제시 사법 관료로 성장하는

부 재판소의 서기나 통역생의 경력을 가진 점으로 미루어 보면, 사실상 미군정기에 임명된 검사들 대부분이 일제하 사법 관리들이었음을 알 수 있다.

군정하 조선변호사회는 판검사 임명에서 추천권을 갖기 때문에, 사법 관료의 충원에서 중요한 역할을 했다. 미군정은 일제하에서 지방 조직을 중심으로 조직되어 있던 조선변호사회[48]를 중앙 조직을 중심으로 하향식으로 재편하고, 대법원장이 변호사회 회장을 겸임하여 그것을 통제할 수 있도록 하였다. 일제시 한국인 변호사는 총 285 명이었는데, 이들 대부분이 판검사나 사법부 관료로 충원되었음은 앞에서 언급한 바와 같다. 이렇게 하여 변호사가 부족하게 되자 미군정은 1945년 11월 14일 법무국 지령(指令) 제1호 '변호사 자격 부여'로 미군 장교들과 사법 경력이 없는 한국인들에게 변호사 자격을 부여하였다. 이에 따라 법무국장 우달 명으로 프레스캇(B. E. Presscutt) 등 31 명의 미군인들이 조선변호사회 회원 자격을 획득하게 되었으며, 사법부 고문인 김영희를 비롯하여 전규홍, 박용균 등 한국인들에게도 변호사 자격이 부여되었다. 또 11월 28일 법무국 지령에 의해 브래그(W.G.Brag) 등 25명의 미군에게 한국 변호사 자격이 부여되었으며, 법률 전문가로서의 자격이 없는 한국인 7인(성은룡, 윤동직, 김양, 김용대, 이종박, 김은재, 김상근)에게 변호사 자격이 부여되었다. 이와같이 하여 미군정기 동안에 재조선 미군 장교 중 258 명에게, 한국인 66 명에게 변호사 자격이 부여되었다.[49]

<표7-5>에 나타난 바와 같이 해방 직전 총독부 변호사들 중 대다수가 미군정 사법부 판검사에 임용되었기 때문에 한국인 변호사의 숫자는 얼마 되지

길은 일고문사법과나 조선변시에 합격하여 사법관 시보나 변호사 수습을 거치는 것이 일반 절차였다. 해방 전 대구 법원의 경우 조선인 판사가 가장 많았는데 이들에 의해 10월초 최초로 한국어로 군정 재판이 열렸다. 10월 항쟁시 대구 지방 판검사들은 해방 직후 조직된 보안대의 습격으로 미군 숙사로 피신하기도 했다. 고재호, 『법조 반백년』, 1985, p. 183.

48) 일제 총독부는 1936년 4월 17일 제령(制令) 제4호로 조선변호사령을 공포, 지방의 관할구역마다 변호사회를 설립하게 했다. 1937년 경성에는 일본인 변호사 모임인 경성 변호사회와 조선인 변호사 모임인 제일경성변호사회(회장: 徐光卨, 부회장: 尹元上)가 양립했으나 1938년 6월에는 경성변호사회로 통합되었다.

49) 대한변호사협회, 『한국변호사사』 부록, 미군정시 변호사 명부 참조.

않았으며, 변호사의 76.6% (258 명) 가 미국인 변호사들이었다.

<표 7-5> 미군정기 변호사의 국적

국 적	인원 (명)	비율 (%)
미국인 변호사	258	79.6
한국인 변호사	66 (자격자* 56, 무자격자 10)	20.4
합계	324	100

*자격을 갖춘 한국인 변호사 56 명 중 판검사 출신은 33 명이다. 무자격자란 일제 하에서 자격을 가지지 못했던 사람을 의미함

자료 : 대한 변호사 협회, 『한국변호사사』 (1976), 부록, 미군정기 변호사 명부, pp. 231-247.

미군정은 조직의 면에서도 일제 시대의 변호사 조직을 개편하여 중앙 집권화를 일층 강화했다. 미군정은 1945년 11월 19일 법무국령 제4호[50]로 기존 변호사회의 법적 존재에 관한 현행 법률과 규칙을 폐지하고, 전국 규모의 단일 조직으로 조선변호사회 (Korean Bar Association) 를 조직했다. 조선변호사회는 미군정 법무국장으로부터 변호사 인가를 받은 자가 회원이 되며, 변호사의 직무 수행에 관한 규정을 법무국장이 제정하도록 되어 있었다. 지방 재판소 관할 구역 내 변호사는 지방 分會의 회원이 되며 중앙 협의회 (Central Council) 는 1년 임기로 선임된 각 지방 분회의 대표자로 구성되었는데, 회장은 대법원장이 겸임하게 되어있다.

미군정의 이러한 조치에 대해 1945년 12월 1일 서울 변호사회 (회장 : 李弘鐘) 는 총회를 개최하여 반대를 표명했으며, 무자격 변호사에 대한 미군정의 인사 조치 철회, 사법권의 독립 등을 주장했으나 아무런 효과를 거두지 못했다. 이 법의 제정으로 경성 변호사회는 자동으로 조선변호사회 서울 분회가 되었으며, 변호사회 회장에는 대법원장이자 한민당 문교부장인 김용무, 부회장

50) 재조선 미국 육군사령부, 군정청 법무국령 제4호, 대한변협, 『한국변호사사』, 1979, p. 491.

에는 서울 분회장에 유임된 이홍종이 임명되었다. 기존 변호사회에서는 이러한 조직 체계에 반대를 표명하고, '46년 12월 13일 중앙협의회를 개최하여 사법 간부의 노골적인 정당 활동, 10월 사건 진상 규명, 법무국령 제4호의 개정 등을 토의[51]했으나 군정 기간 내에 조직의 개편은 이루어지지 않았다. 정부 수립 직전인 1948년 7월 1일에 이르러서야 법률 207호 「변호사법」이 공포되어 법무국령 제1호와 4호를 폐지하고 조선변호사회와 지방 분회를 설치하게 한 규정을 지방 변호사회와 그 연합회를 두도록 개정했다.

제4절 미군정 사법 체제의 기능과 특징

미군정은 사법 체제의 기능을 "군사 점령의 목적을 달성하기 위해 일상적인 인사 및 형사 법원의 기능을 계속하도록 하는 것이며, 특히 기존 소유권 보호가 중요하다"고 밝히고 있다.[52] 군사 점령의 목적이란 남한에서 혁명의 조류를 막고 소련에 대한 방파제를 구축하는 것이었으며, 이는 현실적으로는 남한을 미국을 중심으로 한 자본주의 세계 체제에 편입시키고 친미 정권을 수립하는 것을 뜻하였다. 미군정은 이러한 목적 달성을 위해 육군 군사 재판소를 활용했을 뿐 아니라, 일제 식민지하 총독부 사법 제도와 일제하의 사법 요원을 활용했다.

미군정 통치 기구 내에서 군정 사법부의 지위와 기능은 1946년 4월 2일 공포된 군정 법령 67호에 명시되어 있다.[53] 이 법률에 의하면 사법부장은 미군정장관의 법률 고문으로서 법 제정에 관한 정책, 대법원 대법관 및 공소원 판사의 임명, 그리고 정부 정책의 적법성 및 법률안, 법령, 법규 등에 관한 의견을 구신한다고 규정되어 있다. 사법 체제의 직능을 규정하고 있는 군정 법

51) 같은 책, p.73.

52) 미군정, ***HUSAMGIK***, p. 124.

53) 한국 법제 연구회, 『미군정 법령 총람』(국문편), p. 185.

령 67호 제2조를 보면 다음과 같다.

미군정 법령 67호 제2조: 군정 사법부의 기능

1. 사법부장은 조선 군정장관의 법률 고문으로 함

1. 사법부장은 국법 제정에 관한 정책, 대법원 대법관, 공소원 판사로의 적임자 임명에 관하여 또는 정부 정책의 적법성, 법률안, 법령 및 법규에 관하여 의견을 구신함

1. 사법부장은 사법 행정 및 사법 기관을 감독함

……

1. 사법부장은 정부에 관한 재판 사건에 관하여 정부를 대표함

1. 사법부장은 군정장관의 동의를 언어 변호사회 중앙 협의회가 추천한 자 중에서 대법원, 공소원 이외의 재판소의 판사, 검사를 임명함

……

1. 사법부장은 법률 심사, 법률 해석, 정부 및 정부 기관의 법률 문서를 기안하며, 군정청 각 부, 처 및 도지사에 법률 의견을 제공하는 법무관을 임명, 감독함

1. 사법부장은 군정장관이 수립한 정책 내에서 법무관의 훈련, 기율 및 사법부, 재판소의 서기 직원의 훈련을 감독함

1. 사법부장은 변호사 지원자로서 법률 사무에 종사함에 필요한 요건을 구비하고 있다고 인정된 자에게 변호사를 인가함

위의 법령에 잘 나타나 있듯이 미군정 사법부는 행정부의 사법 행정 기관으로서의 권한을 갖는 데 국한되지 않고, 재판소 등 사법 기관 전반을 감독하며 판검사 및 변호사의 임명권까지 가지고 있었다. 따라서 미군정 사법 체제는 주한 미군 사령관과 군정장관의 통제를 받는 사법부장에게 제반 사법 권력이 집중되어 있었다.

경찰 기구가 직접적 물리력의 행사에 의해 자생적 권력 기구와 혁명 세력들을 해체시키는 데 작용하였다면, 사법 체제는 변혁 운동을 주도하는 주요 인물들을 사법 처리하고 투옥함으로써 군정 통치 체제를 안정화시키는 기능을 하였다고 할 수 있다.

아래의 인용문은 建準에서 활동했던 한 인물이 군정 재판을 받고 난 후의 소감을 묘사한 것으로 군정 재판의 성격의 한 단면을 소박하게 표현하고 있다.

> 나는 확실히 조선의 자손이며 이 법정은 틀림없이 조선 땅에 있지만 …… 나는 이 법정에서 전에는 일본인 재판관의 재판을 받았으며, 조선이 해방되었다는 오늘에는 다시 미국인 재판관의 재판을 받게 되었다.[54)]

이상에서 고찰한 것들을 토대로 미군정 사법 체제의 특징을 간추려보면 아래와 같다.

첫째, 사법 체제가 미점령군사령관과 군정장관 — 구체적으로는 군정청 사법부 — 에 직속되어 있었으며 재판·예산·인사 등의 면에서 사법권의 독립성이 거의 없었다. 이러한 특징은 법원이 군정청 사법부에 예속되어 있었을 뿐만 아니라 검찰과 변호사 제도가 법원에서 미분리되어 있었다는 사실에서도 드러난다.

둘째, 중앙 집권화된 식민지 사법 기구가 조직적 자원으로 활용되었으며, 식민지 악법이나 2심제와 같은 일제 시대의 사법 체제가 근본적인 구조의 변화 없이 그대로 통용되었다는 점이다. 일제가 전시 특별 조치로 실시했던 2심제는 군정 기간 동안 통용되었으며 정부 수립 직전인 '48년 4월 1일에 이르러서야 남조선 과도정부 법령 181호로 폐지되었다.

---

54) 전남 건준 치안부장이었던 이덕우가 미군정의 무장해제 명령에 따라 치안대의 무장해제를 당하고 미군정 재판소에서 재판을 받고 난 후 소감을 피력한 것이다. 『광주민보』, 1945년 12월 2일자 참조.

셋째, 사법 기구에 충원된 사법 관료들이 친일 경력을 가졌거나 한민당계 인물들이었다는 점이다. 미군정이 친일 사법 관료들을 사법 요원으로 충원한 것은 이들을 제외하고는 미군정의 점령 정책의 수행에 적합한 다른 집단을 발견할 수 없었기 때문이었다. 즉 기술적 자질을 갖춘 인적 자원의 빈곤으로 인해 미군정의 적극적 선택 정책에도 불구하고 친일 관료들을 불가피하게 등용할 수 밖에 없었던 것이다.

제8장 결 론

이 연구에서는 미군정기 국가 기구의 형성 과정에 작용한 구조적 조건을 고찰하고, 미군정기에 형성된 국가 기구의 조직, 충원 등을 분석하였다. 여기서는 본론에서의 연구 결과를 요약하고 그것의 이론적 함의를 제시해 보고자 한다.

제1절 국가 기구 형성의 구조적 조건

미군정기 국가 기구의 형성 과정은 기본적으로 해방 직후에 분출된 사회 제세력의 갈등이라는 내적 규정성과 미점령군의 진주와 지배라고 하는 외적 규정성의 결합의 산물이었다. 그래서 이 논문의 제2장에서는 우선 해방 직후 한국 민족이 당면한 역사적 과제가 무엇이었으며, 38선 이남에 진주한 미군은 어떠한 점령 정책으로 자신의 이해를 관철시키려 했는지를 살펴보고, 제3장에서는 새로운 국가를 건설하기 위해 어떠한 사회 세력들이 정치 무대에 진출했으며, 미군정은 그러한 세력들 중 어떤 세력을 선택하고 혹은 배제했는지를 고찰하였다.

일제로부터 해방된 한국 사회에 제기된 역사적 과제는 일제 잔재를 청산하고 통일 민족 국가를 수립하는 것이었다. 이러한 역사적 과제를 완수할 수 있는 주체적 조건은 민족 독립 운동의 경험 속에서 어느 정도 형성되어 있었다. 일제하의 악조건 속에서도 민족 독립 운동이 여러 형태로 전개되었고 그러한 민족 독립 운동의 흐름은 비록 통합 세력으로서 일본 제국주의를 직접적으로 패망시킨 것은 아니었지만, 해방 이후 민족 국가 건설 과정에서 주체적 역량이 되었다.

식민지하에서 축적된 민족 독립 운동의 역량은 해방 직후 자주적 통일 독립 국가를 수립하려는 요구로 분출하였다. 3 · 1 운동 후 상해에서 성립된 대한민국 임시정부는 1938년 중경에 정착한 후 해외 독립 운동 세력의 구심체로서 역량을 강화하려 했으며, 1940년 9월 17일에는 臨政의 무장 투쟁 단체로서 한국광복군을 편성하였다. 또 1941년 12월에는 趙素昻이 주창한 三均主義를 토대로 '대한민국 건국 강령'을 공포하여 해방 후 건국의 예비 정부로서의 성격을 더욱 강화하고자 했다. 臨政은 1943년 12월 카이로 회담에서 '적절한 시기에 한국을 독립시킨다는' 내용이 발표되자 이를 연합국의 신탁통치를 의미하는 것으로 인식하여 연합국에 항의문을 보내는 등 외교적으로 신탁통치 반대 운동을 벌였다. 해방이 되자 대한민국 임시정부의 주석 김구는 1945년 9월 3일 '국내외 동포에게 고함'이라는 성명서와 '당면 정책'을 발표하여 국내에 과도 정권이 수립될 때까지 대한민국 임시정부가 정부의 역할을 맡을 것을 천명하였다. 臨政은 해방 후 건국 강령에 기초하여 새로운 국가를 건설하려 했을 뿐 아니라 광복군을 확대 조직하여 국방군으로 삼고자 하였다.

국내에서는 일제의 극심한 탄압으로 독립 운동이 위축되어 있었으나 해방이 되자 건국준비위원회가 조직되어 구지배 계급인 한민당 세력과의 대립 속에서 민족 국가 건설을 위해 노력했다. 해방된 날로부터 불과 10일 이내에 전국 각지에서 자생적인 대중 단체들이 조직되었는데, 건국준비위원회는 이러한 단체들을 지방 지부로 흡수하면서 조직을 정비하여 1945년 8월 말에는 전국적으로 145개의 지부 조직을 갖추게 되었다. 건국준비위원회는 여운형을 중심으로 하는 건국동맹계의 민족주의 세력뿐 아니라 사회주의 세력, 안재홍계의 중도 우익 세력 등 친일파를 제외한 좌우익 민족 세력을 총망라하는 민족 연합 전선체로서 새로운 독립 국가의 준비 기구로서 위치를 차지하게 되었다. 건국준비위원회는 그 지방 조직인 건국준비위원회 지부(후에 인민위원회로 개편됨)를 통해 해방 직후 미군이 진주하기 이전에는 여러 지역에서 통치를 행사하였다. 건국준비위원회 산하의 자생적 권력 기구로는 인민위원회 외에도 치안 기구, 군사 단체, 그밖에 광범위한 대중 단체들이 있었다.

그러나 북위 38도선 이남의 한국에 진주한 미군은 대한민국 임시정부와 건국준비위원회 등 자생적 권력 기구를 부인하고 미군정을 남한에서 유일한 통치 권력으로 선포하였다. 제2차 세계대전 종전 후 미국의 對韓정책의 일차적 목표는 대소방파제 구축이었다. 미국은 경제적으로는 남한을 미국을 중심으로 한 세계 자본주의 체제에 편입시키고 정치적으로는 서구식 자유 민주주의 체제를 수립하려 하였다. 이를 위해 미군정은 자신의 지배 정책에 반대하는 국내 세력들을 배제하고 우호적인 세력들을 선택하여 국가 형성 주도 세력으로 육성하였다.

해방 직후에 새로운 민족 국가를 건설하기 위해 결집했던 중요한 사회 세력으로는, 첫째로 일제 식민지 시대의 지배 계급을 이루었던 지주·자본가 및 보수적 지식인을 중심으로 형성된 한국민주당과 미국에서 귀국한 이승만의 결합 세력, 둘째로 대한민국 임시정부에서 활동하다가 해방 후 귀국한 김구 중심의 임시정부 세력, 셋째로 노동자·농민 계급을 대중적 기초로 한 조선공산당 세력, 넷째로 중도 노선을 취하면서 여러 세력들의 통일 전선에 주력했던 여운형 중심의 인민당 세력 등이 있었다. 미군정은 이들 중 해외 민족 독립운동의 구심체였던 대한민국 임시정부를 부인하였으며 건국준비위원회 중심의 자주적 통일 독립 국가 형성 노력을 누르고, 이승만-한민당 세력을 정부 수립의 주도 세력으로 육성하였다.

제2절 미군정기 국가 기구 형성의 특징

국가 기구 형성의 구조적 조건에 대한 이상의 논의를 기초로 하여 제4장부터 제7장까지는 미군정기의 행정 관료제, 경찰, 군, 사법부 등 국가 기구들의 조직, 충원을 실증적으로 분석했다. 본론에서는 각각의 국가 기구를 나누어 다루었지만, 여기서는 각 장의 논의를 모아 국가 기구 형성에서 나타나는 조직, 충원의 특징을 요약해 보고자 한다.

1. 조직상의 특징

미군정은 해방 후 몇 개월만에 행정 관료제, 경찰, 군대(조선국방경비대), 사법 체제 등을 재편하였다. 미군정은 초기에는 상위 조직은 독자적인 군정 체제를 따르고 하위 기구는 일제 식민지 통치 기구를 조직적 자원으로 활용하여 국가 기구를 재편성하였으며 후기에는 점차 민간 정부 조직 체계로 변화시켰다. 미군정은 처음 2개월여 동안에는 총독부 일본인 관리들을 군정청 고문으로 유임시켜 총독부 기구에 새로 임명된 미군 장교들에게 행정 업무를 인계하게 하였다. 또 1945년 말에는 군대를 창설하기 위해 기존의 군정청 기구에 군무국을 설치하고 그것을 기존의 경무국과 통합하여 국방사령부를 발족하는 등 국가 기구의 단일 통제 체제를 구축하려 했다. 미군정은 1946년 말에는 남조선 과도입법의원을 개원함으로써 형식상의 입법 기구를 갖추었으며, '47년 5월 17일에는 남조선 과도정부를 발족시켜 형식적으로 민주주의 국가의 3권 분립 기구를 갖추게 했다.

미군정기 국가 기구의 조직상의 중요한 특징은 중앙 집권화와 기구의 비대화였다. 국가 기구가 중앙 집권화된 이유는 주둔군 사령관의 통제가 용이하게 하기 위해 중앙 집권화를 조직의 원칙으로 삼았으며 조직의 자원이 된 식민지 통치 기구 또한 중앙 집권화되어 있었기 때문이다.

일제 식민지 관료제는 총독이 입법, 사법, 행정 등 모든 권력을 한 손에 장악하고 있었는데, 미군 진주 후에는 이러한 총독의 권한이 남조선 미주둔군

사령관에게 이양되었다. 군사 점령권을 행사할 수 있는 주둔군 사령관은 입법, 사법, 행정의 전권을 가지고 있었으며 군정장관과 함께 관료 통치 기구의 최상위에 존재하였다. 군정 말기에 미군정은 형식적으로 남조선 과도정부를 발족시켜 입법·행정·사법의 3권 분립 체계의 외양을 갖추었으나, 한국인 사법부와 과도 입법의원은 물론 과도정부의 민정장관까지도 군정장관의 전권과 거부권 하에서만 존재할 수 있었다. 또한 미군 사령관과 군정장관은 행정 부처의 간부들에 대해서 뿐 아니라 국방경비대와 군정 경찰에 대한 최고 지휘권과 통제권을 가지고 있었다.

미군정 경찰은 조직 원리 면에 있어서 영미 법계가 아닌 대륙 법계의 중앙집권화된 국가 경찰 제도를 따르고 있으며, 조직의 과정이 하향적이었다. 군정 경찰은 해방 직후 전국적으로 조직된 자치적 치안 조직을 해체하고 일제 식민지 경찰 기구를 활용하여 그것을 재편·강화함으로써 성립되었다.

또한 미군정은 여러 사회 세력들에 의해 자생적으로 조직된 군사 단체를 해체하고 조선국방경비대를 창설했다. 국방경비대는 재정, 장비 등을 미국에 의존하고 있었으며, 군대의 조직화 과정 자체가 미군정에 의해 주도되었다.

미군정 법원 기구는 미육군 점령 재판소(Military Occupation Courts)와 군정 사법부 예하의 한국인 재판소로 구성되어 있었는데, 후자는 군재판소의 일부로서 전자에 예속되어 있었다. 또 한국인 재판소는 법무국장이 감독, 지시하는 국가기관의 일부로 구성되었기 때문에 사법권의 독립이 없었다. 미군정 사법 체제는 미점령군사령관과 군정장관, 구체적으로는 군정청 사법부에 직속되어 있었으며, 재판·예산·인사 등의 면에서 사법권의 독립성이 없었다. 이러한 특징은 법원이 군정청 사법부에 종속되어 있었고 검찰과 변호사 제도가 법원에서 미분리되어 있었다는 사실에서도 드러난다.

이와 같이 미군정기의 국가 기구는 비대화와 중앙 집권화를 그 특징으로 하고 있는 바, 이는 사회 세력들의 관계를 재편성하는 역할을 하기에 충분한 조직적 자원이었다.

2. 인적 충원의 특징

미군정기 국가 기구의 성격은 무엇보다도 국가 기구의 인적 충원 과정에서 잘 드러난다. 국가 기구의 충원은 여러 통로로 이루어졌는데 상층 관료는 군정장관의 충원권에 의해 좌우되었다. 상층 관료 충원에는 크게 두 가지 원칙이 작용하였다. 첫째는 영어 구사력이 있고 교육 수준이 높을 뿐 아니라 미국의 자유주의 이념을 옹호하는 친미적 성향을 갖는 인물이어야 한다는 점이었고, 두 번째 원칙은 공산주의와 관계 있는 한국인들을 배제한다는 점이었다.

이러한 원칙들에 의해서 관료제의 핵심 지위에는 친미적 성향의 인물들이 충원되었고, 중하위 수준의 직위에는 총독부 관리를 지낸 친일 관료들이 충원되었다. 미국은 자신의 점령 정책을 충실히 수행할 수 있는 국가 기구의 관료들을 '적극적 선택'에 의해 충원하려 하였지만, 관료적 자질을 갖춘 친미적 인물들은 극히 적었다. 따라서 관료제의 최상층부에는 친미적 인물들을 충원할 수 있었지만, 미국 유학 경력을 가진 친미적 성향의 인물들이 수적으로 제한되어 있었기 때문에 중하위 수준의 충원에 있어서는 일제하의 친일 관료들을 등용했다. 미군정은 친일 관료들이 대중적 비난을 받고 있었음에도 불구하고, 행정 업무에 기술적 자질과 경력이 있는 고학력의 한국인들을 필요로 하였기 때문에 불가피하게 그들에게 의존하게 되었다. 좌익 혁명 세력을 배제한다는 점령 정책의 원칙으로 인해 친일 관료층을 제외하고는 미군정 통치를 대행할 다른 대안적 집단이 현실적으로 존재하지 않았던 것이다. 그리하여 친일 관료들은 미군 진주 직후 포고령 1호를 통해 미군정의 권위 하에서 관료 직위에 복귀하였을 뿐 아니라, 일제하에 하급 관직에 있었던 관리들이 일본인 관료의 해임에 따라 승진할 수 있었다. 이러한 관료 충원은 정치 세력의 측면에서는 이승만-한민당 세력의 진출로 나타났다. 한민당은 지주층과 친일 관료 집단을 중심으로 구미 유학파들을 망라하고 있었기 때문에 자연히 한민당 요원들이 군정 관료 기구의 핵심 지위를 장악하게 되었다.

미군정은 경찰 관료의 충원에 있어서도 행정 관료의 충원과 같은 원칙을 적용시켰다. 미군정은 치안대와 같은 자치적 치안 단체를 해산하고 한국인 경찰관의 복귀를 명하는 한편 경찰관 강습소에서 경찰관을 신규 모집하여 확대된 경찰 기구를 충원하기 시작하였다. 경찰 수뇌부는 여타의 군정 관료 기구의 요직들과 마찬가지로 한민당계 인물들에 의해 장악되었다. 이들은 군정 경찰의 물리력을 통해 미군정의 정책과 이해를 효과적으로 실현함과 동시에 한민당의 정치적 기반을 구축하고 합법적인 정치 공간에서 그 밖의 정치 세력들을 배제시켰다.

조선국방경비대의 충원 과정도 행정 관료나 경찰 관료의 경우와 비슷한 원칙에서 이루어졌다. 미군정의 원래 계획은 일본군 · 만주군 · 광복군 출신자 중에서 각각 20 명씩을 선발하여 60 명을 군사영어학교에 입교시키려 했으나, 좌익계 군사 단체인 국군준비대와 학병동맹은 참여를 거부했으며 광복군은 정통성 문제를 제기하여 응시를 거부했기 때문에, 군사영어학교 입교자들은 일본군 · 만주군 출신자들이 대부분을 이루었다. 경비대 간부의 충원이 거의 일본군과 만주군 출신자들에 의해 이루어지게 된 것은 그들이 적극적으로 군정에 협력하여 국방경비대에 참여한 데 비해 다수의 광복군 출신자들이 국방경비대 입대를 거부한 데도 원인이 있지만, 군간부 충원에 영향력을 행사했던 국방사령부의 한국인 고문이 일본군과 만주군 출신이었다는 데도 그 원인이 있었다. 군대의 충원이 관료제의 충원과 다른 점은 관료직의 핵심 지위에는 미국 유학의 경험이 있고 영어 구사력이 있는 친미적 성향의 인물들을 발탁할 수 있었으나, 군대의 경우에는 그러한 경력을 가진 군사 요원들이 없었기 때문에 일본군 · 만주군 출신의 장교들이 국방경비대의 핵심 지위를 차지하게 되었다는 점이다.

미군정은 경찰, 행정 관료와 마찬가지로 일제하에서 한국인 사법 관료들이 일반적으로 부일 협력자로 비난받고 있다는 사실을 알면서도 사법 관료를 새로이 육성할 시간적 여유가 없었기 때문에 총독부 한국인 판검사 대부분을 유임시켰다. 미군정은 재판소와 사법부 고위직의 충원에 있어서 과거의 경력 규정을 엄격히 요구하였기 때문에 친일 사법 관료의 등용을 더욱 심화시켰다.

미군정의 통치는 기본적으로 해방 직후의 국내 혁명 세력을 누르고 미국에 우호적인 정부를 수립하여 국가 권력을 이양하는 것을 목표로 하였다. 미군정 국가 기구 가운데 군정 기간을 통해 가장 중요한 역할을 수행하였던 것은 군정 경찰이었다. 미군정이 혁명적 요구를 누르고 좌익 세력을 배제할 수 있는 가장 효과적인 자원은 기존의 식민지 경찰 기구와 친일 경찰 관료들이었다. 군정 경찰은 인민위원회 조직을 와해시켜 나갔을 뿐 아니라, 치안대, 조선국군준비대, 학병동맹과 같은 자생적 권력 기구를 해체시키는 데 중요한 역할을 수행하였다. 나아가 군정 경찰은 1946년 10월 항쟁을 성공적으로 진압함으로써 국내 혁명 세력에 대한 자신감을 가지고, 이후 1947년의 3 · 1절 소요 및 8 · 15 소요에서 5 · 10 선거 반대 투쟁에 이르는 제반 저항운동을 와해시켜 나갔다. 조선국방경비대는 초기에는 군정 경찰에 비해 그 기능이 부수적이었지만, 군정 말기에 이르러서는 적극적으로 활동했다. 국방경비대는 4 · 3 항쟁을 진압하는 데 있어 군정 경찰과 함께 중요한 역할을 하였다.

미군정 국가 기구의 활동에서 나타나는 중요한 특징은 국가 기구가 당시 한국 사회의 사회 제세력의 힘 관계를 반영한다기보다는 오히려 그것이 미국의 정책 노선에 따라서 사회 세력들의 관계를 변화시키고 구조화시키는 데 중요한 영향을 미쳤다는 점이다.

제3절 이론적 논의

이 연구는 미군정기 국가 기구 형성 과정에 대한 경험적 연구이지만, 이를 통해 몇 가지 이론적 시사점을 끌어낼 수 있으리라고 생각된다.

첫째, 국가와 시민 사회의 관계라고 하는 고전적 국가 개념에 관한 문제이다. 맑스주의 국가 이론에서는 대체로 국가가 시민 사회의 계급 관계의 반영이라는 이론 틀을 가지고 있다. 그런데 이 논문이 다룬 시기의 국가는 계급 관계의 반영이라는 측면으로 나타나기보다는 오히려 국가가 시민 사회의 계급 관계를 구조화시키는 행위자로 나타날 수 있다는 점을 강력하게 시사하고 있다. 미군정기의 국가 기구의 활동에서 나타나듯이 국가 기구는 당시 한국 사회의 여러 사회 세력들의 힘 관계를 그대로 반영했다기보다는 오히려 그것이 사회 세력들의 관계를 변화시키고 구조화시키는 데 중요한 영향을 미쳤던 것이다.

둘째, 국가 형성에 관련된 이론적 문제가 있다. 서구 선진 자본주의의 경우 국가 형성은 자본주의 발전에 따른 국내 시장의 형성과 정치적 중앙 집권화가 중요한 특징으로 나타나고 이는 민족 형성과 맞물려 진행된 과정이었다. 그런데 한국의 경우는 정치적 중앙 집권화는 이미 오래 전부터 진전되어 있었고, 민족 형성을 보더라도 이미 통일 신라 시대부터 '전근대 민족'이 형성되어 있었다. 또한 근대 국가 형성의 중요한 지표의 하나인 자본주의적 국내 시장의 형성이 적어도 조선 후기부터 서서히 진행되어 형식적으로는 틀이 갖추어져 있었기 때문에, 해방 직후에 가장 문제가 된 것은 독립과 주권의 문제였다고 할 수 있다. 따라서 한국의 경우 국가 형성에 대한 역사적이고 구조적인 설명을 위해서는 이 논문이 다룬 시기보다 한참 거슬러 올라가야 한다. 그러나 같은 탈식민지 사회라 할지라도 식민지 이전의 역사 발전 단계가 한국의 경우와 질적으로 다른 경우가 많이 있다. 예컨대, 제3세계의 일부 지역에서는 '부족'이 지배하던 시기에 서구 열강의 침략을 받아 식민지로 되었던 나라들이 많이 있는데, 이러한 나라들에서는 먼저 '국가'를 건설하고 그 국가의 주민에 속하는 모든 부족들이 융합하여 새로이 민족 형성의 작업을 진행하는 도중에 있는 것이다. 따라서 '제3세계' 국가 형성의 일반 이론의 구성이 쉽지 않은 과제라는 것을 알 수 있다. 이 논문의 서두에서 국가 형성 이론을 검토하면서 그것이 역사 이론으로 나아가야 한다는 점을 지적한 것도 바로 이 때문이다.

셋째, 미군정기 국가 기구 형성의 성격을 분석함으로써 점령 권력의 본질과 이론화에 대한 접근의 가능성을 시사 받을 수 있을 것이다. 일제 조선총독부 기구는 제국주의 식민지 지배 기구로서 식민지 권력으로 개념화 할 수 있다면, 미군정은 전형적인 점령 권력으로 볼 수 있다. '점령 권력'은 식민지 통치와는 달리 일시성을 특징으로 하기 때문에 점령 지역의 사회 관계를 점령 당국의 이해 관계에 따라 재편한 후 토착 지배 세력을 육성하여 그들에게 국가 권력을 이양하는 것이 일반적이다. 그러나 이러한 일반적 성격이 자동적으로 주어지는 것은 아니다. 점령 권력이 강력한 군사력을 기반으로 하고 있고 다른 조건이 같다면 그러한 군사력을 기초로 직접 지배를 계속하는 것이 자신의 이해 관계를 실현할 수 있는 가장 손쉬운 방법이 될 것이기 때문이다. 따라서 점령 권력의 행동을 규정하는 힘을 고려할 필요가 있다.

점령 지역에서의 사회 발전이 점령 권력의 강한 규정력 아래서 이루어지듯이 거꾸로 점령 권력의 이해 관계가 관철되는 방식도 점령 지역의 사회적 조건을 중요한 매개로 한다는 것을 주목해 볼 필요가 있다. 점령 이전의 구식민지 사회의 발전 정도, 특히 민족 독립 운동의 역량은 점령 정책에 중요한 영향을 미칠 수밖에 없을 것이다. 점령 권력이 토착 국가를 형성시켜 권력을 이양하는 시기는 일차적으로 점령 지역의 주체적 역량에 의존한다고 볼 수 있다. 예컨대 아프리카의 많은 나라들은 제2차 세계대전이 끝난 후 상당한 기간 동안 독립을 하지 못했던 반면에 아시아 지역의 나라들은 상대적으로 이른 시기에 독립을 성취할 수 있었던 점을 생각해 볼 수 있다. 아프리카의 대부분의 지역에서는 식민지로 되기 전에 근대 민족 국가 수립의 움직임이 거의 없이 제2차 세계대전 종전 후 새로운 국가를 건설해야 하는 단계에 있었던 반면에 한국의 경우는 조선 시대 말기부터 민족 국가 수립의 움직임이 있었으며 그것을 기초로 식민지하에서 독립 운동의 방향을 잡아나갈 수 있었던 것이다.

한국의 경우 또 한가지 중요하게 고려해야 할 상황은 분할 점령이라고 하는 사실이다. 게다가 분할 점령이 동질성을 가진 경쟁적인 강대국에 의해서 이루어진 것이 아니라 체제를 달리하는 두 강대국에 의해서 이루어졌다. 이 경우 점령 권력이 각각의 이해 관계를 점령 지역에서 관철시켜나가는 데 있어 상대방의 정책으로부터 영향을 받지 않을 수 없다. 이 때문에 점령 권력은 자신의 이해 관계를 직선적으로 표현하기가 곤란하게 되고 그것을 은폐시켜야 하는 필연성이 대두된다고 할 수 있다. 미국은 남한 점령을 '임자 없는 땅'을 점령한 것이라고 하여 점령 권력을 정당화하였는데, 이는 한국인의 주권을 무시하면서 한반도에 대소 방파제를 구축하려는 자신의 의도를 은폐한 것이라고 할 수 있다. 따라서 이 경우 점령 권력은 자본주의 세계 체제와 사회주의 진영의 대립이라는 맥락에서 이해되어야 할 것이다.

끝으로 이 연구의 한계를 지적하면 다음과 같다.

첫째, 이 연구는 국가를 제도적 실체로 보는 관점에서 국가 기구를 분석해 들어갔기 때문에, 국가와 시민 사회의 관계라고 하는 구조적 관점에서의 분석에서는 일정한 한계를 가지고 출발할 수밖에 없었다. 구조적 관점에서 국가의 성격을 분석하기 위해서는 계급 분석이 필수적인데, 이 논문에서는 해방 직후 정치 무대에 등장한 사회 세력들의 갈등의 양상을 분석하는 데 그쳤다. 계급 분석과 그에 입각한 국가와 시민 사회의 관계에 대한 논의는 앞으로 더 천착해 들어가야 할 연구 과제라 하겠다.

둘째, 이 연구는 미군정기 국가 기구와 제1공화국의 국가 기구 사이의 구체적 연관 관계나 차이점을 추적하는 데까지 나아가지 못하였다. 양자 사이의 매개 고리에 대한 구체적 분석이 이루어질 때 한국에 있어서 국가 형성 과정이 명확히 밝혀질 것임은 말할 필요도 없다. 이 점 또한 앞으로의 연구 과제이다.

셋째, 이 연구는 한국의 국가 기구 형성에 있어서 미군정이라는 점령 권력의 역할에 주목했으나, 점령 권력에 대한 이론적 일반화의 수준에 이르지 못하였다. 이를 위해서는 제2차 세계대전 이후에 나타난 점령 지역들에 대한 경험적 연구가 축적되어야 할 것이다. 또한 남북한에서 서로 다른 국가 형성의 발전 경로를 규정한 원인을 밝히는 데 있어서 점령 권력의 역할과 성격의 규명이 중요한 과제이다. 이를 위해서는 해방 직후 남한과 북한의 국가 형성 과정에 대한 비교 연구가 이루어져야 할 것이다.

부록 미군정 경찰 · 군 간부 연구

—— 인물 연구

부록 미군정 경찰·군 간부 연구
—— 인물 연구

第1장 미군정청 경무부장 조병옥(趙炳玉 1894-1960)
—미군정하 한국인 최고 권력자

*1894년 충남 천안 출생/ 1911년 평양 숭실학교 입학/1914년 1월 도미/ 1918년 펜실바니아 주 킹스턴 고등학교 졸업. 콜럼비아대 경제학과 입학/ 1922년 콜럼비아대학 졸업/ 1923년 콜럼비아대학 석사 학위 취득/ 뉴욕 한인회 총무로서 이승만 보좌/ 1925년 8월 귀국 후 연희전문학교에서 가르치다가 권고 사퇴를 당함/ 연희전문 사퇴 이후 Y 이사로 활동/ 1929년 신간회 활동으로 투옥/ 1937년 수양동우회 사건으로 2년 동안 옥살이/ 1945년 해방직후 한민당 창당과 한민당 총무 역임/ 1945년 10월 미군정 경무국장(1946년 경무부가 경무국으로 승격되면서 경무부장이 됨) 취임/ 1950년 7월 내무부장관 취임 / 1955년 민주당 결성. 최고위원을 맡음/ 1956년 민주당 대표최고위원이 됨 /1959년 민주당 대통령 후보로 선출됨/ 1960년 1월 급졸.

1. 친미 성향의 형성 배경

우리 현대사에서 조병옥만큼 다양한 평가를 받는 인물도 드물 것이다. 역사적인 지식이 부족한 사람들은 무엇보다도 그를 이승만의 독재 정권에 반대한 '야당 투사'로 기억할 것이며 역사적 지식이 짧더라도 해방 전후를 살았던 노년 세대는 미군정 하에서 폭압의 상징이었던 서슬 퍼런 미군정 경찰 경무부장을 떠올릴 것이다. 실제로 대한민국 정부 수립 이후 60년대까지 생존한 정치인들 가운데 유석(維石) 조병옥(趙炳玉) 만큼 역사적인 활동 기간과 활동 무대가 넓은 인물도 많지 않으며 그의 경력과 지위 또한 화려하였다. 민주 투사나 반공 애국자로서의 그에 대한 제한된 해석은 최근에 이르러 역사 연구의 축적과 냉전 의식의 해소로 인해 비로소 객관적으로 자리 매김할 수 있는 문턱에 이르렀다.

유석(維石) 조병옥(趙炳玉) 은 1894년 2월 15일 충남 천안군 동면 용두리 목천에서 지주였던 아버지 조택원(趙宅元) 과 남양 홍(南陽 洪) 씨 사이에서 장남으로 태어났다. 그의 아버지는 조병옥에게 7세부터 한학자를 독선생으로 모셔 한학을 가르칠 정도로 교육열이 높았으며, 감리교의 속장을 지내면서 자기 집 사랑채를 새경회 강습 장소로 개방할 정도로 독실한 기독교인이었다. 조병옥이 미국인 감리교 선교사 케불 목사의 추천으로 공주의 미션계 학교인 영명학교에서 수학하게 된 것도 그런 아버지의 영향 때문이었다. 조병옥은 영명학교를 졸업한 후인 1911년 평양 숭실학교의 3학년에 편입, 2년만에 졸업하게 된다. 조병옥은 2년 동안의 평양 유학을 마치고 서울로 돌아올 때 미국 유학을 결심하게 되는데 그가 미국 유학을 결심하게 된 데에는 이승만의 영향이 컸다. 이승만은 미국 프린스턴 대학을 졸업하고 박사 학위를 받은 후 1911년에 귀국하여 YMCA 학생 총무 일을 보고 있었는데 조병옥에게는 "당시의 이승만 박사가 영웅으로 보였다"고 한다. 조병옥은 미국 유학에 필요한 영어 공부를 하면서 배재학당(연희전문학교의 전신) 에서 1년여 동안 시간강사로 한문과 대수를 가르치다가 21세가 되던 1914년 1월 미국으로 건너갔다.

1918년 펜실바니아 주 킹스턴 고등학교를 졸업한 후 조병옥은 콜럼비아대 문리대 경제학과 입학하여 1922년 학사 학위를 취득했다. 조병옥 자신은 이 대학에서 1923년 금융 재정학 석사 학위를 받은 후 1925년 「한국의 토지제도」라는 논문으로 철학 박사 학위를 받았다고 주장했지만, 미국의 저명한 한국 현대사 연구자인 커밍스(Bruce Cumings) 교수는 그의 저서에서 콜럼비아 대학교 동창회 사무소에는 이런 기록이 없다고 밝히고 있다.[1] 조병옥은 자신의 주장대로 한국 정치인들 사이에서는 세상을 뜰 때까지 이승만이 '이승만 박사'라는 호칭으로 불려졌던 것처럼 '조병옥 박사'로 통했다. 어떻든 조병옥은 콜럼비아 대학에 있었던 7년 동안 훗날 친미 반공주의자로서의 정치 철학과 소양을 닦았던 것 같다. 그 자신이 스스로 밝히고 있듯이 이 기간 동안 러시아인 경제학 교수 싱코비치의 개인 지도를 2년 동안 받으면서 "유물변증법은 일개 이데올로기에 지나지 않으며 혁명은 마땅히 부정되어야 함"을 깨달았고 공산주의에 대한 이론적 비판의 기반을 마련했다고 한다. 그 사이 조병옥은 약혼녀 노정면과 1920년 7월 뉴욕에서 결혼했다.

또, 조병옥은 미국 생활 초기에 안창호를 만나 감화되어 흥사단에 입단한 이래 콜럼비아 대학에 다니면서도 흥사단 활동을 하였고 한인회에서도 활동했다. 해방 이후의 그의 정치 성향을 이해하기 위해서는 흥사단 활동보다 뉴욕의 한인회에서의 그의 정치 활동이 더 중요하다. 그는 뉴욕 한인회 총무로서 당시 대한민국 임시정부 북미합중국 주재원으로 워싱턴에 있었던 이승만을 보좌하여 고국의 정치 사정과 소식을 한인 거류민들에게 알려주는 활동을 하면서, 동시에 미국 정부 각료와 정당 사회 단체 요인들에게 호소문 발송하는 등 외교 활동을 펴기도 했다. 뉴욕 한인회에서의 그의 정치 활동 경험은 외교 독립론을 빙자하여 한인 사회 내에서 파쟁을 일삼았던 이승만과 같은 노련한 정객으로부터 일찌기 현실 정치의 권모술수를 배우는 기회가 되었을 것이다.

---

1) Bruce Cumings, *The Origin of the Korean War*; 김자동 역, 『한국 전쟁의 기원』, 일월서각, 1986.

2. 신간회, 동우회 활동

조병옥은 대학원을 마친 후 미국에서 한인 명망가들과 정치 활동을 계속할 것인가, 아니면 귀국할 것인가의 선택의 문제로 고민한 끝에 후자 쪽으로 결심을 굳히고 1925년 8월 귀국하게 된다. 그는 귀국 후 연희전문 교수로서 경제학, 사회학을 가르치다가 권고 사퇴를 당하게 된다. 조병옥은 일본 맑시주의의 영향하에서 공부한 이순택(당시 연희전문학교 상과 과장), 백남운 교수 등과 반대 입장에서 강의를 했는데 이순택 교수를 반대하는 학생들이 동맹 휴학을 일으키게 되자 그 배후 인물로 주목되어 상과 과장의 직위를 탐내 학생들을 사주한 것이라는 불명예와 함께 사퇴를 당했다. 그는 연희전문대에서 축출된 후에는 YMCA 이사로 활동하면서 장로교의 청년층 신도들과 학생들을 모아 사조직을 꾸리면서 독립 운동을 위한 실력 배양을 역설하기도 했다.

1927년 3월 조병옥은 이상재, 김병노 등 비타협적 민족주의자 그룹과 공산주의 세력이 연대한 신간회의 경성지회 책임자 겸 중앙 본부의 재정 총무로 활동하던 중, 1929년 광주 학생 사건의 진상을 알리기 위해 민중 대회를 계획하다 일경에 발각되어 옥살이를 하게 된다. 신간회는 내부의 갈등과 일제의 탄압으로 1931년 5월 해체되었는데 조병옥은 "신간회가 해체된 것은 공산주의자들의 비열한 행동" 때문이라고 생각했으며 이 기간 동안 반공에 대한 신념을 더욱 강하게 갖게 되었다고 술회한 바 있다. 감옥에서 풀려나온 조병옥은 조선일보의 전무 겸 영업국장으로 8개월간 일했으나 경영 문제로 방응모 사장과 대립이 많아 그만두게 된다. 그 후 4년 동안 조병옥은 보인광업주식회사라는 광산업에 손을 대어 어느 정도 성공을 거두었다. 그러나 흥사단의 국내 지부인 수양동우회 사건으로 연루되어 1937년 가을부터 2년 동안 복역하는 사이에 광산은 다른 사람의 손에 넘어가고 말았으며 이후 조병옥은 생활고를 견디다 못해 낙향하여 지내던 중 해방을 맞이하였다.

3. 미군정 경무국장에 발탁된 한민당 총무

조병옥은 해방 직후 고향에서 상경하여 8월 16일부터 한민당 창당 작업에 몰두하게 된다. 친일 지주, 친일 관료 등 일제 시대 지배 계급을 기반으로 하여 국내의 보수적 명망가들과 구미 유학파들이 모여 조직된 한민당의 창당 작업을 하면서 조병옥은 한민당의 첫 사업은 민족 연합 전선체였던 "건준을 타도하는 것"이라고 믿었다.[2] 그는 심지어는 건준을 "여운형, 안재홍이 소련군의 지령을 받고 조직한 단체로 조선 총독과 정무총감의 협조를 얻어 일인의 재산과 생명을 보호할 것을 조건으로 총독부로부터 정권을 인수받으려 했다"고 호도하기까지 했다. 미군은 남한 진주 직후 군정 실시를 발표하였는데 해방 직후 설자리가 없었던 한민당은 기다렸다는 듯이 군정에 협력하기로 결정을 내리고 당시 집단 지도 체제였던 한민당의 8총무 가운데 한사람이었던 조병옥의 주도하에 미군 진주 환영회를 개최하기로 했다. 10월 20일 총독부 청사인 중앙청 앞 광장에서 열린 미군 환영회에 수십만 인파가 운집한 가운데 조병옥은 환영회 위원장 자격으로 환영사를 했으며, 통역은 그의 절친한 친구였던 창랑(滄浪) 장택상(張澤相 : 조병옥이 경무국장에 발탁된 후 수도경찰청장에 임명됨)이 맡았다. 이 환영회에서 조병옥은 이승만을 독립 운동의 상징으로 부각시키는데 큰 기여를 하였다. 환영회를 준비하는 과정에서 조병옥은 하지 주한 미군 사령관이 평민의 자격으로 환영회에 참여하는 이승만을 앞 좌석에 앉힐 수 없다고 하자 하지를 설득하여 이승만을 앞자리에 앉을 수 있게 했다. 조병옥은 자신이 환영사를 낭독하는 중에 "한국의 자유 독립의 상징인 백발 성성한 이승만 박사가 이 자리에 나와 계십니다."라고 이승만을 소개하고 "이 박사의 백발은 모진 풍상을 겪어가면서 조국의 광복만을 위하여 투쟁한 인생의 산 역사의 상징"이라고 찬양하였다. 그의 회고에 따르면 조병옥의 소개에 군중들은 이승만에게 우뢰와 같은 박수를 보내게 되었고 하지도 이 박수 소리에 압도되어 답사를 할 때 이승만을 소개하지 않을 수 없었다고 한다.[3] 이러

2) 조병옥, 『나의 회고록』, 해동출판사, 1986, 141쪽.

한 일화는 조병옥이 미국에서의 이승만과의 인연으로 해방 직후 국내에서 독립 투사로서 이승만을 알리고 상징 조작하는데 적지않이 기여했다는 것을 말해준다.

조병옥이 역사적으로 평가받아야 하는 까닭은 한민당의 평총무로서의 활동보다는 미군정의 최고 억압 기구인 군정 경찰 경무국장에 발탁되어 미군정의 이해와 한민당의 계급적 이해를 관철시키는데 있어 경찰력을 폭압적으로 활용했다는 데 있다. 조병옥은 자신의 목적 달성을 위해 악명 높은 친일 경찰 간부들을 좌익 타도라는 명분으로 군정 경찰 요직에 기용하였고 이들이 정부 수립 후에도 이승만의 권력 기반이 되었다. 다시 말하자면 조병옥은 해방 후 친일파 처벌이라는 민족적 과제의 실현을 가로막았던 핵심적 인물 가운데 한사람으로 평가받는 것이다.

조병옥에게 경무국장 취임 교섭이 들어온 것은 미군 진주 환영회 3일 전인 10월 17일이었다. 남한에 진주한 미군정에게 가장 시급했던 과제는 남한의 혁명적 조류를 막을 수 있는 경찰 기구를 급히 조직하는 일이었다. 10월 17일 오전 하지 중장의 고문인 윌리암스 대령은 한민당의 사무처였던 동아일보 사옥으로 송진우를 찾아와 한민당 수뇌부와의 요담 요청했으며 이날 밤 송진우의 자택에서 송진우, 원세훈, 조병옥 등과 회담하여 미군정 기구의 가장 중요한 자리인 경무국장 자리에 “반공 사상에 철저하고 군정에 협력할 인물”을 추천해달라는 하지 중장의 요구를 전했다. 다음날 조병옥은 송진우와 논의한 끝에 경무국장 자리를 맡기로 하고 곧장 당시 조선호텔에 있었던 미군 사령부로 가서 하지 중장에게 취임의 뜻을 밝혔다. 하지 중장은 조병옥의 취임의사를 듣고 조병옥에게 한민당을 탈당할 것을 권유했는데 조병옥은 탈당은 할 수 없지만 한민당의 총무직을 사임한다는 약속하에 경무국장에 취임하기로 했고 미군 환영회를 마친 다음 날인 10월 21일부터 정식으로 일을 시작했다.

조병옥은 경무국장으로 취임한 후 무엇보다 절실한 것은 한국 군사력을 대체할 수 있도록 경찰력을 강화하는 것이라고 생각했으며 양적인 규모의 면에

---

3) 조병옥, 앞의 책, 142쪽.

서나 조직 체계의 면에서 거의 군사 조직과 유사한 경찰 체계를 확립하는데 전력을 경주하였다. 그는 일제 시대 남북한 전체의 경찰 규모보다 더 큰 규모인 2만 5천 명으로 경찰 인원을 책정하고 그 병력을 군대 조직과 같이 사단제로 편성하였다. 그는 제주도를 포함한 각 도의 도청 소재지에는 경찰청을 설치하고, 각 시에는 경찰서, 각 읍·면에는 지서 등을 설치하여 계통적인 경찰망 조직을 형성하여 중앙에서 일사불란하게 통제할 수 있도록 경찰 편제를 조직하였고, 칼빈, M-1 소총 등의 경무기와 중화기 등으로 중무장하도록 했다. 이렇듯 강력한 미군정 경찰의 총수가 된 조병옥은 하지 주한 미군 사령관과 그 휘하의 미군정장관을 제외하고는 미군정 하에서 최고의 권력을 행사할 수 있는 한국인이 될 수 있었다.

조병옥은 이렇게 막강한 경찰력을 동원하여 해방 직후 자생적으로 조직되어 활동하고 있었던 건준, 인민위원회 등 민중 권력 기구를 분쇄하는데 결정적인 역할을 하였으며 자신의 표현대로 혁명 세력이 헤게모니를 가지고 있었던 당시의 상황에서 극우 세력을 육성하는데 큰 역할을 하였다. 이런 점에서 조병옥은 미군정 통치와 단정 수립의 1등 공신이라고 말할 수 있을 것이다. 조병옥은 자신이 학창 시절 미국 박사라고 하여 존경했었던 김규식까지도 신랄하게 비난하였으며 미군정이 좌우 합작을 모색하고 민족자주연맹을 영도하고 있었던 중간파 영수인 김규식을 한국 정계의 지도자로 등용시키려는 기미가 보이자 그 등장을 막으려고 전력을 기울이기도 했다. 미군정이 헤게모니가 약한 극우 세력 대신 김규식과 같은 우익 중간 세력을 정치 세력의 대안으로 고려하게 되자 조병옥은 이른바 『정치 요강』이라는 것을 기안하여 미군정 부처장 회의에 제안하였다. 그는 "군정의 총지휘자로서의 미군 제24군단 사령관인 하지 장군은 남한의 행정권을 제3자적인 입장에서가 아니라 한국의 사회적 현실에 비추어 행사해 달라. 이렇게 볼 때 중간 노선이라는 것은 도저히 있을 수 없다."고 말하고 시급한 군정의 행정 정책으로 군정의 국방력을 강화할 것, 판검사들의 반공 사상이 불철저함에 비추어 사법부를 반공 진영으로 재편성할 것, 각급 학교에 반공 교육을 실시할 것 등을 주장하였다.[4] 또, 조병옥은 미군정에게 극우 세력을 유일한 민족 세력이라고 내세우면서 민족 통일 전선과 좌우 합작을 모색했던 세력들을 반민족 세력으로 몰아붙였다. 그는 단독 정부 수립 세력만을 민족 진영이라고 주장하면서 이승만의 단선, 단독 정부 수립론을 찬양했다. 그런 점에서 조병옥은 민족 세력 내의 어떠한 연합 노력도 거부했던 비타협적 극우 정치인의 표본으로 평가받을 수 있을 것이다. 조병옥은 실제로 4 · 3 항쟁을 성공적으로 진압하고 폭압적인 군정 경찰과 극우 청년 단체를 동원하여, 5 · 10 선거를 가능하게 했던 대한민국 정부 수립의 1등 공신이기도 했다.

조병옥의 폭압적이고 파당적인 경찰력 남용은 종종 미군정 측을 당황시킬 정도였다. 미군정이 해방 후 우후죽순처럼 생겨난 청년 단체들의 해산을 명하면서 좌익 청년 단체들과 함께 테러를 일삼았던 서북 청년 단체의 해산을 요구하자 조병옥은 경찰력만으로는 좌익 세력을 타도할 수 없다고 주장하면서 해체를 중지시켰다. 미군정 기간 내내 극우 청년 단체들은 조병옥의 지휘하에 경찰과 함께 활동하였으며 이들 가운데 정부 수립 후에도 조병옥의 주변에서 행동대로 활동하다가 유명 정치인이 된 경우도 적지 않다. 오늘날까지 의혹의 여지가 많은 1946년 5월 정판사위조지폐 사건의 경우에도 조병옥은 미군방첩대 (CIC) 로 하여금 일절 손을 떼도록 하고 수도경찰청 (청장 : 장택상) 으로 하여금 수사를 담당케 했으며 극우적 성향의 검사들에게 사건을 맡겼다. 이 사건은 피의자들의 범죄 조작 주장과 공판 반대 투쟁으로 수도경찰청 기마대까지 출동한 가운데 공판이 이루어졌으며 중학생 1 명이 사살되었고, 방청을 요구했던 피의자 주변 인물들이 공판 방해 혐의로 50여 명이나 검거되었던 사법사상 잊혀지지 못할 사건이기도 했다. 그는 1946년 10월 항쟁 당시에도 경상북도 미군정장관이 보복 행위를 하는 경찰관을 체포하라는 명령을 내리자 '경찰의 사기가 저하되어 폭동을 진압할 수 없다'고 거부할 정도였다.

그러나 무엇보다도 미군정에 대한 조병옥의 두드러진 공헌은 10월 인민 항쟁에 대한 성공적인 진압과 단독 선거 반대 투쟁인 4 · 3 항쟁에 대한 진압일

4) 조병옥, 앞의 책, 174–175쪽.

것이다. 10월 항쟁은 단순히 좌익의 선동에 의해서가 아니라 친일 경찰을 비롯한 친일 관료들에 대한 민중들의 분노와 미군정의 실책에서 비롯된 것이었다. 10월 항쟁 이후 사태의 수습을 위해 열린 조미회담에 제출된 미군정 경찰의 책임자 맥글린(W. Mcglin) 대령의 보고서에 의하면, 1946년 말 현재 미군정 경찰 간부직에 재직 중인 사람들 가운데 친일 경찰은 무려 82%나 되었는데 이는 조병옥이 경찰의 충원을 친일 경찰을 주축으로 했다는 것을 뒷받침해 준다. 조미회담에서 조병옥의 과오가 드러나고 조병옥의 파면까지 건의되자 조병옥은 그 유명한 PRO-Jap과 PRO-Job의 궤변으로 친일 경찰들을 두둔하고 나서게 된다. 조병옥은 "경무부의 인사 방침은 고의로 자기의 영달을 위하여 민족운동을 방해하였고 민족 운동가를 살해한 자, 소위 'Pro-Jap'(적극적인 친일 분자) 이외에는 일반 경찰에 전직 경험이 있는 경찰관 출신 자를 'Pro-Job'(부득이 살기 위해 친일한 자)으로 인정하고 등용하는 것"이라고 했다. 조병옥의 논리에 의하면, 많은 조선인들이 일제 하에서 경찰이나 관료를 지냈지만 그들은 단순히 직업을 수행했을 뿐이므로 일반 경찰에 전직 경험이 있는 경찰관 출신들을 Pro-Job으로 인정하고 국립 경찰관으로 등용해도 된다는 것이었다. 또 조병옥은 조미회담에 참석했던 여운형과 김규식에 대해서도 근거 없는 친일 경력을 들먹여 친일파 처벌의 명분을 묵살했다. 조병옥은 그 회담 석상에서 여운형, 안재홍 두 사람에게 "조선 총독에게 불려가 소위 대동아 전쟁에 협력할 것과 황국 신민이 되겠다고 맹세한 것을 기억하고 있읍니까? 매일신보에 실린 담화와 논문과 사진들이 있으니 자세히 들여다보시오." 라며 인신공격을 하였고 김규식에게도 "선생님은 내가 1년 동안 배제전문학교에서 배운 까닭에 사제지간입니다. 그래서 임정 요인들 중에서 가장 존경하였는데 해방 후 국내의 정치 활동을 볼 것 같으면 좌도 아니고 우도 아닌 중간 노선을 걷는다고 하여 한국민의 노선을 애매하게 하고 혼란을 일으키게 만들고 있읍니다. 선생의 자제는 일제 때 무엇을 하였습니까? 일제 때 상해에서 일본 해군의 스파이로 8년간 활약한 책임을 어떻게 하시려고 하십니까?"라고 맹렬하게 인신 공격을 하였다. 조병옥은 자신의 이러한 행동의 목적은 단순히 친일파 처벌에 반대하는데 있었을 뿐 만 아니라 미군정이 당시 민족자주연맹을 이끌고 있는 중간파의 영수 김규식을 한국 정치계의 영도자로 등용시키려는 계획을 가지고 있었기 때문에 대책을 강구하지 않을 수 없었다고 회고했다.[5)]

조미공동회담은 폐막되면서 친일 경찰 처벌과 함께 조병옥 경무부장의 파면을 요구했지만 아무것도 실현되지 못했다. 미군정의 공식 제스츄어가 어떠했든 간에 미군정은 혁명 세력과 좌익 세력을 타도하기 위해서는 친일 경찰 기술자들을 활용해야 한다는 조병옥의 입장을 지지했던 것이다.

10월 항쟁의 성공적인 진압 못지않게 중요한 조병옥의 미군정에 대한 공헌은 5 · 10 선거에서의 활약이다. 1947년 가을 제2차미소공위가 결렬되자 미군정은 조선 문제를 UN에 이관하여 사실상 남한만의 단독 선거를 강행하기로 한다. 그러나 당시 미군방첩대 (CIC) 의 방대한 정보에 의하면 한국 사람들 중 상당수가 통일 정부의 수립을 갈망하고 있고 단독 선거에 반대하고 있었기 때문에 도저히 선거를 실시할 수 없는 상황이었다. 그러나 조병옥이 이끄는 군정 경찰은 국방경비대, 우익 청년 단체와 함께 5 · 10 선거에 반대하여 전국적으로 발생한 파업과 제주도 4 · 3 항쟁을 진압하고, 5 · 10 선거를 강행할 수 있게 하였다. 또 조병옥은 선거를 강행하기 위해서는 2만 5천 명의 국립경찰만으로는 불가능하다고 생각하고 100만 명 규모의 보조 경찰제를 조직했다. 하지는 그러한 조직을 만들 경우 미군정이 경찰 국가라고 용인 받게 되기 때문에 미국무성이 승인하지 않을 것이라고 난색을 표명했지만, 조병옥은 계획을 포기하지 않고 각 군현 지방 단위에 군정 경찰의 보조 단체로서 향보단(鄕保團) 을 조직하여 5 · 10 선거에서 활용하였다. 이 조직은 각 지역에 55세 이하의 청장년 층을 경찰관과 협력할 수 있도록 조직한 것으로 5 · 10 선거에서 민간 선전 고무 활동을 했으며 같은 해 5월 22일 해체되었다.

1948년 3 · 1절 행사에 대한 경찰의 무차별 발포로 촉발된 제주도 4 · 3 항쟁이 인민유격대 사령관 김달삼(金達三)의 지휘하에 무장 항쟁으로 발전하

5) 조병옥, 앞의 책, 174쪽.

게 되자 군정 경무부에서는 각 도 경찰청에서 1개 중대의 경찰력 1,700 명을 동원하여 제주도에 급파하였으며, 서북청년단 등 우익 청년 단체 대원들로 토벌대를 편성하여 진압 병력을 강화했다. 5월 5일에는 미군정장관 딘 소장은 군정청 고위 간부들을 인솔하여 직접 제주도를 방문, 긴급 비밀 대책 회의를 개최했다. 그러나 이 대책 회의는 경찰의 과잉 진압이 사태 악화의 원인이라고 주장하는 경비대의 입장과 강경 진압만이 유일한 해결책이라고 주장하는 조병옥 간의 의견 충돌로 결렬되고 말았다. 실제로 당시 제주도 주둔 국방경비대 제9연대 연대장 김익렬(金益烈)과 유격대장 김달삼 사이에는 평화 회담이 성사되어 한라산에 머무르고 있던 민중들이 귀순 중이었으나 군정 경찰은 이 합의를 무시하고 귀순자들을 향해 무차별 공격을 감행했다. 당시 국방경비대 제9연대 연대장 김익렬은 이를 '조병옥을 비롯한 군정 경찰이 폭동을 조장 확대하려는 치밀한 음모'를 가지고 있다고 말할 정도로 조병옥은 초강경 유혈 진압만을 고수했다.[6] 결국 미군정은 제9연대 연대장을 교체하고 곧바로 강경 진압 방침을 결정했다. 유혈적인 강경 진압 방침에 따라 항쟁은 장기화되었고 1948년 8월 15일 대한민국 정부가 수립된 이후에도 경찰을 중심으로 한 토벌 작전은 계속되었으며 1949년 4월경에 가서야 항쟁은 거의 진압되었다. 4·3 항쟁에 대한 진압 과정에서 경찰은 한라산 주변의 대부분의 부락을 초토화하였으며 주민에 대한 대량 살상을 감행하였다.

1948년 대한민국 정부가 수립된 직후인 8월 24일 주한 미군 사령관인 하지 중장이 떠나게 되자 정부 요인들이 환송회를 개최하였는데 이 자리에서 하지 중장은 미군정에서의 자신의 공적은 전적으로 군정 경무부장인 조병옥의 덕이었다고 찬사를 아끼지 않았으며 미군 사령관 3년간 재직 기간 중 중간파와 일부 민족 진영에서 4만 8천 통에 이르는 조병옥 비난 투서를 받았으나 그의 신뢰감은 흔들리지 않았었다는 말을 남겼다.[7] 5·10 선거에서 조병옥의 활약상은 하지의 조병옥에 대한 이러한 신뢰감을 더욱 깊게 해준 계기가 되었

---

6) 김익렬, 『유언 '4.3의 진실' : 귀순 방해 공작』, 제주신문, 1989년 9월 8일-9일자.

7) 조병옥, 앞의 책, 194쪽.

을 것이다.

4. 집권 세력에 타협적인 야당 투사

정부 수립 후 조병옥은 대통령 특사로 임명되었다. 여기에는 평소 외교 노선을 중시해온 이승만이 남한 단정 수립으로 인한 정통성의 부재를 외교를 통해 만회하려고 했던 점도 작용했지만, 이와 함께 미군정 하에서 최고의 권력을 행사했던 조병옥을 정권의 핵심에서 점차 배제하려는 이승만의 숨은 의도도 작용했다. 이승만은 해방 정국에서는 변혁 세력 타도라는 우익 진영 공동의 목표 때문에 조병옥과 이해 관계를 같이 했을지라도 미군정 하에서 무소불위의 권력을 이용해 자신의 정치 기반을 다져온 조병옥은 이승만에게 뜨거운 감자와도 같은 존재였다. 이승만은 변혁 세력 타도라는 공동의 목적이 어느 정도 달성되자 자기 사람으로 자신의 권력 기반을 강화하려 했기 때문에 정부 수립 후 조각에서 조병옥과 같은 한민당 계열의 거물급 인물을 거의 배제하였다.

대통령 특사에 임명된 후 조병옥은 자신과 김우상, 정일형 등과 함께 대통령 특사단을 구성하고 1948년 9월 6일부터 일본, 대만, 필리핀, 미국 등 7개국을 방문한 후 1948년 10월 초 제3회 국제연합 총회가 열리고 있는 파리에 도착했다. 여기에서 그는 정부 승인을 받기 위해 유엔 한국 대표단의 정치 고문으로 맹활약하여 1948년 12월 12일 48 : 6으로 제3차 국제연합 총회에서 대한민국 정부를 승인하게 하였다.

대한민국 정부 승인을 성사시킨 후에도 이승만은 조병옥에게 외교관으로 계속 활동할 것을 종용했으나 국내 정치 활동에 관심있었던 그는 곧장 귀국했다. 그가 귀국하자 이승만은 1949년 1월 국회 부의장을 통해 문교부장관 취임을 제안했지만 조병옥은 2월 중순 직접 경무대 방문하여 이승만을 만나 '주색 풍류객'으로 소문난 자신에게 문교부장관 자리는 부적절하다고 거절하고 내무부장관 자리나 국방부장관 자리를 요구했다.

그러나 조병옥은 자신의 이러한 요구가 받아들여지지 않자 이승만에게 '남침 위협과 군사 원조의 필요성'을 주장하고 다시 미국 정부에 군사 원조 교섭 위한 특사로 보내달라고 요구하여 군사 원조를 위한 대통령 특사 및 유엔 한국 대표단의 특명 전권 대사로에 임명되어 1949년 3월 다시 미국으로 떠나게 된다. 조병옥은 군사 원조에 관한 자료를 수집한 후 1949년 3월 초 미국으로 출발, 이승만의 이름으로 된 군사 원조 요청서를 미국 정부에 제출하고 뉴욕 타임즈사를 방문하여 "만약 미국의 대한 군사 원조가 없게 되면 한국은 공산화된다"는 요지의 회견을 하였다. 그의 극우 반공 논리가 일조했는지는 모르지만 한국 정부는 미국으로부터 1억 3천만 불에 상당하는 군사 원조를 받게 되었고 조병옥은 그해 말 귀국하였다.

귀국 이후에 조병옥은 권력의 핵심부에 들어가려는 시도를 포기하였는지 1950 5·30 총선에 출마할 것을 결심, 성북구에서 혁신 계열의 조소앙과 대결하게 된다. 나비타이를 멘 서구적 복장에 화려한 외모로 유권자들 앞에 선 조병옥은 반공 노선을 강조하면서 "단선 단정에 반대하고 북한에 갔다 온 자를 국회에 보낸다면 대한민국의 존립은 위험한 궁지에 빠지게 된다"고 극우 논리로 지지를 호소했다. 그러나 1950년 5월 30일 제2대 국회의원 선거에서 조병옥은 혁신 계열의 조소앙에게 무려 30-40만 표 차이로 참패하였는데 이는 단정 수립과 극우 세력의 정치 행태를 비판적으로 보고있었던 당시의 여론의 심판으로 볼 수 있을 것이다.

선거에 패배하여 낙담해 있던 중 6·25가 발발하자 조병옥은 대전으로 피난하여 민주국민당, 국민회, 부인회, 대한청년회 등 우익 단체를 끌어들여 '구국총력연맹'을 결성하였다. 7월 14일 이승만은 대전 시청에서 임시 국무위원들 및 정부 요인들 소집, 전국평정회를 개최하고 조병옥에게 내무부장관 취임을 요청했다. 이승만이 조병옥의 몇 번의 시도에도 불구하고 권력 핵심부에의 등용을 거부하다가 새삼스럽게 내무부장관 자리를 내준 것은 미군정 하에서처럼 극우 세력의 결집과 육성에 탁월한 수완을 발휘하였던 조병옥에게 미국의 지원과 전시하 우익 세력의 단결을 기대했기 때문이다. 이로써 조병옥은 권력의 핵심부로의 정치적 진출이 보장될 것으로 기대했다. 그러나 그의 희망은 1951년 2월 11일 거창 양민 학살 사건이 발생하여 좌절되고 만다. 그는 이 사건을 계기로 정권의 내부에서 자신과 갈등 관계에 있었던 신성모(당시 국방장관)를 축출하기 위한 수단으로 사건의 진상을 조사, 처리하고자 했으나 이승만은 "정부의 장관들이 협력하지 않은 까닭에 대한민국의 체면이 국제적으로 손상되었다"는 이유를 들어 조병옥을 비롯하여 3부 장관을 해임하였다. 여기에는 물론 이승만의 조병옥의 권력 강화에 대한 견제 심리가 작용했을 것으로 보인다. 이승만은 조병옥이 다음 선거를 위하여 경찰과 민정 행정 당국을 한민당 사람으로 바꾸어 놓았다고 생각했으며 특히 당시 미국 대사인 무쵸와 조병옥의 친근 관계를 불안한 눈으로 보고 있었다.

조병옥은 내무장관에서 축출되자 대립보다는 타협과 인정의 대상으로 인식해왔던 이승만과의 관계를 근본적으로 재고한 듯이 보인다. 자신의 실력 과시와 충성에도 불구하고 자신을 권력의 핵심에서 배제하려는 이승만의 의도가 명확히 드러났기 때문이다. 조병옥은 노선이나 이념의 측면에서는 이승만과 부딪칠 이유가 전혀 없었지만 늙은 이승만은 후계자를 물색하기보다 영구 집권을 꿈꾸고 있었고, 게다가 미군정 하에서 최고의 권력을 휘둘렀던 조병옥은 이승만의 단순한 권력의 하수인으로 만족할 수는 없었기 때문에 두 사람의 결별은 불가피했다. 최고의 권력은 그 속성상 공유되거나 분점될 수 있는 것이 아니었기 때문에 조병옥은 원치 않더라도 이승만의 정적이 될 수밖에 없었다.

내무장관 사임 후 조병옥은 "한국의 민주주의를 정착시키는 일은 언론 창달을 위한 국민 계몽에 있다"고 주장하고 "관권에 대항하고 민권을 신장한다"는 명분 하에 주식회사 홍문사라는 출판사를 경영, 월간 잡지 『자유세계』를 창간하여 자칭 민권 신장 운동이라 부르면서 정치적 재기를 위해 안간힘을 썼다. 또 조병옥은 내무장관 직을 사임한 후부터 민국당과 깊은 관계를 유지하게 되었다. 1949 초 김성수계의 극우 보수 진영의 한국민주당은 임정계의 신익희, 지청천 등 대한국민당과 합당하여 민주국민당으로 통합되어 있었는데, 민국당 사무총장이 된 조병옥은 당의 중흥을 위해 내각제 개헌안을 제시했으나 1952년 5·26 부산 정치 파동으로 무산된다. 7월 4일 소위 발췌 개헌안이 통과되고 개정된 헌법에 따라 8월 5일 선거가 실시되게 되자 자유당에서는 대통령 후보에 이승만, 부통령 후보에 이범석을 내세웠고 국민당에서는 이시영을 대통령 후보로, 조병옥을 부통령 후보로 내세웠으나 예상대로 조병옥은 낙선했다.

선거에서 패배한 후 조병옥은 1953년 6월 18일 휴전 협정에서 정부가 북한 반공 포로의 석방을 공포하자 그의 철저한 극우 반공 논리와 친미 성향을 증명이나 하듯이 "정부가 유엔 당국과 절충도 없이 결정하게 되면 미국과 유엔과의 외교 관계를 약화시킬 우려가 있다"고 하면서 반대 성명을 발표하였다. 그러나 조병옥은 1953년 6월 24일 밤 테러를 당해 중상을 입고 다음 날 헌병 총사령부에 끌려간 후 육군 형무소에 수감되어 치안국으로부터 파견된 경찰관에 의해 조봉암과 함께 대통령 암살 사건을 음모하였다고 심문 받기도 했다. 27일만에 이승만의 명령으로 불기소 석방되기는 하였지만 조병옥은 반공 투쟁에 분투해왔던 자신에 대한 자유당 정권의 박해와 자신을 폭행한 폭도들을 방치해두는 치안 책임자들의 무성의한 태도에 대한 분노를 참지 못해 정계로부터 영원히 은퇴한다는 성명을 발표하였다. 역설적이게도 조병옥은 미군정 하에서 군정 경찰의 총수로서 자신이 지휘했던 것과 같은 폭압을 몸소 겪게 된 것이다.

석방 후 조병옥은 건강이 회복되자 5·20 민의원 선거에서 대구 을구에 출마, 압도적으로 당선되었다. 선거 유세 중에 조병옥은 국민 주권 옹호와 민주주의 소생, 민생 문제 해결, 경찰의 정치적 중립화 등을 부르짖어 인기를 누렸으며 민의원에 당선된 후 민국당을 강화하려는 방안으로 신당 발족을 위한 특별위원회 구성을 추진하였다. 그런데 조병옥은 신당을 발기하는 과정에서 조봉암의 입당이 제기되자 그 특유의 극우 반공 논리와 자유당 정권에 대한 타협적인 태도를 표명하게 된다. 당시 민국당 내에서는 신당이 야당 세력의 총집결체으로서의 의미를 가지려면 조봉암을 신당에 입당시켜야 한다는 의견이 많았으나 조병옥은 조봉암이 공산주의자라는 이유로 극력 반대하였고 결국 조봉암의 입당 문제는 당 간부 회의에서 거부되고 말았다.

조병옥의 신당 추진 운동은 1955년 9월 18일 민국당을 해소하고 민주당을 결성했다. 민주당은 지도 운영 기관으로서 최고 위원 5 명을 선출하였는데 대표 최고위원에는 신익희가 당선되었고 최고 위원에 장면, 백남훈, 곽상훈, 조병옥 등 4인이 선출되었다. 1956년 제3대 정부통령 선거에서는 대통령 후보에 신익희가 지명되었으나 부통령 후보 문제는 조병옥을 중심으로 한 구파 민국당계와 장면을 중심으로로 한 신파(비민국당계)의 갈등으로 난관을 겪다가 조병옥이 포기함으로써 부통령 후보에 장면이 결정되었다. 그러나 신익희가 한강 백사장 정견 발표회가 끝난 후 심장마비로 급졸하게되자 신익희 사망 이후 공석이 된 대표 최고위원을 선출하는 문제를 둘러싸고 민주당 내의 신파, 구파 간의 갈등이 다시 표면화되었다. 이 싸움에서 신파, 구파가 표 대결을 벌인 결과 구파가 승리하여 조병옥이 대표 최고위원에 당선되기는 하였으나 조병옥은 신파의 거센 반발을 받아서 최고 대표위원직 수락을 유보하기도 했다.

3대 국회가 말기에 접어들자 자유당은 다음 선거를 위해 언론 통제 조항을 포함한 민의원 선거법을 개정하려 했다. 조병옥은 이기붕을 만나 비밀 협상을 벌였고 '조 · 이 밀약설'이 난무하는 가운데 협상 선거법을 통과시키기로 결정하였다. 그러나 조병옥은 이 선거법을 통과시키는 국회에 술에 취한 상태로 참석한 것이 문제가 되어 언론의 비난을 받고 결국 대표 최고위원직을 중도에서 사임하게 되었다. 이처럼 조병옥은 자유당 정권을 자신과 적대 관계에 있는, 타도해야 할 대상으로 생각하지 않고 협조나 타협을 통해 정권을 인수해야 할 대상으로 인식했기 때문에 자유당 내의 온건파들 중에는 조병옥을 이승만의 후계자로 인정하는 사람이 많았다. 자유당의 2인자인 이기붕조차도 "이승만의 후계자는 유석이어야 한다."는 말을 자주 했다고 한다.[8] 즉, 조병옥은 원치 않게 우익 진영 내부의 권력투쟁 과정에서 이승만과 반대편에 서게 되었지만 항상 이승만과의 타협의 가능성에 미련을 가졌던 것 같다. 조병옥은 1959년 가을 대통령 후보 지명 대회에서 신파의 장면을 어렵게 이기고 대통

8) 김무용, 「조병옥의 친미 반공 노선과 극우 테러」, 『역사비평』, 1989년 여름호.

령 후보에 선출되었으나 건강의 급격한 악화로 1960년 1월 29일 치병차 도미하게 되며, 3·15 대통령 선거 한달 전인 1960년 2월 15일 미국에서 급졸하였다. 조병옥의 화려한 인생은 자신의 출세만 보장되면 어떠한 현실과도 쉽게 결합하는 인간 유형의 전형을 보여준다.

<참고 문헌>

*조병옥, 『나의 회고록』, 민교사, 1959 ; 해동 출판사에서 재출판, 1986.

*김무용, 「조병옥의 친미 반공 노선과 극우 테러」, 『역사비평』, 1989년 여름호.

*Bruce Cumings, *The Origin of the Korean War* ; 김자동 역, 『한국 전쟁의 기원』, 일월서각, 1986.

*서울신문, 1946년 10월 30일, 31일자에 실린 10월 항쟁에 대한 조병옥의 담화문.

*서울신문, 1946년 12월 8일자에 실린 장택상의 성명서.

*서울신문, 1946년 12월 2일자에 실린 최능진의 성명서.

*서울신문, 1946년 11월 19일자, 조미 공동 소요 대책위원회에 관한 기사.

*동아일보, 1946년 11월 19일자, 조미 공동 소요 대책위원회에 관한 기사.

*김익렬, 『유언 '4.3의 진실' : 귀순 방해 공작』, 제주신문, 1989년 9월 8일-9일자.

*경무부 경찰 교육국, 『민주 경찰』, 1, 2권, 1947-1948.

*김두한, 『피로 물들인 건국 전야』 (김두한 회고기), 대한공로사, 1963.

*경향신문, 1977년 2월 10일-6월 10일, 군정 경찰 특집에 관한 기사.

제2장 미군정청 군사 고문 이응준(李應俊 1890-1992)
— 군국주의 정신 투철한 일본군 대좌에서 창군의 최고 주역으로

*창씨명 : 香山武俊

*1890년 평남 안주(安州)출생 / 1912년 일본 육사 입학 / 1945년 해방 당시 일본군 육군 대좌로 원산 기지 사령부 수송관 / 1945년 해방 후 미군정청 군사 고문 / 1948년 정부 수립 후 초대 육군 참모총장 / 1955년 체신부장관

1. 미군정의 점령 정책과 창군

미군정 하 한국군 창설의 주된 골간이 일본군 및 만주군 출신이라는 것은 널리 알려진 사실이다. 일제하 독립 투쟁이나 항일 무장 투쟁의 맥을 잇는 독립군이 새로 수립될 민족 국가의 창군의 주역이 되는 것이 마땅하였지만 그것은 전혀 실현되지 못했으며, 역사의 흐름은 오히려 그 반대로 나타났다. 그 이유는 말할 것도 없이 통일 민족 국가의 수립이 좌절되고 민족의 자주 국방을 위한 의지에 의해 군대가 창설된 것이 아니라 해방 후 남한 지역에 성립된 미군정이 자신들의 한반도 점령 정책을 효과적으로 실현하고 남한에서 대소방파제를 구축하기 위해 미국의 필요에 의해 조급하게 군대가 창설되었기 때문이

다. 해방 후 남한 군대 창설의 주역이 되어 한국 전쟁에서 활약하고 그 이후 박정희 정권이 몰락할 때까지 한국 군대와 한국 정치를 주름잡았던 구군부 세력은 해방 이전 일본 제국주의에 봉사했던 일본군과 만주군 출신들이었다.

2. 일본 육사 출신의 조선인 대좌

미군정 하에서 이들 일본군 장교 출신들을 창군의 주역으로 성장하게 하는데 기여한 핵심적인 인물이 바로 이응준이다. 해방 당시 50대의 중견급 군장교로서 한국군의 모태인 미군정의 국방경비대 창설에 참여했던 일본군 장교들은 대부분 일본 육사 제26기생과 27기생들이었다. 한국군 내부의 친일 인맥을 살펴보기 위해 잠시 일본 육사 출신들의 계보를 살펴보기로 하자.

일본 육사 제 26기생과 제 27기생 총 33 명의 유학 경위는 그 이전의 한말의 육사 유학생들 육사 출신들과 달랐다. 최초의 육사 입교자인 박유굉(朴裕宏,1883년 입교한 구 일본 육사의 마지막 졸업생인 제11기생, 1884년부터 입교한 사람들은 육사 관제 개혁으로 신 일본 육사 사관 후보생 제1기로 출발하게 된다.)의 경우처럼 개화 사상과 개화 세력의 후원 하에서 부국 강병과 새로운 군사기술을 익히기 위해 유학을 가기도 했고, 노백린(盧伯麟)과 같이 입교한 제11기생들의 경우처럼 갑오개혁 후 개화파 정부의 정책 방침과 후원에 의해(그러나 이들 중 몇 사람은 러일전쟁의 와중에서 개화파 친일 정권이 무너지게 됨에 따라 처형되기도 하였다) 유학을 떠나기도 했다. 이갑(李甲), 유동열(柳東說) 등과 함께 1902년 12월 육사에 입교한 제 15기생들은 고국에 귀국한 후 구한국 정부의 각 요직에 등용되어 조국을 위해 일하였다. 일본 육사 출신이라고 하여 모두 친일파라고 할 수 없는 역사적 맥락이 바로 여기에 있는 것이다. 이와 같이 한일합방 이전에는 일본 육사에 입교한 동기나 경위가 다양했고 따라서 일본 육사 출신이라고 하여 무조건 친일 분자라고 보는 것은 잘못이다. 그러나 1907년 여름 군대가 해산되고 1910년 한일합방이 되자 이미 주권을 상실해 버린 상태에서 일본 육사에 입교하는 것은 더이상 부국 강병과 신식 군사 기술 습득이라는 순수한 동기로 정당화될 수가 없게 되었다. 1907년 군대 해산 후 통감부는 구한국 정부의 군부와 무관학교를 폐지하고 사관 양성을 일본 정부에 위임하게 하였다. 이에 따라 당시 무관학교의 1, 2학년 재학생들 중 44 명을 선발하여 일본에 유학시켰는데 이들이 후일 육사 제26기생과 제27기생이 되었다.

이응준은 1890년 평남 안주에서 태어나 다른 육사 제26기생들과 마찬가지로 1912년 12월 육사에 입교하였으며 1914년 5월에 졸업했다. 대한제국 군대의 유복자들로 불려지는, 장차 일본 육사 제26기생과 제27기생이 될, 이들 유학생들과 함께 이응준은 육사의 예비 과정에 해당하는 동경 중앙유년학교 (1920년 육사 예과로 개편되었으며 1937년 육군 예과 사관학교로 독립됨) 에 입학하였는데 그의 입교 당시 교장은 나중에 장군이 되어 조선 파견대 사령관을 지냈던 구노오 (久能司) 대좌였으며, 그가 재학하던 당시 담당 구대장은 1945년 일제의 항복 당시 육군 대신이 되었던 아나미 (阿南 惟幾) 중위였다. 이응준은 유년학교의 예과 과정을 밟고 있던 중에 한일 합방을 맞게 되었다.

대한제국 무관학교 재학 시절 노백린 교장의 영향으로 국권 회복과 부국강병의 뜻을 품고 유학 생활을 보내고 있었던 유학생들은 이제부터 조국을 위해서가 아니라 일본 제국 군대의 간성이 되어야 할 자신들의 미래와 합병 소식에 비분 강개하여 요꼬하마에 있는 어느 요정 (혹은 아오야마 묘지에서 비밀 집회를 가졌다고 말하는 사람도 있음) 에 모여 거취 문제를 토론하였다고 한다. 그 모임에서 전원 퇴학하여 귀국하자는 주장과 집단 자결을 하자는 의견도 나왔지만 그들은 당시 연장자였던 지석규 (池錫奎, 후일 상해 임시정부의 광복군을 조직하여 독립투쟁을 했던 이청천(李青天)장군의 본명) 의 주장에 따라 이왕 군사 교육을 배우러 온 것이니 배울 것은 끝까지 다 배운 다음 장차 중위가 되는 날 일제히 군복을 벗어던지고 조국 광복을 위해 총궐기하기로 다짐하였다. 이러한 행동 방침은 다음해 육사에 유학 중이던 청나라 학생들이 중국에서 신해 혁명이 일어나자 전원 퇴교하였던 것과는 대조적이다. 당시 2, 3 명의 조선인 유학생들이 학교를 그만두었으며 후일 그 날의 다짐대로 유학을 마친 후 조국 광복과 독립 운동에 뛰어든 경우는 지석규의 경우처럼 극소수였다. 이들 유학생들의 정신적 동요를 눈치 챈 학교측은 생도대를 통해 조선인 유학생들을 비밀리에 내사하면서 한편으로 합병과 동시에 조선인 유학생들을 일본인 학생과 같이 취급할 것이며 장차 일본군의 간부로서 중용할 것이라는 회유책으로 유혹하였다. 실제 그들은 나중에 대부분 일본군의 간성으로서 일제의 군국주의 전쟁과 조선 지배에 헌신하였다. 제26기생과 제27기생 중에는 조선인으로는 유일하게 중장까지 승진하여 종전 이후 전범으로 처형당했던 홍사익이 포함되어 있으며 해방 후 한국군의 핵심 인물이었던 신태연(申泰英)과 김석원(金錫源)이 포함되어 있다.

육사 제26기생 13명은 1912년 5월 유년학교를 졸업하고 사관 후보생으로 전국 각 부대에 배치되었는데 이들은 조선인인 까닭에 대부분 일본 내지의 오지에서 근무하게 되었지만 보병 3연대에 배속된 이응준은 홍사익과 함께 보기 드물게 동경에 근무하게 되었다. 이응준은 여기서 6개월 동안의 부대 근무를 마치고 다시 육사에 진학하여 1년 6개월간 군사학을 공부했다. 그가 육사에 재학할 당시 생도대 구대장은 제2차 세계대전 중 조선군 사령관을 지낼 정도로 유력한 인물이었으며 이응준은 해방 후 제3공화국 때까지도 이러한 친일 인맥을 바탕으로 주한 일본 대사 등과 가까이 지냈다고 알려져 있다.

1차대전이 발발하자 이응준은 육사 졸업 후인 1918년 9월 최초의 일본군 출정 부대를 따라 블라디보스톡으로 파견되었으며 대부분의 동료 조선인 장교들도 참전 장교로서 소속 부대를 따라 시베리아로 출정하였다. 일제의 침략전쟁의 일선에 조선인 장교들이 동원되어 가던 무렵 국내에서 1919년 3·1 운동이 일어나자 지석규 등 몇 사람은 일군 부대를 탈출하여 독립 운동에 나서게 되었고 합병 당시의 약속대로 중위로 예편하는 사람들도 있었다. 육사 출신으로서 독립 운동에 가담한 경우는 이응준의 동기인 지석규 이전에도 있었다. 제11기생인 노백린과 김희선은 대한민국 임시정부 국무원 개각시 군무총장과 차장에 추대되었으며 제15기생인 유동열은 임시정부의 참모총장이 되었다. 제15기생이던 이갑 또한 독립 운동을 할 수 있는 재목으로 주목받았지만

3·1 운동이 일어나기 2년 전 노령 니콜리스크에서 병사했기 때문에 임시정부에 가담하지 못했다.

1920년대 초에 후 이응준은 나머지 동기생들 대부분과 마찬가지로 조선군 사령부 예하 제19사단(함북 나남)과 제20사단(서울 용산)에 전속되어 조선으로 돌아왔으며, 20년대 중반에 대위로 승진, 1930년대 중반에 소좌로 승진되었다. 1937년 중일 전쟁이 발발할 당시 이응준은 보병 40여단 예하 보병 79연대(용산 소재)에 소속되어 조선에서 계속 일본군의 장교 생활을 계속했다. 이 무렵 육사 졸업생들은 김석원의 경우처럼 북중국에 동원되어 중일 전쟁에서 이름을 날리기도 했지만 대다수는 전국 각 중학교에 군사 교련 교관으로 배속되어 조선인 학생들에게 군국주의 정신과 군사 기술을 교육하는 역할을 하였다. 이응준은 자신과 동기생들인 현역 장교들과 마찬가지로 1930년대 말에 중좌로 진급하였으며 제2차 세계대전 말기에는 대좌로 승진하여 원산 기지 사령부 수송관을 맡았다.

일본 육사 출신으로 대좌까지 진급하여 해방될 때까지 일본군에 복무한 한국인 장교들 가운데 일본군에서 가장 활약이 컸던 사람으로는 김석원과 함께 이응준이 손꼽힌다. 이들 두 사람은 러시아 10월 혁명 후 일본군의 시베리아 출병에 참전한 것을 비롯하여 1931년 만주 사변과, 1937년 중일 전쟁에도 출정하였다. 이들이 이끄는 소속 부대가 맞싸웠던 러시아 적군이나 중국군에는 홍범도, 김좌진, 이청천 등 독립군들뿐만 아니라 조선인 항일 무장 투쟁 부대가 들어 있었음은 말할 것도 없다. 그러나 김석원이 직접 전투 부대 지휘관으로 이름을 날렸던 것과 달리 이응준은 주로 지원 부대나 고급 사령부 요원으로 근무했다.

3. 가족 군인의 전형

이응준은 일본군 장교로서의 화려한 경력뿐만 아니라 군인 가족으로서 가족 배경 또한 특기할 만 하다. 이응준의 장인은 구 일본 육사를 마친 후 대한제국 군대에서 활동하다가 군대가 해산되자 만주, 시베리아로 망명하여 이동휘(李東輝), 이동녕(李東寧) 등과 함께 독립 운동을 했던 이갑이다. 그는 1917년 6월 시베리아에서 41세를 일기로 세상을 떠났다. 이응준은 17세 때에 평남 안주에서 무작정 상경하여 당시 조선군 훈련원장인 노백린 정령(대령) 집에 잠시 머물 때 이갑의 눈에 들었다.

그 후 이응준은 이갑의 집에 입주하여 학교를 다니게 되었다. 이갑은 시베리아에서 숨을 거두면서 이미 일본군 장교가 되어 있는 이응준에게 자신의 외동딸을 맡긴다는 유언을 남겼다. 이응준은 육군 대신의 사전 승인을 얻어 결혼을 하게 되어 있는 일본군 장교의 관례를 깨고 이갑의 유언대로 그의 외동딸과 결혼하였다. 그의 맏사위 이형근(李亨根)은 일본 육사 제56기로 해방 직전 일본군 소좌까지 진급하여 제13야포연대 중대장을 지냈고 해방 후 미군정 하에서 경비사관학교 초대 교장을 지냈다. 이형근은 그 이후 대장까지 승진하여 육참총장과 합참의장을 지낸 한국 군부의 최고 엘리트 가운데 한사람이다. 이형근은 일본군 제3사단에 소속되어 인도차이나와 월남 전선에서 싸웠으며 해방 후에는 이응준의 집에 숙식하면서 그를 보좌하다가 이응준의 사위가 되었다. 이응준은 미군정청 군사 고문으로 있으면서 자신의 사위를 군사영어학교(Military Language School)에 군번 1번으로 입교시켰으며 자신은 군영 입교자 마지막인 110번으로 처리하였다. 군사영어학교가 폐교된 이후 새로 출범한 경비사관학교(미군정의 명칭으로는 경비대 훈련소(Korean Constabulary Training Center)) 초대 교장에 이형근이 임명된 데에는 미군정청 군사 고문인 이응준의 영향이 압도적으로 작용했을 것임은 이 추측 가능한 일이다. 이형근의 동생인 이상근(李尙根, 미군정 군사영어학교에 입교하였다가 경비사관학교 1기로 넘겨짐)은 학도병 출신의 일본군 소위로 이미 군정 시절의 육사 1기로를 마친 후 수도사단 참모장을 지냈으며 한국 전쟁 때 대령으로 전사하여 준장으로 추서된 인물이다.

4. 철저한 군국주의 정신의 일본 군인

이상에서 살펴본 바와 같이 이응준은 그의 화려한 경력이 말해 주듯이 일제의 군국주의 정신에 철저하게 물든 일본군인 이었다. 그는 일본의 군국주의 전쟁이 본격화됨에 따라 군대를 그만두고 예편하거나 일본군 부대를 탈출하여 독립군에 가담했던 소수의 조선인 일본 육사 출신 군 장교들과는 달리 일본군 장교로서 출세의 사닥다리를 올랐고 일제 식민지 지배를 계승한 미군정 하에서 한국군의 최고 수뇌로 발탁되어 한국군 창설에 핵심적 역할을 하였다.

그의 군국주의 정신은 1943년 8월 징병제 실시의 날을 기념하여 매일신보(1943년 8월 3일자) 와 회견한 아래의 글에 잘 나타나 있다. 매일신보에서 그와 회견할 당시 이응준은 북지 전선에서 혁혁한 무운을 떨치고 돌아온 일본군 대좌로서 알려져 있었으며 징병제 실시를 앞둔 조선 청년들에게 일제의 군국주의 정신을 고취시키려고 애쓰고 있었다.

> ……징병제 실시에 의하여 조선 청년에게도 국가 방위의 숭고한 병역의무가 부여된 것은 말할 것도 없이 무상(無上)의 광영이며 명예이다.……조선 청년들도 이 국방의무의 분담 수행에 의하여 비로소 한 사람 몫의 남자가 되어 가슴을 펴고 대도(大道)를 활보할 수 있다고 생각한다. …… 이 비상시국에 있어서 국가 방위의 최고 책무를 분담하게 된 것은 진실로 감사, 감격에 이기지 못하는 터로 조선 청년인 자는 크게 감분 흥기해야겠다. ……[9]

위에 나타난 바와 같이 이응준은 일제의 총알받이로 전쟁에 동원되는 조선 청년들에게 국가(일제)의 간성이 되는 기쁨에 분기(奮起)하여 일사보국의 정성을 다할 것을 설득하고 있는 것이다. 여기에 더하여 이응준은 징병제 실

9)『매일신보』, 1943년 8월 3일자.

시를 둔 조선 청년들에게 특별히 다음의 네 가지 점을 당부하고 있다.

첫째, 군인으로서 금기할 바는 성(誠)을 결(缺)하는 일이다. 아무리 학술(學術)이 우수하더라도 성(誠)을 결한다면 군인으로서의 가치는 영(零)이다. 둘째, 책임을 완수하는 것이다. 여하한 위협이 몸에 닥쳤더라도 또는 여하한 곤란에 조우하더라도 임무의 명하는 바 책임이 있는 곳을 향하여 오직 매진할 뿐이다. 이것이 최대의 용자(勇者)이며 진실로 군인 정신의 소유자이다. 이응준은 이렇듯이 일제에 대한 맹목적인 충성과 책임감을 강조하면서 아래와 같은 예를 들고 있다. "내가 대륙 모전선에서 싸우고 있을 때 야마구찌(山口)라는 오장(伍長, 지금의 하사)이 있었다. 그는 적전 150 미터까지 접근하여 탄환 雨注 중에 분전하다가 적의 탄환이 오장의 손바닥을 뚫었다. 그래도 그는 태연히 사격을 계속했다. 이마에서는 선혈이 흘렀다. 그래도 피를 흘려 가면서 서격을 계속했다. 상관이 물러서라 해도 '상관없읍니다.'하면서 끝까지 싸웠다. 이 감투 정신, 책임 관념을 배워야 할 것이다."

이응준이 세 번째로 당부하고 있는 것은 일제의 성전을 위해 최후까지 참으라는 견인 지구(堅忍 持久)의 정신이다. 이응준은 "전투는 목숨을 다투는 것이며 먹느냐 먹히느냐의 경계이다. 있는 힘을 다하여 전 정혼(精魂)을 다하여야 비로소 적을 무찌를 수 있다. 전사는 참는다는 것의 경쟁이다. 최후의 5분간만 좀 더 참는 자에게 승리는 온다. 따라서 평소의 훈련도 역시 그러해야 한다"고 전쟁에 끌려가는 조선 청년들에게 당부하였다.

넷째로는 생사를 초월하라는 것이다. 이응준에 의하면 군인과 전쟁, 전쟁과 죽음을 연결시켜 생각하는 것이 보통이지만 전장에 나섰다고 반드시 죽는 것도 아니며 국내에 남아 있다고 모두 사는 것이라고 말할 수는 없다.

……나폴레옹이 말한 것과 같이 탄환이 사람를 피하는 것이며 사람이 아무리 피하려 해도 도저히 불가능하다. 생사는 천명이다. 또 우리들 인간은 세상에 태어나면서부터 사형 선고를 받고 있는 것과 같다. 생사를 초월하여 일의 임무의 완수에 매진하라. 부끄러움을 아는 자는 강하다. 살아서

부끄러움을 폭로함보다는 죽어서 이름을 남기는 것이 무사(武士)의 면목이다. 이것을 잊지 말도록 해야 한다.……

징병제로 끌려가는 조선 청년들을 상대로 한 이응준의 이러한 당부는 가히 웅변적이라 할 만하다. 그는 이에 덧붙여 검사까지는 상당한 시일의 여유가 있으므로 체력 단련과 함께 자신이 말한 정신 요소의 함양에 일층 주력할 것이며 일단 합격 입대가 되면 "황국 군인의 특질을 유감없이 발휘하여 위로 성은에 보답하는 동시에 아래로 일억 동포의 기대에 부응할 것"을 간곡히 부탁하고 있다. 조선 청년들에게 징병을 영광으로 알고 생사를 초월하여 일제에 목숨을 바칠 것을 웅변하였던 이응준은 종전 후에도 살아남아 대한민국 군대 창설의 산파 역할을 하였으며 중장까지 승진하였고 예편 후에는 체신부장관을 지내는 등 노후까지 권력을 누렸다.

5. 대한민국 군대 창설을 맡은 미군정청 군사 고문

해방 후 남한을 점령한 미군은 점령 초기부터 한국인 군대의 창설에 관심을 가지고 있었다. 미점령군 사령관인 하지 중장은 미군의 많은 잔일을 덜어줄 병력을 필요로 하였을 뿐만 아니라 한국 정부 수립에 대비하여 조기에 군대를 창설하고자 했다. 미군정은 1945년 11월 13일 남한 내부의 혁명 세력을 견제하기 위해 군정청 안에 국방사령부를 설치하여 경찰 예비대 성격을 갖는 군대의 창설에 착수하였다. 이에 따라 새 국방사령관에 참페니(Arthur S. Champeny) 대령을 임명하였다. 같은 해 말경 참페니 국방사령관은 국방사령부 고문인 이응준과 함께 뱀부 계획(Bamboo Plan)을 수립, 일정한 주둔지를 근거로 하는 필리핀식 경찰 예비대와 비슷한 군대의 창설안을 입안하였다. 미군정 하 초기 한국 군대의 명칭이 정식 군대가 아니라 조선국방경비대(Korean National Constabulary)라고 불리우는 이유도 여기에 있으며 정부 수립 이전의 초기 육사 또한 정규 육사가 아니라 일종의 (조선경비대) 훈련소

(1946년 5월 1일 태능에 설립) 라 불려졌다. 이렇게 하여 정부 수립 이전에 총 5개 여단 15개 연대 규모의 군대가 조직되었으며 이 때 충원된 일본군, 만주군계의 군장성들이 이후 한국 군부의 주축이 되었다.

이응준의 영향은 군 창설 계획안의 수립에 그치는 것이 아니라 창군 세력 내부에 일본 육사 출신들을 대거 진출시킨 데서 더욱 두드러진다. 이것은 이응준과 함께 미군정 군사 고문으로 발탁된 원용덕에 의해 만주군의 진출이 용이했던 것과 비슷하다.

미군정은 조선국방경비대의 간부 요원과 통역관을 양성하기 위해 1945년 12월 5일 군사영어학교를 개교했는데 46년 4월 30일 폐교할 때까지 110명의 장교를 배출하였다. 군영 입교자들 중 군번 1번은 이응준의 사위인 이형근으로 경비대 제2연대장, 경비사관학교장, 경비대 초대 총사령관, 통위부로 개편된 이후 참모총장을 지냈던 인물이다. 기록상 군영 입교자의 마지막 군번인 110번인 이응준은 군영에 입교하여 실제로 교육을 받았던 것은 아니었지만 미군정청의 군사 고문으로서의 공로에 의해 군영이 폐교된지 43일 만(그가 군영 졸업생으로 임관된 1946년 6월 12일은 경비사관학교 1기생이 졸업하기 3일 전이다.) 에 군영의 마지막 주자로 인정되었고 일본군의 계급대로 대령으로 임관되었다. 미군정의 원래 계획은 일본군, 만주군, 광복군 출신자 중에서 각각 20명씩, 60 명을 선발하여 군사영어학교에 입교시키려 하였지만 좌익계 군사 단체는 참여를 거부하였고 광복군(광복군 계열은 유동열이 통위부장에 취임한 후 경비 사관학교 7기와 8기로 다수 입교했다.) 의 주력도 임시정부의 정통성을 내세워 경비대를 '미국의 용병'이라 비난하면서 참여를 거부했기 때문에 이응준이 추천한 일본군 출신(군영 출신 110 명 중 87 명)과 원용덕이 추천한 만주군 출신 (21 명) 이 대주축을 이루게 되었다. 이응준은 원용덕과 함께 군정청 회의실에서 이루어졌던 군영 입교자 선발 심사에 입회하여 군정청 경무국 차장인 아고(Reamer T. Argo) 대령에게 조언하였다.

이후 조선국방경비대 간부 충원 또한 일본군과 만주군 출신의 군 경력자들로 충원되었음은 말할 것도 없다. 게다가 이응준은 일본군 출신들의 경비대 진출을 도와주는데 그치지 않고 좌익 계열의 진출을 적극적으로 막으려 했다. 이응준은 경비대 창설을 입안했던 아고 대령에게 군사영어학교와 경비대에의 좌익 참여를 막기 위해 철저한 신원 조사와 사상 검사를 해야한다고 건의하였다. 그의 제안에 대해 오히려 미군 장교인 아고 대령은 민주주의 국가에서는 누구나 사상의 자유가 있으며 군벌이나 사적인 군사 조직을 만드는 보스만 경계하면 된다고 주장하고 경비대 내에는 정보, 헌병 등 조직이 있으니 내부의 질서 확립은 우려할 바가 아니라고 설득할 정도로 이응준은 군국주의 사고의 잔재가 강했다. 극악했던 민족 반역자와 친일파들조차도 해방 후의 혁명적 정세 속에서 좌익 타도를 명분으로 재빠르게 애국자로 변신을 꾀하고 있었던 것이 당시의 상황이었다. 그러나 친일 행위가 상대적으로 조선 민족 일반에게 가시화되기 힘든 친일 일본 군대 조직 내에서 활약했던 이응준의 그러한 행동은 새로운 변신이라기보다는 군국주의 정신이 철두철미하게 몸에 벤 일본 군인의 당연한 행동 양식이었을 것이다.

일본군 장교로서의 이응준의 화려한 경력은 식민지 조국의 암담한 상황에서 개인적 야심과 민족적 양심 속에서 일본군 장교 생활을 그만두거나 일본군에서 탈출하여 독립 투쟁에 가담했던 사람들과 무척 대조적이다. 또 해방 후에도 미군정의 군 기술자로 발탁되어 오랫동안 권세를 누렸던 그의 생애는 자신의 친일 행위를 부끄러워하고 회개하여 정계나 공식적인 활동에서 은둔하였던 사람들과 선명하게 대비된다. 그의 군국주의 정신과 일본군 장교 경력은 해방 후 미국의 지배와 좌우 대립 속에서 오히려 더욱 돋보이게 되었다고 볼 수 있는데, 이는 한국 현대사의 비극을 있는 그대로 대변해주는 듯이 보인다.

<참고 문헌>

*Robert K. Sawyer, *Military Advisor in Korea*, Washington D.C. : Office of the Chief of Military History, 1962.
*장창국, 『육사 졸업생』, 중앙일보사, 1984.
*임종국 (편), 『친일 논설 선집』, 실천문학사, 1987.
*이기동, 「일본 제국군의 한국인 장교들」, 『신동아』, 1984. 8월호.
*이기동, 「일본 육사 출신의 계보」, 김삼웅 외, 『친일파 : 그 인간과 논리』, 학민사, 1990.
*佐佐木春隆, 강창구 옮김, 『한국전 비사 : 건군과 시련』, 병학사, 1977.
*한용원, 『창군』, 박영사, 1984.

제3장 미군정청 경무부 수사국장 최능진(崔能鎭 1899-1951) —친일 경찰 숙정 주장했던 미군정 경찰 간부

*1899년 평남 강서 출생/1915년 평양숭실학교 졸업, 이후 중국 남경 금릉(金陵)대학에서 2년 동안 수학/1917년 도미/1925년 스프링필드대학 졸업/1927년 듀크대학원에서 체육학 석사/1929년 귀국, 평양 숭실전문학교에서 5년 동안 체육 가르침/1937년 동우회 사건으로 투옥, 2년 동안 옥살이/1945년 해방 직후 평남 건준 치안부장/1945년 10월 경무국 수사과장(1946년 경무부가 경무부로 승격되자 수사국장이 됨)/1948년 10월 혁명의용군 사건의 주모자로 투옥/1951년 1월 20일 육군본부 중앙 고등 군법회의에서 국방 경비법 제32조 이적죄와 내란죄 혐의로 사형을 언도받음/1951년 2월 11일 경북 달성군 가창면에서 총살.

많은 한국 사람들이 이승만의 이름은 잘 알고 있지만 1948년 5·10 선거에서 이승만과 맞서 동대문 갑구 후보로 출마하여 이승만과 대결하려 했으나 입후보 등록을 취소 당했고 이후 이승만의 정적으로 주목되어 형장의 이슬로 사라져 버린 일석(一石) 최능진(崔能鎭)의 이름을 기억하는 사람은 드물다. 최능진은 당시 이승만 세력이 온 힘을 다하여 그의 선거 출마를 저지시켜야 했을 정도로 거물이 될 만큼의 배경을 가지고 있었다. 그러나 권모술수에 능했던 이승만이 미국에서 귀국하여 자신의 정치 조직 기반을 구축하였던 것에 비해 최능진은 그의 적수가 될 만큼의 조직을 갖지 못하였고, 더구나 외세에 의존하여 남한만의 정권이라도 잡아야겠다는 이승만에 비해 민족주의 신념이 철저했던 탓으로 단독 정부의 권력 기반이 확립되어 가던 초기에 권력의 제물이 되어야 했다.

그러나 최능진이라는 인물이 우리 민족사에서 기억되어야 할 소이는 그가 이승만에게 도전했다는 사실보다는 해방 후 미군정 경찰 간부들 가운데 거의 유일하게 독립 운동의 경험을 가진 민족주의자였으며 친일파 숙정을 위해 노력했었다는 점일 것이다. 후자의 사실은 한국 현대사의 질곡 때문에 전자의 사실보다 역사의 장에서 더욱 더 가리워져 있다. 최능진은 일제하의 독립 투쟁 경력과 탁월한 개인적 역량으로 비추어 볼 때 자신이 마음만 먹으면 얼마든지 권력의 핵심부에 들어가 영화를 누릴 수 있었음에도 불구하고, 민족의 생존이라는 대의 명분을 철저하게 지키며 살고자 했기 때문에 좌우 대립이 첨예했던 해방 정국에서 극좌와 극우, 그 어느 편에도 설 수 없었고 결국 권력을 장악한 이승만과 친일파들의 정치적 모략에 의해 '빨갱이'라는 누명을 쓰고 처형당해야 했다.

1. 同友會 활동

최능진은 1899년 평남 강서군 반석면에서 부유한 선비이자 개신교도(기독교 장로교) 인 최경흠(崔敬欽) 의 4남 2녀 중 4남으로 태어났다. 그의 형 능찬과 능현은 일제가 대한제국을 합병한 뒤 평남 사천에서 일어난 독립만세 사건의 주모자로 사형 선고를 받았다. 형 능찬은 고문의 후유증으로 불구가 되어 사망했으며, 작은 형 능현은 탈옥 후 중국으로 망명하여 남경 등지에서 윤봉길 의사와 함께 폭탄을 제조 실험하다 폭발 사고로 목숨을 잃었다. 최능진은 집안의 영향으로 인해 일찍이 독립 운동에 뜻을 두게 되었고, 1915년 16세가 되던 해에 평양숭실학교를 졸업하게 되자 중국으로 건너가 2년 동안 남경 금릉(金陵)대학에서 공부를 계속했다. 금릉대학은 최능진과 거의 비슷한 시기에 몽양 여운형이 수학했던 곳으로 그가 민족주의 사상을 형성하는데 몽양의 영향도 크게 작용했다고 보인다. 최능진은 독실한 기독교 장로교 집안의 영향을 받은 탓인지 1917년에는 미국으로 건너갔으며 스프링필드대학(1925), 듀크대학원(1927)에서 체육학을 공부했다. 1927년 학업을 끝낸 최능진은 1928년까지 워싱턴 YMCA에서 체육 담당 간사로 일하였다.

최능진의 10여 년간의 재미 생활과 그곳에서의 흥사단 활동 경력은 그 이후 그의 삶의 행로에 큰 의미를 갖는다. 미국에서 흥사단 활동은 최능진의 일생의 지침이었던 계몽적 민족주의 사상을 형성하는데 결정적인 영향을 끼쳤기 때문이다. 또 당시로서는 보기 드물게 고등 교육의 혜택을 받은 청년으로서 민주주의와 민족주의에 대해 나름대로의 이해를 가지고 있었던 최능진이, 외교 제일주의를 내세우면서 각종 파쟁과 비리로 사리사욕을 채우고 해외 한인사회에서 물의를 일으켰던 이승만의 실상을 일찍이 알게 된 것도 이 시기였다. 자신의 오랜 재미 생활의 경험을 통해 이미 오래 전부터 이승만의 권력야욕을 속속들이 알고 있었던 최능진이 해방 후 이승만의 반민족적인 정치 행태를 목도하면서 그것을 좌시할 수 없었을 것이라는 것은 쉽게 짐작할 수 있는 일이다. 대부분의 미국 유학파들이 해방 후 국내에 귀국하여 미군정과 이승만에게 협력하여 출세의 길을 걸었던데 반해 최능진이 이승만과 대결하다가 죽음을 자초하게 된 것은 그의 철저한 민족주의적 신념 때문이었을 것이다.

최능진은 30세가 되던 1929년 고향에 귀국하여 부인 이풍옥(李豊玉)과 결혼하였으며 평양 숭실전문학교 체육 교수로 5년 동안 학생들을 가르쳤다. 그 후 어떤 이유 때문인지는 모르지만 학교를 그만두고, 평양의 갑부 김동원의 자본을 바탕으로 동우회의 동지이기도 한 장리욱(전 문교부장관)과 자동차 수선업체인 평안자동차공업이란 기업체를 경영하였다. 일제의 재판 기록[10]에 의하면 최능진은 미국에 건너간 다음해인 1918년 샌프란시스코에서 형 능익

10) 국편, 『독립 운동사 자료집』, 제12집, 1285-1286쪽, 1305-1328쪽.

(能益) 의 권유로 안창호 지도하에 있는 흥사단에 가입한 이후부터 흥사단 지도 위원으로서의 줄곧 흥사단 활동에 깊게 관여해 왔고 30세 되던 1929년 8월에 귀국할 당시에도 흥사단의 국내 조직인 동우회 활동을 도모할 목적을 가지고 있었다. 흥사단은 미국에 망명한 안창호가 1914년 로스앤젤레스에서 조직한 독립 운동 단체로 務實力行을 생명으로 조선의 청년들을 훈련하여 독립을 위한 실력 양성에 힘쓰고 그들을 미래의 독립 투사로 길러 궁극적으로 조선의 독립을 도모한다는 취지를 가지고 있었다. 흥사단의 국내 조직인 수양동우회는 1921년 이광수를 중심으로 서울에서 결성되었고 1929년 동우회로 명칭을 변경, 신조선 건설 운동이라는 기치 하에 청년들을 규합, 인격 수양 및 실력 배양에 힘썼다. 최능진은 귀국 후 평양에 있던 동우회 지부와 북한의 다른 지역에 있었던 지회 활동을 주도적으로 이끌면서 오랫동안 정간되었던 동우회 동인지 『東光』의 복간과 동우회 활동 자금을 각출하는 등 동우회 활동에 열성적으로 참여하였다.

일제는 중일 전쟁이 발발하자 민족운동에 대한 탄압을 강화하여 1937년 흥사단 계열의 국내 단체인 동우회 중심인물 42 명을 검거하여 이른바 동우회 사건을 터트렸는데 서울 본회의 이광수, 주요한을 위시하여 북한 지역에서 활동했던 김동원, 김성업, 유기준, 장리욱 등등 주동 인물과 함께 최능진도 검거되었다.[11] 도산 안창호는 이 사건으로 건강이 악화되어 다음해 작고하였고 최능진 또한 다른 동지들과 함께 징역 2년의 실형을 언도받고 옥고를 치러야 했다. 요컨대 최능진은 미국에서의 흥사단 활동을 통해 안창호의 영향을 깊게 받았음이며, 귀국한 이후에도 실력 양성이나 독립 운동 준비론 등 온건한 계몽적 민족주의에 입각하여 활동했던 것으로 보인다. 서대문 형무소에서 출감한 후 최능진은 평양으로 돌아가 가산을 정리하여 만주 봉천 근교 본계(本溪) 로 이주하여 정미소를 경영했다. 만주로 이주한 후에도 최능진은 임시정부의 활동을 도우면서 간헐적으로 평양을 왕래했으며 일본의 패색이 짙어가게 되자 해방 직전에 귀국했다.

---

11) 국편, 『한국 독립 운동사』, 흥사단 관계 자료 참조.

2. 평남 건준 치안부장

해방이 되자마자 최능진은 북한의 민족주의 지도자 고당 조만식, 토착 공산주의자 현준혁과 함께 평양에서 평남치안유지회를 발족시켰다. 이 치안유지회는 전국적인 규모의 민족 통일 전선체인 건준준비위원회 발족 직후인 8월 17일 건준 평남지부로 개편되었으며 최능진은 다음날인 8월 18일 평남 건준 치안부의 치안부장으로 임명되었다.

해방 직후에는 일제가 연합군에 항복했다고는 하지만 미소 양군이 남북한에 진주하기까지 일본군은 무장 해제되지 않은 상태였으며, 전국 각 지역에서 민족 세력을 중심으로 자생적인 치안대, 청년대, 학도대 등이 조직되어 일제 경찰서를 접수하고 자치적으로 치안을 맡고 있는 상황이었다. 이런 상황에서 최능진은 청년들로 조지된 총인원 300-400 명의 치안부를 이끌고 평양 시내의 치안 유지를 위해 활동하였다. 이들은 평양 역전에서 일본 경찰을 무장해제시킨 뒤 치안부 건물 옥상에 집단 수용시키기도 했으며, 소련군이 입성한 뒤 이들을 소련 내 수용소로 압송시켰다.[12] 그러나 최능진이 주도한 치안 유지 활동은 그리 오래가지 못했다. 38도선 이남 지역에 진주한 미군이 민족 세력이 주도하는 자치적인 치안대를 불법화시키고 일제 경찰을 중심으로 미군정 경찰을 조직했던 것과 마찬가지로 38도선 이북에 진주한 소련군은 자신들이 지지하는 좌익 세력을 중심으로 통치 기구를 재편하였기 때문이다. 8월 24일 소련군이 평양에 진주한 후 건준 평남 지부는 평남 인민위원회 (위원장 조만식, 부위원장 현준혁) 로 개편되었으며 그에 따른 치안부의 해산과 함께 최능진의 치안부장 활동도 종결되었다.

북한의 토착 공산주의 지도자 현준혁이 9월 13일 대낮에 평양 시청 앞 대로에서 피살된 사건이 발생하고 우익에 대한 대대적인 검거가 시작되자 최능진은 9월 보름쯤 월남을 결행하게 된다. 그는 월남을 결심하면서 조만식을 당수로 하여 서울에 중앙당을 둔 정당을 조직하여 민족주의 세력을 결집하고 평

12) 최능진과 함께 월남하여 미군정 경찰 수사국 특무과장을 지냈던 나병덕 옹의 증언.

양에 지구당을 설치하는 등 새로운 정당 결성과 정치 활동에 대한 구상을 가지고 있었다. 실제로 최능진은 미군정 경무국의 요직인 수사과장의 자리를 맡으면서도 나병덕 김세준 등 측근 두 사람을 비밀리에 평양으로 파견하여 북한의 민족주의자들의 정신적 지주인 고당 조만식에게 월남을 권유하기도 했다.[13] 그러나 조만식은 북한에서 새로 결성된 조선민주당의 당수로서의 역할과 서울의 복잡한 정치 상황을 이유로 월남을 거절했다고 한다.

최능진은 자신의 밑에서 일했던 치안대 청년 10여 명과 함께 두대의 트럭에 분승, 평양을 출발하여 서울로 향하는 도중에 애초의 계획을 변경하게 된다. 최능진은 일행을 이끌고 서울로 오는 길에, 38선 너머 바로 북쪽 황해도 해주 어느 여관에서 하룻밤을 묵는 동안에 서울에서 인쇄되는 신문을 통해 처음으로 남한의 소식에 접하게 되었는데 일본 경찰 출신들이 그대로 경찰 직에 남아 있는 현실을 알고 격분하지 않을 수 없었다. 이 때 최능진은 남한에서는 정치 활동보다는 친일파 처벌 등 민족 정기를 확립하는 일이 시급하다고 생각하게 되었고 애초의 계획을 바꾸어 경찰에 투신하기로 결심하였다.[14] 최능진은 자신을 따라 월남하던 청년들에게 그 뜻을 표명하고 평양의 건준 치안부 조직을 서울로 옮겨 경찰에 들어갈 계획으로 측근 중 대표를 평양으로 되돌려 보내 곧 40여 명의 대원을 이끌고 월남하도록 했다.

최능진이 경찰에 투신하기로 결심한 후 처음으로 맡은 자리는 미군정의 경찰관 강습소(조선 경찰학교의 전신)의 한국인 소장(미국인 소장은 헬자브 소령) 직이었다. 그가 미군정 경찰의 창설과 충원에 중요한 이 자리에 발탁된 경위는 확인할 길이 없지만, 성격이 호방하고 영어에 능통한 자신이 미군정 요인들과 교섭하여 스스로를 추천했거나 미국 유학 동안의 미국인들과의 친분이 작용했을 것이다. 또 그의 월남 경력도 미군정 측에게는 호의적인 요소로 작용했을 것이다. 9월 9일에야 서울에 진주한 미군정은 맨 먼저 대규모 경찰 기

---

13) 김재명, 「역사와 인물 : 친일파와 한국 경찰, 좌절된 민족 경찰의 꿈, 최능진」, 『월간중앙』, 1994, 겨울호.

14) 김성걸, 「발굴 한국 현대사 인물 : 친일파 숙청 주장한 미군정 경찰 간부」, 『한겨레 신문』, 1991년 1월 25일자.

구의 조직에 착수했는데 신규로 충원된 경찰들은 최능진이 소장으로 있었던 경찰관 강습소에서 1주일쯤 단기 교육을 받은 뒤 일선에 배치되었다. 최능진은 짧은 재직 기간 중 강습소 안의 일본 경찰 출신들로부터 사표를 받아내는 등 경찰 숙청에 힘을 쏟았다고 한다.

3. 친일 경찰 축출을 둘러싼 갈등

최능진의 친일 경찰 축출에 대한 꿈은 그것이 당시 대부분의 조선 사람들이 바라는 것이었을지라도 미군정 하에서는 이루어지기 어려웠고 정부 수립 후에도 끝내 이루어지지 못했다. 미군정은 대소방파제 구축이라는 점령 목표 달성을 위해 친일 잔재 청산 등 혁명적 요구들을 외면했으며 총독 기구와 친일 경찰 관료들을 중심으로 미군정 통치 체제를 정비했다. 미군정으로서는 당시 남한의 혁명적 조류를 막기 위해서는 강력한 미군정 경찰의 조직이 급선무였으며 그 경찰 기구를 맡을 한국인 책임자를 물색하는 일이 중요했다. 미군정은 진주하기 전부터 보수적인 한민당 세력을 가장 확실한 자신의 동맹 세력으로 지목하고 있었기 때문에 한민당 수석 총무인 송진우를 찾아가 비밀 요담에 의해 미군정 경찰 책임자의 추천을 요청했는데, 송진우는 한민당 창당 과정에서부터 주도적 역할을 하였고 당시 집단지도 체제인·한민당의 8명의 총무 가운데 한사람인 조병옥을 천거하였다. 이렇게 하여 구지배 세력인 한민당의 이해를 대변할 뿐만 아니라 미군정의 기존 체제 유지와 반혁명 정책을 가장 잘 이해하고 있었던 조병옥이 미군정 경무부장에 임명 되었다. 이후 조병옥은 미군정과 해방 후 극우 보수 세력의 정치적 목적 달성을 위해 군정 경찰 체제를 활용하고 친일 경찰을 경찰 요직에 기용하였는데 결정적 역할을 하였다. 미군정 경무국장(1946년 봄 미군정 기구 개편으로 경무국이 경무부로 승격되면서 경무부장이 됨)에 발탁 된 조병옥은 미국 유학과 신간회, 동우회 등 독립 운동의 경력을 가진 명망가였으나 해방 이후에는 민족의 이해보다는 한민당과 이승만 세력의 정치적 이해에 충실하였으며 미군정의 이해에 충실하였다.

해방 후 조병옥과 함께 한국 경찰의 조직을 주도하였던 장택상 또한 조병옥과 마찬가지로 한민당 요인으로서 미군정과 한민당의 정치적 이해를 실현하기 위해서는 친일 경찰의 기술을 이용할 수밖에 없다고 하며 악명 높았던 일제 고등계 경찰인 노덕술, 이익흥, 최운하, 최연 등을 수도경찰청의 요직에 임명했던 인물이었다. 최능진이 이승만 세력뿐만 아니라 한민당 세력을 친일파 집단으로 보고 그것을 반대하는 입장에 있었기 때문에 조병옥과 장택상보다 낮은 직위에 임명된 것은 미군정의 본질상 당연한 일이기도 했다.

당시에는 극우 세력들이 좌익 세력을 탄압하는 것은 무조건 애국이라고 주장하였고, 과거에 아무리 친일 경찰로서 악명을 날렸다고 할지라도 미군정에 협력하여 좌익 탄압에 앞장서면 하루 아침에 애국자로 변신할 수 있는 사회 분위기였다. 이와 같은 극우적 정치 세력의 논리는 친일 경찰을 비롯한 친일 세력이 자신의 과거의 죄악을 은폐하고 오히려 새로운 애국자로 둔갑할 수 있도록 구세주와도 같은 역할을 해주었다. 친일 경찰들은 독립 운동가들을 탄압하여 일제에 충성했던 것과 마찬가지로 좌익 타도와 반공 이데올로기를 명분으로 살아남을 수 있었으며 극우 세력의 정치적 이해를 실현하는데 기여했던 것이다.

1947년 수도경찰청에서 발간한 『해방 이후 수도경찰 발달사』에 따르면 해방 직전 조선인 경찰관의 수는 전체 일제 총독부 경찰관의 수인 26,677 명 중 약 40%인 10,619 명(일본인 경찰관은 16,058 명)이었다. 해방된 조국에서 이들이 처벌을 받는 것은 당연했지만 남한에 수립된 미군정이 기존 체제를 인정하는 포고문 1호를 선포하여 총독부 행정 기구와 총독 관료, 총독 경찰의 유임을 명령하게 되자 이들은 얼마 되지 않아 다시 그 직위에 복귀하게 되었다. 더구나 일제하 조선인 경찰들은 단순히 미군정 경찰에 유임되는데 그치는 게 아니라 일제하의 경력을 인정받아 대부분 승진되었다. 일제 총독부 체제하에서는 경찰부장, 경시(현 총경) 경부(현 경정) 등 경찰 고위직은 대부분 일본인들에 의해 점유되었고 조선인들은 비간부급인 순사부장, 순사등의 직위에 머물러 있었지만, 해방 후 이들은 미군정의 비호 하에 오히려 경찰 간부직으로 승진할 수 있었고. 특히 독립 운동가들을 체포, 고문하는데 혈안이었던 악명 높은 고문 기술자들이 미군정 경찰의 요직을 차지하게 되었다.

이러한 상황에서 최능진은 1945년 10월 경무국 수사과장(1946년 경무부로 승격되자 수사국장이 됨)으로 자리를 옮겼으며 해방 직후 자신이 이끌었던 건준 평남지부 치안대에서 활동했던 청년들을 경찰에 기용하였다. 당시 최능진과 함께 군정 경찰에 투신하였던 그의 측근들에 의하면 최능진은 이 시기부터 정보과에 지시하여 친일 인물 명단의 작성에 착수했다고 한다.

그러나 최능진의 친일 경찰 축출 계획은 미군정으로서도 용납하기 힘들었을 뿐 아니라 조병옥이 주도하고 있었던 친일 경찰 중심의 미군정 경찰 내부에서 필연적으로 갈등을 일으킬 수밖에 없었다. 친일 경찰 축출을 둘러싼 조병옥과 최능진의 잠재적인 갈등은 1946년 10월 1일 대구 지방에서 발발하여 전국적으로 확산되었던 10월 인민 항쟁을 계기로 표출되지만 결국 조병옥을 중심으로 한 친일 경찰의 압승으로 끝나게 된다.

최능진은 12월 2일자로 조병옥 경무부장으로부터 파면 통고가 오자 여기에 굴하지 않고 12월 5일자로 조부장에게 공개 회답장을 보내는 한편, 이를 사회에 공표했다. 이에 따라 경찰 수뇌부에 오랫동안 잠재되어 있던 친일 경찰 축출을 둘러싼 갈등과 인신공격의 내용까지 폭로되기에 이르렀다. 최능진은 "탐관 모리에만 전념하고 있는 조병옥에게 국립 경찰을 일임하고 나감은 삼천만 민중이 허락치 않는 중차대한 문제"라고 항변하면서 조병옥이 내세운 3가지 파면 이유를 아래와 같이 낱낱이 반박하였다.[15)]

> 1. 경찰협화(協和)에 방해하였다면 귀하와 같이 매일 모리배와 작반하여 요정 출입에 동행하지 않았다는 의미인 것이고, 또한 사기전과 3범인 동시에 민족 운동가를 잡아들이던 인간을 고관대작에 채용하고, 순수한 독립운동자를 무경험자라고 배척하는데 찬동치 않았다는 의미 이외에 아무것도 없다고 생각한다.

15) 『서울신문』, 1946년 12월 7일자.

2. 경찰 사기 진작에 유해라면 건국 도상에 있어 민족 전체의 복리보다도 자기 일개인의 행복과 영리를 위하여 탐관, 모리, 직권 남용을 위주로 하는 경찰관은 신구직을 막론하고 용퇴하라고 호령한 것이 경찰 사기를 손상한 것이라면 건국청사를 더럽힌 영남 폭동 사건에 대한 책임감이 없는 귀하는 경찰 사기를 앙양하는 소위인지 실로 의심을 금키 어렵다.

3. 명령 계통 여하(如何)를 말함에 있어서 소직(小職)은 범죄 수사의 책임자로서 군정 하에 있는 고관이나 또는 일개 시민이냐를 막론하고 범죄 사실이 있다면 적법 처리함이 소직의 책임이었으나, 인권 유린, 물품 강탈, 불법 감금을 감행한 경찰 고급 간부에 대한 사건이며, 일정 때 일본 애국자를 미군정 지사(志士)로 소개하여 군정청으로부터 일천 이삼백만원의 거금을 인출하여 가지고 귀하의 요정 유흥비를 전담하는 자를 위하여 경찰 최고 간부 등 일개인의 요구에 순응하여 가옥 명도 강요, 불법 구타를 감행한데 대한 고소 사실을 불문에 부친 사실과 한 공안국장에 대한 인권 유린, 불법 감금에 대한 관한 고소 사실을 귀하가 휴지화하여 버린 것을 소직이 묵인 한 것 등등, 귀하의 명령이라면 무조건 복종하였다고 자인하나 단 귀하의 명령에 불복한 것은 김 모 씨의 석방을 소직에게 요청하였을 때 이를 거부한 것만이 명령 불복종이라고 할 수 있다.

최능진은 이러한 공개 해명과 함께 조병옥에게 "당연히 현직을 사퇴하여 3천만 민중 앞에 사과하는 동시에 속죄의 의미로서 8 · 15 이후 불의 수득한 재산을 전재 동포를 위해서 헌납하고, 축치한 애첩을 독신자를 위하여 제공한 후 해방 전 애국자 조병옥으로 돌아가기를 충고한다."고 덧붙였다. 이와 같은 최능진의 공개 회답으로 인해 경찰 내부의 비리와 부패상이 사회적인 쟁점으로 부각되게 되자 당시 수도경찰청장이던 張澤相까지 조병옥의 지원에 나서게 된다. 12월 7일 제1경무총감겸 수도경찰청장인 장택상은 격분을 이기지 못하여 경찰 수뇌부 양인의 시비에 대하여 성명서를 발표한다고 하면서 조병옥을 옹호하였다. 장택상의 성명서에는 당시 친일 경찰의 충원이 가장 극심하였던 수도경찰청의 비리를 한편으로 방어하려는 의도와 함께 최능진이 장택상에게 수도경찰청 내 친일 경찰들을 축출할 것을 권유했다는 내용이 포함되어 있다. 어떻든 당시 언론의 반응을 보면 장택상의 성명은 친일 경찰 처벌이라는 최능진의 대의 명분을 마치 조병옥 과의 개인적인 알력 싸움이나 견해 차이로 희석화시키는데 큰 역할을 하였다.[16)]

"……경무부장 조병옥 씨는 양심있는 경찰이다. 그이는 사석이나 공석에서 편당적으로 언사를 하여본 적이 한번도 없다.……수도 경찰 책임자인 나로서 천지신명에 대하여 서슴치 않고 말하노니 그이로서는 한번도 없었다. 그 반면에 최씨는 시종일관토록 공적이나 사적으로 편당적 경찰 행정을 강행하여 왔다.……최근에 와서도 본인을 모요정에 초치하여 협박적 언사로 공갈하는 말이 그대도 조병옥과 같은 운명에 닥쳤으나 오히려 살아나갈 길이 하나 있다. 그것은 무엇인가 하니 현 간부급을 전부 파면하고 중국서 건너온 애국자나 국내에 있는 단체 간부로 경찰 수뇌부를 조직하여 강력 경찰을 나타내라 하였다. 나는 이 말에 대하여 비장한 결심으로 단호히 거절하였다. 나는 천하 인사에게 묻노니 우리 조선의 현단계에 있어 좌익 사상을 발본색원할 수 있나 거듭 묻고자 한다.……최씨가 조씨에게 비행을 지적함에 관하여는 사문위원회에서 자연 규명될 터이니 아는 바 있다 하여도 말하고 싶지 않다. 그러나 사재 축적이니 전과자 기용이나 하는 등구에 대하여는 자화자찬이 아닌가 하노라. 조부장의 풍설에 넘치는 일에 대하여는 고금에 누구나 있을 수 있는 일이지마는 시기가 시기인 만큼 너나없이 자숙할 필요가 있다고 생각한다. 경찰관의 문호에 모리배가 출입한다하든지 정치 부로커가 출입함은 오늘의 시기에 당하여는 절대 금물이다. 우리 민주 경찰 수뇌부로서는 반성할 시기가 왔다고 깊이 느끼는 바이다."

그러나 장택상의 이러한 해명에도 불구하고 매관매직에 뇌물 바가지로 거

16) 『서울신문』, 1948년 12월 8일자.

래되는 당시의 미군정 경찰 인사 행정에 대한 최능진의 비판은 그가 경찰직을 떠난 후에 부패한 군정 경찰 내부에 어느 정도 경각심을 불러일으켰다고 볼 수 있을 것이다.

4. 서재필 추대 운동

최능진은 조병옥에 의해 경찰에서 축출된 후 월남을 결심할 당시의 애초의 계획대로 통일 정부 수립을 위한 정치 활동에 뛰어들었다. 1948년 5·10 총선거에서 이승만이 출마한 동대문 갑구에서 출마를 결심하게 될 때까지 최능진은 단독 정부 수립과 정권 장악에 혈안이 되어 있던 이승만과 한민당 세력, 그 비호 하에 있는 친일 세력에 대한 분노와 울분을 지닌 채 민족주의자인 김규식과 김구의 집에 자주 드나들며 정치 활동의 방향을 모색했다. 관계자들의 증언에 따르면 특히 최능진은 국제 정세에 밝고 학자형인 김규식과 깊게 교우하였는데 이것이 훗날 그가 5·10 선거 출마를 결심하게 하는데 영향을 끼친 것으로 보인다. 김규식은 찬탁, 반탁 논쟁으로 해방 정국이 양극화 되어가던 상황에서도 조속한 시일 내에 조선 임시정부 수립이라는 모스크바 삼상 결정의 내용을 실현시키고자 노력했던 인물이었다. 당시 국제 정세로 미루어 볼 때 분단을 막고 통일 정부를 수립할 수 있는 유일한 길은 미소 협조를 지속시키는 가운데 민족 세력이 총단결하여 조속하게 임시정부를 수립하는 길이었다. 통일 국가 수립을 열망했고 국제 정세에 밝았던 김규식과 같은 인물들이 모스크바 삼상 결정에 대해 총체적 지지를 표명한 것도 이러한 맥락에서 이해되어야 할 것이다. 최능진 또한 오랜 해외 경험으로 국제 정세에 밝았고 민족주의와 통일에 대한 신념이 강했기 때문에 김규식과 같은 민족주의 세력과 정치적 행보를 같이했던 것으로 보인다.

최능진은 격화되어 가던 좌우 대립 속에서 나름대로 대안을 강구하다가 1947년 7월 서재필이 귀국하자 그의 추대 운동을 주도했다. 1946년 6월 정읍 발언 이래 단독 정부 수립을 기도하고 있었던 이승만과 한민당 세력에 비판적이었던 민족주의 세력 중 일부가 논의한 끝에 시작된 것이 서재필의 추대 운동이었다. 1947년 7월 19일 여운형이 암살되고 좌우 합작 가능성이 소멸한 상황에서 안정된 통일 세력을 키우려던 민족 세력들이 모여 시작된 서재필 추대 100만인 서명 운동에서 최능진은 추대준비위원회의 부위원장(위원장은 천도교 측의 신숙)을 맡았으나 이 운동을 실질적으로 주도했다.[17] 그러나 이 운동은 추대 준비위원회가 일정한 서식으로 추대장을 작성하여 거의 20만장 가까이 추대장을 받아갈 무렵인 1947년 9월 말 쯤 서재필에 대한 이승만 세력의 중상과 비방이 극심해지자 서재필 자신이 한사코 사양함으로써 중단되었다.[18] 1947년 7월 49년만에 미군정의 고문격으로 귀국한 서재필은 당시 80세의 고령인데다 이승만처럼 권력에 대한 집착이 강하지 않았을 뿐만 아니라 미국 국적인 가진 자신이 정치 지도자가 될 수 는 없다는 것을 이유로 들어 추대 세력들에세 한사코 사의를 표명했나고 한다. 결국 단정 수립에 비판적이있던 최능진이 정치적 대안으로 모색했던 서재필 추대 운동도 그 실현을 보지 못하게 된 것이다.

5. 이승만과의 대결

미국이 이승만과 한민당 세력을 기반으로 하여 남한 단독 선거를 실시하게 되자 우익 세력 중 김구, 김규식과 같은 정치 지도자들은 단정 수립에 결사 반대하고 남북 협상을 시도하였다. 당시 통일 지향 세력 가운데는 김구의 경우처럼 단정 수립에 반대하여 끝까지 선거에 참여하지 않는 세력도 있었지만 조봉암, 김약수 등과 같이 일부는 단정이 불가피하다고 하여 선거에 참여하기도 하였는데 최능진의 경우는 후자에 속한다. 최능진이 5·10 선거에 임박하여 이승만이 출마한 동대문 갑구에 출마할 것을 결심한 것은 친일 수구 세력의 보스인 이승만이 단정의 권력을 장악하게 되면 통일은 거의 불가능하며 통

17) 서재필 추대준비위원회의 간사로 일했던 이병희 옹의 증언.

18) 윤치영이 발간하던 『평화신문』 참조.

일 세력과 민주 세력이 성장할 수 있는 정권이 세워져야만 한다는 판단에서 나온 것이었다.[19] 최능진은 단정 수립에 반대하는 입장이었으나 이승만이 한민당과 친일파 세력의 지지를 받는 제헌 국회의원에 그치지 않고 국회에서의 간접 선거에 의해 대통령이 될 것이 분명했기 때문에 뒤늦게 나마 그를 저지시키기 위해 출마를 결심한 것이다. 또 이왕 단독 선거가 불가피한 마당에야 민주 세력이 이승만의 진출을 막아야 한다는 세력들이 최능진의 지명도와 독립운동 경력을 감안하여 입후보를 권유하기도 했다.

그러나 최능진의 출마는 순탄하지 못하였다. 노골적으로 이승만의 무투표 당선을 기도했던 경찰의 방해로 입후보 등록을 준비하는 처음 단계에서부터 난관에 부딪혔으며, 이승만 추종 세력의 집요한 방해 공작에 시달려야 했다. 이승만은 동대문구에 맨 먼저 입후보 등록을 마쳤고 매스컴은 그 사실을 톱뉴스로 보도했다. 또 이승만을 지지하는 정치 단체와 청년 단체들은 "민족의 위대한 애국자인 이승만 박사를 단독 입후보시켜 무투표 당선시키는 게 예우가 아니냐"며 경쟁자의 출현을 막고 선거 분위기의 기선을 제압하려 했다.

서북청년단의 테러에 의한 추천인 서류 탈취를 비롯하여 이승만 세력의 갖가지 방해 공작에도 불구하고 우여곡절 끝에 가까스로 최능진의 후보 등록을 마치게 되고 그의 입후보가 알려지게 되자 이승만의 단선 분단 노선을 비판적으로 보고 있었던 당시의 민심이 그에게 급격히 기울어지게 되었다. 특히 최능진 집안의 항일 투쟁 경력과, 친일파 처벌을 주장하다 군정 경찰 요직을 그만두게 되었다는 점등이 알려지면서 민심의 지지는 더욱 높아져 갔다.

최능진에 대한 압도적인 지지가 확실해지자 이에 당황한 이승만 지지 세력은 수도경찰청장 장택상의 지휘 하에 후보 등록 무효화 공작을 펴게 된다. 동대문 경찰서장인 윤기병은 사찰계 형사들로 하여금 최능진의 후보 등록 업무를 처리했던 선관위 종사원들[20]을 내사, 심문하여 입후보 등록을 취소할 혐의

19) 당시 최능진 후보의 선거 사무장을 맡았던 강원식씨의 증언 참조.

20) 송홍섭, 「悲願」(5 · 10 선거 전말 회상기), 『예향』 1990, 8월호 「쓰고 싶은 이야기」 당선 수기.

점을 찾으려고 했으나 혐의점을 찾아내지 못하게 되자, 다른 방법으로 최능진의 입후보 등록 서류에 추천인으로 기재된 자들을 찾아 회유와 협박을 동원하여 본인의 승낙 없이 서명 날인했다는 자술서를 받아내는 술수를 동원하였다. 경찰은 공권력을 총동원하여 추천인들의 개인적인 흠집을 들추어내어 위협, 연행해가기도 하고 회유하기도 하여 결국 추천인들 몇몇을 사주할 수 있게 되었고, 최능진은 입후보 등록 마감일인 4월 16일을 이틀 앞 둔 4월 14일 중앙선관위로부터 입후보 등록 취소 통보를 받게되었다. 입후보 등록 취소 판정 이유는 최능진이 제출했던 추천인 서류중 약간 명의 결격자가 발견되어 추천인 법정 인원수 미달로 내렸다는 것이었다. 이는 선관위 측에서 이승만에게 협력하여 이틀 사이에 결격시킨 추천인들을 보충한다는 것이 사실상 불가능하다는 것을 알고 최능진의 출마를 막기 위해 내려진 조처임이 분명했다.

당시 최후보의 선거 사무장을 맡았던 강원식 옹의 증언에 의하면 결격 당한 추천인들의 서명을 받는 사이에도 추천서를 탈취 당하는 등 이승만 휘하의 서북청년단 등 극우 청년 단원들의 방해 공작과 테러가 이루 말할 수 없었다고 한다. 이렇게 하여 어렵게 등록 마감 시간 직전에 서류를 완비하여 선관위 사무실에 도착하였지만 최능진은 동대문구 선관위원장이 부재중이라는 핑계로 또 다시 등록을 거부당하였다.

선관위 측이 고의적으로 등록 마감 시간을 넘기고 등록을 거부하게 되자 최능진 측 선거 운동원들은 당시 미군정장관인 딘 소장에게 항의했고 가까스로 서울시 선관위로부터 21일까지 등록 시간 연장 조치를 받았으며 20일 오후 등록 수속을 마칠 수 있었다. 미군정이 최능진의 등록 방해 공작을 방조하지 않고 등록 마감일을 연기시키면서까지 후보 등록을 할 수 있게 도와준 것은 주한 미군 사령관 하지 중장이 독선적인 이승만을 권력의 핵심에서 배제시키고 좌우익 양진영에서 비교적 인정받고 있었던 김규식을 정권 담당자로 고려하고 있었다는 주장이 있기도 하다. 그러나 미국무성의 공식 정책이 단정 수립과 이승만에 대한 지지로 굳혀진 이후였고 김규식이 남북 협상에 참여한 이후였기 때문에 하지의 이러한 개인적인 고려가 영향을 미치기는 이미 힘든 상황이었다.

이와 같이 수차례의 난관과 공권력이 동원된 집요한 방해 공작 가운데서도 입후보 등록을 마친 후 추첨에 의해 기호 1번이 된 최능진에 대한 지지는 놀라울 정도로 고조되어갔다. 실제 최능진의 당선 가능성이 훨씬 더 컸고 미군 정도 정보 일지에서 90%의 유권자가 최능진을 지지하고 있는 것으로 파악하고 있었다.[21] 실제로 단정 수립에 반대한 다수의 민족 세력과 남북 협상 파가 선거에 반대하여 거의 참여하지 않았던 5 · 10 선거에서는 이승만 한민당계의 의원들이 다수 당선될 수 있었지만 1950년 5 · 30 선거의 경우처럼 통일 지향의 남북 협상 파와 중간파들이 선거에 참여하게 되자 그들에 대한 지지가 압도적으로 높게 나타났다는 사실은 당시의 민심이 어떠했는가를 여실히 증명해준다. 이승만의 명망과 매스컴의 여론 조작에도 불구하고 최능진이 뒤늦게 선거에 출마하자 그에게 여론의 지지가 쏟아진 것은 당시의 상황에서는 당연한 것으로 보인다.

그러나 이승만 측은 최능진의 선거 운동원들이 테러를 당하면서까지 추천인의 서명을 받았고 또 추천인들이 경찰의 협박을 감수하면서까지 최능진을 추천해준 추천인 명부를 날조라고 비방하였으며 윤기병 동대문 경찰서장은 추천인들에 대한 협박과 내사를 계속하여 입후보자 자격 박탈 음모를 포기하지 않고 추진했다. 이승만은 이처럼 공권력을 동원하는 한편 다른 한편으로 최능진에 대한 회유책도 동원하였다. 갖은 방해 공작에도 불구하고 최능진의 당선 가능성이 확실시되자 이승만은 최능진이 월남하기 전부터 친분이 있었던 김동원을 특사로 직접 파견하여 이승만이 대통령이 되면 내무부장관 자리를 주겠다고 유혹하기도 했고, 자신과는 적수가 못되니 사퇴하는 것이 신상에 해가 없다고 위협의 말을 전하기도 하였다. 이승만의 이러한 회유책에도 불구하고 최능진은 일신의 영화를 위해 출마한 것이 아니며, 이승만의 미국에서의 행적으로 보아 이승만이 집권하면 친일파 청산은 불가능할 뿐만 아니라 부패한 독재 정권이 들어서게 되니 그것을 막아야 한다는 생각에 조금도 변함이 없었

---

21) 김규식의 비서실장을 지냈던 송남헌 옹의 증언.

다.[22] 그의 출마 결심이 이승만의 집권 저지라는 소극적 목적일 수밖에 없었던 것은 단독 선거가 강행되는 가운데 민족 세력이 적극적으로 취할 수 있는 정치 행동이 없었다는 비극의 반영이기도 했다.

그러나 최능진에 대한 민심의 압도적인 지지에도 불구하고 이러한 소극적인 목적조차도 실현되지 못했다. 동대문 경찰서장 윤기병은 경찰들로 하여금 추천인들을 갖은 방법으로 협박 회유하여 결국 몇몇 추천인들로부터 본인이 스스로 날인한 것이 아니라는 진술을 반강제적으로 받아냄으로써 입후보 자격 박탈 음모를 성공시켰기 때문이다. 나중에 서울 시경국장을 지냈던 김태선의 회고에 의하면 당시 최능진에 대한 지지가 우세하다는 보고에 당황한 당시 수도청장 장택상은 "무슨일이 있어도 이박사를 당선시키도록 하라"는 극비 지령을 받고 있었기 때문에 궁리 끝에 등록 무효화 책략을 짜내어 선거관리위원장이던 노진설 대법관을 찾아가 등록을 무효화시켜 달라고 했다고 한다. 장택상의 요청대로 최능진의 후보 등록을 무효화시켜 준 당시 서울시 선거관리위원장 노진설(盧鎭卨)은 최능진과 함께 같은 트럭을 타고 월남했던 인물이었으니 기구한 인연이기도 했다. 이렇게 하여 최능진은 5·10 선거가 실시되기 직전인 5월 8일 후보 등록에 필요한 추천인 명부 200 명 중 27명이 본인 날인이 아니라는 이유로 입후보 등록 취소 통보를 받았고 끝내 선거전에서 이승만과 대결해보지 못하게 되었다. 이승만이 공권력을 동원하여 수단과 방법을 가리지 않고 혼신을 다하여 최능진의 출마를 저지했던 것은 역으로 최능진에 대한 민심의 압도적인 지지를 증명해주며 그의 당선 가능이 거의 확실했다는 것을 증명해주는 셈이 된다.

6. 이승만의 정치적 보복과 투옥

그러나 최능진의 패배는 여기에 그치는 것은 아니었다. 결코 정적을 용납하지 않았던 마키아벨리스트 이승만은 결코 최능진을 용서하지 않았고 최능진은

---

22) 최능진의 장남인 최필립 옹의 증언.

정부 수립 한달 보름밖에 되지 않은 1948년 10월 1일 느닷없이 혁명의용군 사건의 주모자로 수도경찰청 형사대에 붙들려가야 했다. 이승만 정부의 발표에 의하면 이 사건은 최능진이 서세충, 광복군 출신인 오동기(당시 여수주둔 국방경비대 제6연대 소령) 등과 공모, 국방경비대 내에 혁명의용군을 조직하여 정부를 전복시키고 쿠데타를 강행하여 공산 정권을 세우려 했다는 혐의였다.[23)] 국가 반란 혐의를 받는데 있어 최능진에게는 서재필 추대 운동 당시 추진했던 20만장의 서명인 명부까지 새삼스럽게 동원되었고 5·10 선거에서 이승만에게 도전했던 것도 유엔 감시 하의 정부 수립을 방해한 혐의로 추가되었다. 또 10월 22일 여순 사건이 터지자 최능진에게는 이에 대한 혐의까지 보태졌다. 이 사건은 해방 이후의 굵직한 시국 사건들과 마찬가지로 의혹이 많고 당시의 언론 보도를 살펴보더라도 사건의 전말이 지극히 불분명하다. 우선 국가 전복이라는 어마어마한 사건인데도 1심에서 3년 6개월이라는 가벼운 형량이 내려졌고 공범자인 서세충은 나이가 많다는 이유로 석방되었다.[24)] 게다가 최능진은 1949년 김구 암살 직후 옥중에서 단식 투쟁을 했다는 이유로 2심에서 징역 5년으로 형량이 늘어났다.

옥중에서 대법원 상고 중에 있었던 있던 최능진은 6·25가 발발하자 서대문 형무소에서 석방되었다. 그러나 이승만 반대 투쟁으로 수감 중이었다고는 하지만 월남 경력과 미군정 수사국장이라는 과거의 행적은 인민군 점령 하에서 그에게 이득이 될 수 없었다. 최능진은 집에 은거하면서 정세 변화를 살피다가 미처 피란을 가지 못한 김구, 김규식 계열의 우익 민족주의 인물들과 접촉하여 대책을 논의하였다.

---

23) 조덕송, 「비운의 삶을 살다간 최능진」, 「최능진의 정치 행로」, 「혁명의용군 사건」, 조덕송, 『민족 대드라마의 증언』 제2권, 다담미디어, 1994 ; 『동아일보』, 1948년 10월 5일자, 10월 22일자, 10월 23일자.

24) 이 사건의 담당 검사였던 강석복(姜錫福) 씨의 증언 참조; 김재명, 앞의 글 참조.

7. 한국 전쟁중 '정전, 평화 통일 운동'

최능진은 민족 진영 인물들을 규합하면서 민족 상잔의 비극을 줄이기 위해서는 즉시 전쟁을 중지하고 민족 공산 양진영을 UN에 보내 UN 주선에 의해 남북간의 민족 대립을 평화적으로 해결할 수 있다고 구상하게 되었다. 최능진의 이러한 구상은 이제까지 UN의 한국 개입을 반대해 온 북한이라고 할지라도 미국의 개입을 우려하고 있는 한 UN의 중재에 협조할 가능성이 있다고 믿었기 때문으로 보인다. 당시 이 운동에 관여했던 사람들의 증언을 종합해 보면 '즉시 정전, 평화 통일 운동'이 전개되었을 때 북한의 반응은 그리 냉담하지는 않았다고 한다.[25] 이 운동은 최능진의 주도하에 50여 명의 민족주의 인사가 숙의하여 이루어진 것으로 최능진의 구상을 우사 김규식 등 민족주의 지도자들로 하여금 좌우합작위원회 좌파 대표였던 朴建雄을 통해 김일성에게 전달하게 하여 전쟁을 막고 민족 문제를 평화적으로 해결하고자 했던 시도였었다고 한다.

그러나 이 운동은 실패로 돌아갔고 최능진은 정치보위부에 끌려갔다가 석방된 후 숨어 다녀야만 했다. 이 운동에 최능진과 함께 참여했던 강원식 옹의 증언에 의하면 북한 측은 이 운동에 대해 초기에는 호의적이었기 때문에 최능진을 위시한 민족 진영에서는 김규식을 수석대표로 하고 원세훈, 안재홍, 조소앙, 최동오 등을 추대하여 UN에 파견할 대표단까지 구상해 놓았다고 한다. 그런데 당시 서울시 인민위원장이었던 이승엽 등은 돌연히 태도를 돌변하여 50년 7월 15일에 열기로 한 '정전 평화 호소 대회'에 이승만 타도 대회를 병행하라고 요구한데다 UN 건의문과 연설문을 토의하는 과정에서 의견이 대립되어 협상이 결렬되고 말았다고 한다.

최능진은 UN군의 인천 상륙으로 서울이 수복된 후에도 계속 숨어살아야 했다. 인민군에 의해 서대문 형무소에서 석방된 데다가 전쟁 중이라서 혁명의용군 사건에 대한 공정한 재판을 기대할 수 없었기 때문이었다. 측근들의 증

---

25) 김재명, 앞의 글, 135쪽, 강원식 옹의 증언과 송남헌 옹의 증언 참조.

언에 따르면 이 기간 동안 최능진은 미군 측 수뇌부뿐만 아니라 이승만 대통령 등 권력 핵심부에 협력의 뜻을 전했고 이승만과 화해가 된 듯 했다고 한다. 그러나 어찌된 연유인지 최능진은 1950년 11월 당시 국일관에 자리잡은 군, 경, 검 합동수사본부로 연행되었고, 일제하에서 만주군 밀정 노릇을 했었던 김창룡(金昌龍)에 의해 구속되었다. 그 후 1951년 1월 20일 육군본부 중앙 고등 군법회의(재판장 육군 중령 황철신)에서 국방경비법 제32조 이적죄와 내란죄의 혐의로 사형을 언도받았다. 그의 죄목은 김일성의 지시 하에 UN에 즉시 정전을 요구하고 좌우 중간파를 막라한 연합 정부를 획책하기 위해 이른바 '평화 호소 대회'를 개최하려 하여 'UN'군의 실력 행사를 무의미하게 했고 대한민국 정부를 부인 내지 전복하고자 기도했다는 것이었다. 동족 상잔을 중지하고 민족 문제를 평화적으로 해결하고자 했던 최능진의 노력들은 대한민국을 전복하고 연합 정부를 획책한 것으로 호도되고 말았던 것이다. 최능진은 1951년 2월 11일 가족들도 전혀 모르는 가운데 경북 달성군 가창면에서 총살되었다. 최능진의 시신은 대구 달성 공원에 가매장되어 있다가 4·19 이후 이승만 정권이 몰락한 후에야 장례식이 치러졌고, 1960년 9월 흥사단 강당에서 추모식을 가진 후 경기도 양주군 광적면 가납리 선산에 묻히게 되었다.

사형이 집행되는 날 그는 가족에게 남기는 짧은 유서와 함께 군법회의 앞으로 유서를 남겼는데 거기에는 60평생 독립 운동에 몸담아 온 자신이 좌익이라는 죄명으로 권력의 희생물이 된 심경을 쓰고 있고, 자신은 결코 대한민국의 반역자도 좌익도 아니라는 점을 담담하게 항변하고 있다.

8. 최능진의 정치사상과 민족주의

최능진이 학자, 저술가이거나 문필 활동을 한 것이 아니어서 그의 정치 철학이나 사상을 문헌학적으로 살펴볼 수는 없다. 단지 일제 하 그의 독립 운동과 관련된 활동과 해방 후 사망할 때까지 5년 반 정도의 짧은 기간에 걸친 그의 정치 활동과 경력을 통해 그 윤곽을 추정해 볼 수 있을 뿐이다. 그가 총살되기 직전 가족과 군법회의 앞으로 남긴 짤막한 유서 2통을 제외하면 대전 형무소에 수감되어 있을 당시 중앙 고등 군법회의의 사무 용지 6p의 분량으로 최능진이 재판을 맡은 군법회의 측에 남긴 유서의 초안으로 보이는 글이 그의 사상을 엿볼 수 있는 중요하고도 유일한 문헌이라고 할 수 있겠다.

최능진은 가족에게 보내는 유서에서 말하고 있듯이 "정치 사상은 혈족인 민족을 초월해서는 있을 수 없다"고 생각했으며 조국과 민족에 충성하는 삶이 가장 가치 있는 삶이라고 생각했다.[26)]

遺 書

……자식들과 愛妻요 親友인 李豊玉에게 끝으로 부탁과 사죄의 말씀을 남긴다

…… 중략 ……

父의 금일의 운명은 정치적 모략에서 비롯된 것인 바 너희들은 조금도 누구에게 반감을 갖지 말고 또한 父의 원수를 갚을 생각도 말고 오직 너희 5남매는 父가 있을 때보다 더 서로 사랑하며 외로운 母를 잘 봉양하여라. 우리 국가가 이 모양으로 간다면 너희들의 생명은 안전치는 못할 것이다. ……연이나 필립, 봉립, 만립 너희 3인은 UN군과 끝까지 행동을 같이 하여라. 처 이풍옥에게는 사죄함뿐이오. 자식들 잘 길러 주시오. 생각할 점 몇 가지

1. 정치 사상은 혈족인 민족을 초월해 있을 수 없다 .

2. 정치, 경제, 기타 문화는 인격을 조성치는 못하는 바이고 오직 내적 즉 양심 변화가 있어야 하는데 그것은 종교이다. 기독교를 신봉하기 바란다.

3. 同生들끼리 상부하고 국가 민족에 충성하라.

26) 최능진이 총살되기 직전에 가족에게 남긴 유서 참조, 1951.

4282년 2월 11일 대구 형무소에서 父 능진 書

때문에 그는 군법회의 앞으로 보내는 글에서도 "민족을 망각한 유물 사상이 어떻게 민족을 지도할 수 있겠는가?"하고 민족을 최고의 가치로 여겼다.

또 당시의 국제 정세로 비추어 미소가 조선 땅에서 전쟁을 일으킬 가능성이 크므로 어떻게든 전쟁을 피하고 민족이 살아남아야 한다고 하며 정전 운동의 정당성을 주장하고 있다. 또 군인이 정치인을 재판하고 정치에 개입한다면 그 나라의 운명을 불길할 수밖에 없다고 하였다. 이는 정치 개입을 반대하는 최능진의 평소의 자유주의적 정치 철학을 웅변해 준다. 게다가 최능진이 은거생활 중에 여러 가지 접촉을 시도하여 이승만과 화해가 되었다고 생각하고 바깥 세상에 나왔다가 체포되었기 때문에, 자신의 죽음이 군 내부의 친일파들과 일부 정치 군인들의 음모에 의해 이루어졌다고 추측하고 있었던 것으로 보인다. 실제로 그는 군법회의에 보내는 글에서 "이북에서 쫓겨온 사람들 중에는 전직 경찰관 또는 전직 관공리들 계통의 사람이 많은데 그 자들이 나를 몰아서 좌익이라고 해서 나를 죽이라고 한 것"이라고 했고 자신은 민족 상잔을 피하고 민족이 살아남기 위해 停戰을 실현하려한 것밖에 없다고 항변했다.

> 본인은 조선의 민족 독립을 위해서 60 평생을 독립 운동을 해왔던 사람입니다. 오늘은 해방도 되고 독립이 된 것을 누가 기뻐하고 반가워 아니할 사람이 어디 있습니까? 저도 그 중의 한 사람으로서……양대 사상이 들어옴으로 말미암아 이 사상이 오늘 이런 상황을 빚어내리라 예측했습니다. 거기에 있어서 여러분은 금일 정치 이념 사상에서 훌륭한 민족 정신을 보존하지 못했습니다.……좌익이 유물 사상을 지도해나간다고 하나 그 유물이 민족을 망각한 사상이 어떻게 민족을 지도하겠는가?
>
> 그리고 군인이 정치인을 재판하고 군인이 정치인을 죽이는 것에 대하여……현 국제 정세를 본다면 소련이 그 전과 다릅니다. 만일 미소가 조선 땅에서 부딪힌다면……결국 망하는 것은 조선 사람뿐입니다. 미국이 강력

하다 해도 저 넓은 만주 벌판에서 싸우지 못하고 결국 조선을 포기해서 후퇴하게 될 것이니 이 민족만이 학살당하는 것입니다. 나를 덮어놓고 좌익이라고 해 가지고 최고형인 사형을 해야 무엇 하는 것이요?

……미국이 소련하고 나중에 전쟁이 일어날 날도 멀지 않을 것입니다. 그 미소 전쟁이 조선에서 일어나지 않게 하고 구라파 다른 나라에서 일어나게 해보자 이것이 나의 희망한 바이고……군인이 정치에……간섭해 가지고 잘된 나라가 있는가 판단해 보십시오.……국가 수호에 임무가 있는 군인이 왜 서울을 포기했는가. 그래가지고 남으로 내려와서 사람을 잡아죽이는 것은 우리 국가가 대단히 불길한 전조라고 봅니다.……이 대한이 편안한 국가가 되고 다행히 전쟁에서 벗어나기를 빌며 여러분이 훌륭한 군인이 되기를 간절히 빕니다.[27]

실제로 최능진을 체포하여 죽음에 이르게 한 김창룡은 일제하에서 만주군 밀정 노릇을 하다가 해방 후 월남하여 군 수사 기관의 간부가 된 악질적 정치군인의 전형으로 김구 암살 당시 안두희의 수사를 맡았던 인물이었다. 군의 정치 개입에 대한 최능진의 우려는 한국의 창군의 주역들이 독립 운동가들이 아니라 일본군, 만주군 출신들이었고 일제하에서의 그들의 경력으로 인해 정치적 성격을 가질 수밖에 없었던 그 이후의 한국 사회의 역사에서 현실로 나타난 셈이다.

최능진은 모리배들과 권모술수가 판치던 이승만 정권 초기에 어떠한 정치사상도 혈족인 민족을 초월할 수 없다는 철저한 민족주의 신념대로 올바르게 살고자 했기 때문에 권력의 제물이 되어야 했다. 최능진은 조선 민족의 생존을 위해서는 친일 부패 분자를 축출하고 건전한 민족 세력이 국가 형성의 주도권을 잡아야 한다는 신념을 가지고 있었고 이러한 주장이 조병옥, 장택상과의 성명전을 통해 국민들의 공감을 얻기도 했다. 최능진이 5·10 선거에 출마를 결심하게 된 것도 이승만의 미국에의 행적을 잘 알고 있는 그로서 민족

27) 군법회의 앞으로 보내는 최능진의 유서 초고, 1951.

의 장래를 위해 사리사욕에 대한 집착이 강하고 독선적인 이승만의 인물됨을 국민들에게 폭로하고 이승만의 권력 장악을 저지시키려 했다는 점에서 민족적인 평가를 받아야 할 것이다. 또 전시 하에서의 최능진의 '즉시 정전 운동' 또한 어느 정도 역사적인 시간이 경과한 후에 재평가되어야 할 문제로 보인다.

최능진이 좌우 대립이 격심했던 해방 후의 정세에서 중도적인 노선을 걷게 되었던 것도 그의 민족 지상주의 신념 때문으로 보인다. 일제하에서 민족주의 사상의 면에서 조만식과 안창호의 영향을 크게 받았던 그는 북한의 공산주의 세력의 민족 문제를 보는 관점을 용납할 수 없어 월남했지만 남한의 정치 공간에서도 그가 발디딜 공간은 없었다. 조병옥, 장택상과의 성명전에서 스스로 천명하였듯이 최능진은 "민족 분열과 동족 상쟁을 조장하는" 극좌와 극우를 모두 증오하였고 "정치사상은 민족을 초월할 수 없다"는 마지막 유언에서 나타나 있듯이 철저한 민족주의자였다. 그의 이러한 민족 우위의 정치사상은 독립 운동으로 인해 풍지박산이 나버린 자신의 집안 배경과 식민지하의 자신의 오랜 독립 운동을 통해 체화된 신념이라고 볼 수 있을 것이다. 최능진 개인의 비극은 민족 연합 전선과 좌우 합작에 기초하여 연립 정부를 세우려 했던 중도 노선의 운명을 반영하는 것이다. 최능진은 개인적인 인물의 면에서도 일찌기 서구의 기독교의 영향을 받고 서구의 자유주의의 합리성을 신뢰했던 인물이었을 뿐만 아니라, 사리사욕을 모르고 강직하게 살아가는 지사형 성격의 소유자로 보인다. 비굴한 타협에 굴하지 않고 불의를 용납하지 않는 그의 인물됨이 권모술수에 능한 이승만에게 패배한 것은 한 개인의 패배일 뿐만 아니라 한국 현대사의 비극을 의미한다고 볼 수도 있을 것이다.

<참 고 문 헌>

*국편, 『독립 운동사 자료집』, 제12집, pp. 1285-1286, pp. 1305-1328.
*『동아일보』, 1946년 11월 19일자.
*『한겨레 신문』, 1991년 1월 25일자.
*나병덕(미군정 수사국 특무과장 역임) 옹의 증언.
*송남헌(김규식 비서실장 역임) 옹의 증언.
*이병희(서재필 추대 준비위원회 간사 역임) 옹의 증언.
*강원식(5·10 선거 당시 최능진 후보 선거운동 사무장 역임) 옹의 증언.
*송홍섭(동대문 구청 총무과 직원 역임, 1948년 선관위의 종사원으로 활동), 「비원」(5·10 선거 전말 회상기), 『예향』, 1994 8월호
*조덕송, 『민족 대드라마의 증언』 제2권, 디담미디어, 1994.
*김재명, 「좌절된 민족경찰의 꿈, 최능진」(역사와 인물: 친일파와 한국경찰), 『월간중앙』, 1994, 겨울호

제4장 수도경찰청 수사과장 노덕술(盧德述 1899-?)
—반민 특위 요인 암살을 조종한 친일 경찰의 거두

*창씨명 : 松浦 鴻

*1899년(명치 32년) 경남 울산 출생/1924년 東萊署 사법주임/1932년 통영 경찰서 사법주임/1934년 평남도 경찰부 수송보안과장/1937년 경기도경 경부(인천경찰서, 종로 경찰서 사법주임, 고등계 주임)/1945년 평남도 경찰부 보안과장/1946년 수도경찰청 수사과장/1950년 헌병 중령으로 이직/1955년 육군 범죄수사단 대장. 김창룡과 대립 중 절도 사건 관계로 실형. 김창룡 암살 이후 석방. 그 이후 잠적 및 사망 추정.

1. 친일 경찰의 거두

1949년 1월 24일 자정 무렵 고문 치사 사건으로 또, 반민특위 요인 암살 음모의 장본인으로 수배 중이던 친일 경찰 노덕술이 드디어 반민특위에 의해 체포되었다. 반민특위 조사위원 김명동(金明東)이 지휘하는 노덕술 체포대는 반민특위의 활동이 본격화된 1949년 1월 초부터 시내 곳곳을 뒤졌으나 미군정기에 경찰 요직을 맡았고 얼마 전까지만 해도 수도청 수사과장을 지냈던

── 더구나 대한민국 국립 경찰의 호위를 받고 있었던 ── 노덕술(체포 당시 54세)의 은신처를 알아내기란 쉬운 일이 아니었다. 반민특위 체포대는 노덕술이 잘 다닌다는 그의 첩 김화옥(金華玉, 기생)의 집을 밤늦게 급습하여 그의 은신처를 알아내었다. 체포대가 찾아간 이두철(李斗喆, 당시 동화 백화점 사장)의 집 앞에는 노덕술을 경호하는 호위 경관과 경찰 번호를 단 지프차 한 대가 있었다. 돌입한 일행은 노덕술이 숨어 있는 방을 덮쳐 병풍 뒤에 숨어 양손에 권총을 들고 최후의 발악을 하는 노덕술을 드디어 체포한 것이다. 그의 체포는 정부 수립 후에도 여전히 국립 경찰의 요직을 차지하고 있는 친일 경찰에 대한 단죄의 시작을 뜻하는 것이었다.

2. 日警의 호랑이, 勳7等 從7位 훈장의 극악한 친일 경력

노덕술은 경남 울산(개성에서 출생하여 아홉살 때 울산으로 이주하였다는 설도 있음)에서 태어나 울산보통학교 2학년을 중퇴하고 일본인 상점에서 고용인으로 일하다가 일본 북해도로 취직차 건너갔으나 다시 돌아왔다. 그는 귀국하여 1920년(대정 9년) 6월 경 경남 순사교습소를 졸업하였고 경상남도 경찰부 보안과 근무를 시작으로 친일 경찰의 이력을 쌓아가기 시작했다. 그 후 그는 울산 경찰서 사법계에 근무하면서 순사부장이 되었고 1924년에는 경부보로 승진하여 의령, 김해, 거창, 동래, 통영 등 각 경찰서 사법주임을 지냈으며 1930년대 초에 경부로 승진하여 서울 본정, 인천, 개성, 종로 등 각 경찰서 사법주임과 고등계주임 등 요직을 맡았다. 그는 1934년 9월에 평남 보안과장으로 승진되어 해방이 될 때까지 일제하에서 27년간 사상 관계 사건을 취급하여 일제로부터 훈7등 종7위의 훈장을 받았다. 노덕술은 해방 후에도 미군정 하에서 수도청 수사과장을 지냈으며 체포 당시에도 서울 시경찰국 총경의 지위에 있었다. 해방이 되기까지 일제 시대를 통틀어 조선인으로서 경찰부장을 지낸 자는 1844년 황해도 경찰부장이 된 윤종화(尹重華) 한 사람 뿐이었으며 해방 직전까지 경시가 된 자는 총 21 명뿐이었다. 해방 당시 일제 경찰의 경시를 지낸 인물들 중 알려진 자들로는 최경진(崔慶進), 최연(崔燕), 전봉덕(田鳳德), 이익흥(李益興), 윤우경(尹宇景), 노덕술, 손석도(孫錫度), 노주봉(盧周鳳) 등 8 명으로 노덕술은 일제 시대 조선인으로서는 보기 드물게 경찰의 고위직인 경시까지 승진한 극소수 인물 가운데 한사람인 것이다. 그가 빈약한 학력으로 경시까지 승진할 수 있었고 일제로부터 훈장을 받을 수 있었던 비결은 과연 무엇이었으며 그의 비상한 친일 공로는 어떤 것이었는가?

노덕술이 독립 운동을 했던 동족을 탄압하고 전국 각지에 있는 총독부 경찰서에서 27년간 근무하면서 다룬 사상 관계 사건은 이루 말할 수 없이 많겠지만 1949년 3월 30일 반민특위에 의해 기소(담당 특별 검찰관 서성달(徐成達))되면서 확인된 대표적인 범죄 사실(기소 해당 죄명 : 민법, 제3조, 제4조 6항) 들은 아래와 같다.

가) 1927년 경 김규직(金圭直)을 회장으로 하고 김진홍(金鎭興,당시 21세)을 부회장으로 하여 약 150여 명의 회원을 갖는 비밀 결사 조직 혁조회(革潮會)가 반일 투쟁 및 독립 운동을 목적으로 배일 투쟁사와 조선역사를 기록한 배일지집(排日志集)을 작성 배부하고 항일 운동을 한데 대해 노덕술은 이 사건이 고등계 사무에 속함을 알았음에도 불구하고 직접 담당하여 김진홍, 김규직 두 사람을 사망케 하고 그 관계자들을 2년 내지 3년 간 복역하게 하였다.

나) 동래경찰서 사법주임 재임 당시인 1929년과 1930년에 일본인 교사와 조선인 학생 간에 민족적 감정으로 4-5차례 에 걸쳐 발생한 동래 고등보통학교 맹휴 사건에 대해 사법계 주임의 직위에 있었음에도 불구하고 매차 조선인 학생 탄압을 목적으로 한 총검거에 솔선 부하를 지휘, 고등계 사무인 교외 학생 집회 행동 사찰을 담당하여 조선인 학생 검거에 앞장섰으며

다) 동래 경찰서 사법주임으로 재직할 때인 1929년과 1930년(소화 4, 5년) 여름 동래군 소재 동래 유치원에서 개최된 조선인 일본 유학생의 하기

휴가 이용 귀국 강연회가 그 내용이 일본 정치 비난이라는 구실로 당시 사법주임의 자리에 있었음에도 불구하고 고등계 사건에 속하는 사상 관계 사건을 직접 담당, 취급하여 조선인 강연자 수명을 검거 취조하고

라) 동래 경찰서 사법주임으로 재직할 때 인 1928년 10월 경 동래군 기장면 동부리 179번지 거주 박일향(朴日嚮)이 반일 투쟁 단체인 동래청년동맹 집행위원장 및 동래 노동조합 정치문화부장, 신간회 동래지회 간부인 것을 탐지하고 사법주임으로서 이 행동을 말살시키려는 의도 하에 고등계 사무에 속하지 않았음에도 불구하고 그를 검사 취조하였으며

마) 통영경찰서 사법주임으로 재직하였던 1932년 5월 경 반일 단체인 'ML'당의 조직원인 김재학(金載學)이 메이데이 시위 행렬에 참가하였다는 죄과로 사법주임으로 고등계 사무를 겸무하고 있던 노덕술은 김재학을 지접 검거하여 두 손을 뒤로, 두 발을 앞으로 결박하여 천정에 매달아 구타 또는 입에 물을 들이붓고, 전신에 폭행을 가하는 등의 온갖 방법으로 혹독한 고문을 강행한 후 송국하여 벌금에 처하게 하고

바) 평안남도 경찰부 보안과장으로 재직할 당시인 1944년(소화 18년) 보안과장으로서 자동차 수송 통제를 목적으로 조직된 평안남도 자동차 수송협력회의 이사로 있음을 기회로 육상 운반구, 특히 화물 자동차 다수를 징발하여 군수품 수송에 제공케 하여 일본국 전쟁 수행에 협력하였으며 경찰관으로서 독립 운동가를 살해하고 악질적 행위를 한 죄 등이다.

위의 친일 행위 목록은 노덕술이 빈약한 학력에도 불구하고 조선인으로서 오를 수 있는 최고의 경찰 직위인 경시에 오르기까지 그가 범했던 반민족적 죄상의 극히 일부에 지나지 않는 것이겠지만 거기에는 그가 일제에 충성심을 인정받고 출세를 하기 위해서는 자신의 업무와 상관없는 일에까지 뛰어들어 민족 운동을 하는 동족을 탄압하는 등 열성적으로 일제에 봉사했다는 것이 드러난다. 악질적인 조선인 경찰들이 자신들의 충성심과 공적을 쌓기 위해 심지어는 실제로는 일어나지도 않았던 기발한 사건들을 조작했던 것은 노덕술의

경우에 해당된다.

3. 되살아난 고문의 악습

노덕술이 유명해지게 된 것은 그가 반민특위에 의해 기소되고 그의 극악한 죄상이 알려진데서 비롯된 것만은 아니었다. 그는 이미 해방 후에도 수도청 고문 치사 사건으로 세인을 놀라게 하였고 그가 체포된 후 발각된 그의 반민특위 간부 암살 음모였다.

최근에 이르기까지 한국 사회에서 양심수들이나 시국 사범 심지어는 일반 피의자들에게까지 적용되고 있는 한국 경찰의 고문 치사의 악습은 조선인 고문 기술자들을 길러낸 일제 고등 경찰의 유산이다. 친일 행위의 형태나 정도는 친일 인물들의 경력이나 직업에 따라 다양하겠지만 총독부 경찰 특히 고등계 형사들은 설령 아무것도 하지 않았다 해도 그 직업 그 자체만으로도 이미 반민족자가 될 수밖에 없는 이유도 바로 거기에 있다. 고등계 형사들은 일제 식민지 지배의 첨병으로서 동족을 감시 탄압하는 것을 고유의 직무로 삼고 있는 자들이었고 독립 운동의 배후 조직이나 독립 투사들의 범죄 아닌 범죄를 밝혀내기 위해 일본인들보다 더 악랄하고 빈번하게 자기 민족에게 고문을 자행했다는 것은 널리 알려진 사실이다. 그들의 고문 방법은 독립 투사들에게 가해졌다는 사실이 아니더라도 인간으로서 존엄성을 가진 인간에게 인간으로서는 도저히 저지를 수 없는 만행이라는 점에서 반민족 범죄 행위에 대하여 영원히 극악한 범죄자로 남겨질 수밖에 없다. 반민특위의 공판에 출두하여 고문 받았던 상황을 생생하게 밝혔던 증언자들에 의하면 그들의 고문 방법은 머리카락을 뽑고 물을 먹이는데서 혀를 뽑는(강우규 열사의 경우)데 이르기까지 인간의 상상력을 초월한 것이다. 반민 특위에 의해 고문 왕으로 알려진 김태석 (金泰錫) 과 마찬가지로 노덕술은 서울 종로서, 서대문서에서 근무했던 김영호, 이구범 (李九範) 과 함께 '악질 삼총사'로 손꼽혔던 인물이다.

노덕술은 해방 후에도 이러한 고문의 악습을 자행하여 또 한번 세인을 놀라게 하였다. 1948년 초 경무부 수사국장을 맡았던 조병설의 증언에 의하면 수도청 고문 치사 사건의 피해자로 알려진 임화(林和)는 — 경찰에서는 끝까지 도주한 것이라고 주장하였지만 — 담당 경관이 그에게 실토했던 바와 같이 고문치사에 의해 사망한 것이 분명하며 그 고문의 지휘자는 노덕술, 최운하(崔雲霞) 두사람이었다고 한다. 노덕술은 최운하와 함께 일제 고등계 형사 출신인 박사일(朴士一), 김유하(金留夏), 김재곤(金在坤)을 고문 치사의 하수인으로 고용하여 임화를 죽게 한 것이다. 그러나 이 사건이 알려지게 되면 국립 경찰의 수치라 하여 그에 대한 수사는 비밀리에 이루어졌으며 고문 치사의 하수인 노릇을 했던 3 사람만 징역 2년을 구형 받았을 뿐 그들을 고용하고 고문을 지휘했던 노덕술은 현직에 버젓이 버티고 있었다. 해방 후에도 고등계 출신 친일 경찰들이 미군정 경찰의 핵심부에 등용되었고 정부 수립 후에도 경찰의 핵심부를 장악하고 있었으니 그에 대한 처벌을 기대한다는 것은 어리석은 생각이기도 했다.

이들 친일 경찰들은 이미 미군정 하에서 좌익을 색출하고 공산당을 타도한 공로를 인정받아 최고의 애국자들로 변신해 있었다. 그러한 국립 경찰의 간판 인물로 알려진 노덕술이었지만 1948년 9월 그를 비호해주던 장택상(張澤相)이 물러나고 김태선(金泰善)이 새 수도청장에 임명되자 수도청 수사과장 직에서 물러나게 되었으며 검찰은 그제야(1948년 11월) 수도청 중부서 고문치사 사건의 주범으로 노덕술에 대한 체포 명령을 내렸었다. 그러나 친일 경찰 간부들로 구성되어 있던 국립 경찰이 그를 체포할 리 만무했으며 오히려 수도청에서는 그의 신변 보호를 위해 경찰 지프차 한 대와 호위 경관 4 명을 붙여주었다. 그러나 노덕술은 결국 반민특위 특경대에 의해 반민법 해당자 및 수도청 중부서 고문 치사 사건 피의자로 체포되기에 이른 것이다.

4. 반민특위 간부 암살 음모

전 수도청 수사과장이었던 노덕술과 서울시 경찰국 현직 간부인 친일 경찰들에 의한 반민특위 간부 암살 음모는 노덕술이 체포된 직후 임정화(林丁和, 일명 백민태(白民泰))라는 자가 자수하여 그들의 암살 음모를 폭로함으로써 세상에 알려지게 되었다. 당시의 신문에 알려진 바와 같이 암살 음모의 구상은 노덕술에게서 비롯되었다. 국회에서 반민법이 논의되자 불안해진 노덕술은 서울시 경찰국 수사과장 최난수(崔蘭洙), 사찰과 부과장 홍택희(洪宅喜) 두 사람과 상의하여 과거 여운형의 암살에 실패한 경험이 있는 백민태에게 반민특위의 중견층 국회의원인 노일환(盧鎰煥),이문원(李文源) 등을 비롯한 반민특위 간부들 7, 8 명을 암살할 것을 지령하였다. 그러나 백민태는 그 음모의 광범위함에 놀라 망설이고 있던 차에 암살을 구상했고 현직 경찰 간부들과 백민태의 중간에서 암살 계획을 추진해 왔던 노덕술이 체포되자 자수를 결심하게 된 것이다.

당시 검찰청에서 백민태가 밝힌 암살 계획의 시나리오는 아래와 같다.

반민법 제정이 논의되고 있던 1948년 가을 노덕술은 백민태를 찾아와 "백동지는 나와 우리 경찰을 위해 전적으로 협력할 용의가 있는가?"하며 최초로 음모의 일단을 설명하였다. 그리고 당시 중부서장이던 박경림(朴京林) 을 통해 하루 한번씩 회합할 곳과 그후의 모든 연락이 취해졌으며 노덕술이 최난수와 홍택희를 소개해주었다. 그리하여 백민태가 피신 중이던 노덕술과 함께 매일같이 서울 시내 모처에서 회합을 갖고 음모를 진행하던 중 1948년 11월 초순 어느날 수도청 사찰과 부과장 홍택희가 수도청으로 백민태를 불러 "국회의원 김장렬(金長烈), 김웅진(金雄鎭), 노일환, 3명을 암살해달라"고 부탁했으며 이틀 후 최난수는 박홍식 명의로 된 식산은행 수표 10만원을 내주면서 "우리의 배경에는 박홍식(朴興植) 같은 대재벌이 있으니 돈걱정은 하지 말고 일만 잘해달라"고 거듭 당부하였다. 이 때 최난수는 수도청 자신의 방에서 붉은 잉크로 쓰여져 있는 암살 해당자 즉, 국회의원이자 반민특위 특별 검찰관인 5 명의 의원과 특별 재판관 5 명의 리스트를 주며 검찰총장 권승렬도 적당히 고려하여 처리해 달라고 덧붙였다고 한다. 이 암살 명부는 당시 검찰청에 증거품 제2호로 입수되었다.

검찰의 기소 사실문에 의하면 반민특위 활동을 와해시키기 위한 이 음모 계획에서 재정 문제는 박홍식, 언론 분야 이종영(당시 60세, 2대 국회의원 역임, 만주에서 일본 헌병의 앞잡이로 무려 250여 명의 독립 투사를 체포하는데 앞장섰고 그중 17 명을 사형 당하게 했으나 해방 직후 대동신문이라는 극우파 신문을 만들어 좌익 타도를 부르짖으며 재빠르게 애국자로 변신하였음), 경찰 분야는 노덕술이 담당하였다. 여기서 우리는 해방 후 친일파들의 생존 방식과 행위 양상을 이해하기 위해 노덕술의 반민특위 와해 공작과 암살 음모 시나리오의 후반부에 주목할 필요가 있겠다. 노덕술을 비롯한 이들 친일 경찰 간부들은 백민태에게 "노일환, 이문원씨 등을 시외 모처로 납치하여 강제로 '우리는 이남에서 살 수 없으니 이북으로 가겠다'는 유서를 받은 후 암살해버리면 뒤처리는 경찰이 알아서 하겠다"는 지령을 내렸다.

그들이 말하는 '뒤처리'란 친일파와 반민족 행위자 처벌 을 주장하는 이들 위원들을 공산당의 프락치로 조작하여 "38선 부근에서 월북하려는 것을 경찰이 저지시키려 하자 이에 완강히 저항하다가 경찰의 총에 맞아 숨지게 되었다"고 수사 발표를 한다는 것이었다. 그들은 이러한 각본에 의해 친일파, 반민족 행위자 처벌을 주장하는 자=공산당이라는 이데올로기적 낙인이 성공하게 될 것이며 친일파 처단에 대한 요구는 중지될 것이라고 믿었던 것이다. 그러나 그들이 해방 후 상습적으로 써먹었던 이 각본은 노덕술의 급작스런 체포와 백민태의 자수로 실현되지 못했고 그 후 친일 경찰들은 집단 행동과 반민특위 습격이라는 노골적이고 극단적인 방법으로 요구를 관철시키게 된다. 반민특위 및 정계 요인들에 대한 암살 음모 사건에 관한 공판에서 노덕술과 최난수는 끝까지 암살 음모를 부인하였으며 증거물로 입수된 최난수의 암살자 명단 메모에 대해서도 '장난 삼아 낙서한 것'이라고 잡아떼었다. 백민태에게 권총 1점과 수류탄 5개 탄환 3발 그리고 수표 17만원을 직접 건네준 역할을 맡았던 최난수는 단지 북한에 대한 공작 목적으로 백민태에게 무기 및 공작비를 지출한 것이라고 기소 사실을 모두 부인하였다. 그들은 자신들의 범죄 사실을 은폐하기 위해 하루아침에 일개 극우 테러리스트인 백민태(미군정하 여운형 자택

폭파 사건의 범인이기도 함) 를 대북 공작원으로 몰아붙였던 것이다. 그것은 아무리 극악한 친일파라고 하더라도 또 일신의 권력과 영달을 위해 어떤 범죄를 저지르더라도 그들의 행동이 좌익 타도라는 명분만 획득하면 그것이 과거의 친일 죄상에 대한 면죄부로 통용되었던 당시의 상황에서 나름대로 효력이 있었음에 틀림없다.

5. 노덕술의 체포와 친일 경찰의 저항

고문 치사 사건의 주모자이자 반민족 행위자, 반민특위 요인 암살 음모의 지휘자인 노덕술의 체포는 당시 여론의 분노 및 기대와 달리 친일파에 대한 단죄와 민족 정기의 회복을 가져온 것이 아니라 반민특위에 대한 친일 경찰의 공개적인 도전, 나아가서는 반민족 행위자 처벌에 대한 이승만의 노골적인 반대와 이승만 정권의 총체적인 저항을 불러 일으켰으며 궁극적으로는 반민특위의 와해를 초래하였다. 그도 그럴 것이 노덕술은 국립 경찰의 핵심부를 장악하고 있는 친일 경찰의 대표적 인물이었고 따라서 그에 대한 처벌은 그 한사람에게 그치는 것이 아니라 다른 친일 경찰 출신의 현직 경찰들의 처리에 시금석이 될만한 일이었다. 실현 불가능한 일이었지만 만일 노덕술이 제대로 처벌받고 반민특위의 활동이 계속되었더라면 국립 경찰 자체가 무너질 수밖에 없었으며 구친일 세력에 기반을 두고 있는 이승만 정권 자체의 존립 기반이 위태로워질 수밖에 없었다.

반민특위를 결정적으로 와해시킨 6・6 사건에는 노덕술이 — 체포된 상태였기 때문에 — 직접적으로 관여하지는 않았지만 전체적인 차원에서 친일 경찰의 행적을 이해하기 위해 좀더 언급할 필요가 있겠다. 반민특위 활동에 대한 반대는 수도청 경찰이 공개적으로 반민특위를 습격했던 1949년 6월 6일 이전부터 이미 사회 각 영역에서 유력 인사가 되어있고 정권의 핵심부를 장악하고 있었던 친일파들에 의해 노골적으로 드러나 있었다. 대동신문 사장으로 있었던 이종영 등은 반민법이 공포된 다음 날인 1948년 9월 23일 서울운동장에서 "반공 구국 총궐기 및 국민 대회"를 갖고 반민법은 민족 분열을 초래하는 망민법(網民法)이며 이 법률은 만든 것은 국회 안에 에 있는 공산당 프락치의 소행이라는 내용의 규탄 대회를 열었다. 이종영이 대회장인 이 궐기대회에서 반공과 반민법에 대한 2원칙 7조항이 결의되었는데 제1원칙은 "현재 대한민국을 지지, 보위하고 있는 자는 애국자이며 따라서 8·15이전의 행동에 구애 말고 포섭할 것"이었다. 또 자칭 국민 대회인 이 대회는 「대통령에게 보내는 글월」을 채택하였다. 그 내용은 "진정한 민족 반역의 현행범인 공산 매국노의 처단을 전혀 도외시한 채 소급 적용하여 동포 리간과 동족 상잔할 화근을 남길 반민법에 대해 각하께서는 이 법의 실시를 보류하는 시책을 조속히 강구하라"는 것이었다. 친일파들의 논리로는 과거지사인 반민 행위를 거론하는 것은 민족 반역의 현행범인 공산 매국노라는 것이다.

반공이라는 이름 하에 열리는 이러한 관제 대회와 반민특위 활동을 좌익 활동으로 몰아가는 극우 언론의 이데올로기 공작이 극심해가던 와중에서 반민특위 활동에 쐐기를 박는 이승만의 담화문이 발표되었다. 대통령의 담화문은 노덕술에 대한 석방 명령이 거절된 이후에 발표된 것이었다. 이승만은 노덕술이 체포된지 이틀 뒤 반민특위 위원들을 불러 노덕술의 석방을 요청했으나 그것이 거절되자 1949년 2월 2일과 2월 15일 두 차례에 걸쳐 급기야 친일 경찰 기술자들을 옹호하는 담화를 발표하기에 이른 것이다.

이승만이 노덕술의 석방을 요청한 배경은 이러하다. 당시 이승만은 노덕술을 잘 알고 있었던 것은 아니지만 경찰 내에서 노덕술의 세력이 강력했고 노덕술과 친분이 두터운 김태선(제1공화국의 다른 각료들에 비해 서울시경국장 김태선과 신성모 국방장관만은 이승만을 사적으로 자유롭게 만날 수 있었다.) 이 노덕술의 석방을 부탁한 것이다. 당시 검찰이나 법조인들 사이에서도 노덕술을 자신의 공적을 위해 사건의 조작만을 일삼는 백해무익한 존재로 보는 사람들이 상당수 있었으나 이승만은 그러한 사정을 잘 몰랐고 전수도경찰청장 장택상과 김태선이 이승만에게 노덕술은 공산당을 잡는 탁월한 기술자이자 공로자라고 진언한 것이 이승만으로 하여금 노덕술을 석방하도록 만든 배경이 되었다.

그러나 반민특위에 의해 노덕술의 석방이 거절되자 이승만은 곧장 담화문을 발표하여 특히 친일 경찰관들의 처벌의 부당성에 대해 집중적으로 언급하였다.

……치안에 관계되는 일을 중대히 보지 않을 수 없으므로 지금 반란 분자와 파괴 분자가 처처에서 살인 방화하는……이 때에 기왕에 죄가 있는 자라도 아직 보류하고……질서를 유지하는 것이 지혜로운 정책일까 하는 바이다.……경찰의 기술자들을 아직 포용하는 것이 필요하며 따라서 기왕에 반공 투쟁이 격렬할 때에 경찰 기술자들이 직책을 다하여 치안에 공효가 많을 때에는 장공속죄(將功贖罪)한다는 성명이 여러 번 있었으므로 정부의 위신상으로 보나 인심 수습책으로 보나 조사 위원들은 신중히 조처하기를 권고하는 바이다.……

그러나 친일 경찰들의 반민특위 반대와 대통령의 권고에도 불구하고 들끓는 여론 속에서 친일파 처단에 대한 민족적 요구가 거세어지자 서울시경국장 김태선은 치안국장 이호(일제 검찰 출신), 내무부장관 윤치영, 내무부차관 장경근(일제 판사 출신)과 협조하여 반민특위 습격을 결심하게 된다. 1949년 6월 2일 국회 의사당 앞에는 국민계몽협회라는 단체 이름으로 6백여 명이 모여 반민특위의 해체를 요구하는 데모를 벌였으며 6월 3일에는 특위 사무실 앞에서 데모를 벌였다. 나중에 반민 특위 특경대가 데모 주동자 20여 명을 조사하는 과정에서 시경 사찰과장 최운하가 데모를 배후 조종했다는 사실이 밝혀지게 되었다. 여기에 더하여 서울시경 산하 각급 경찰서장, 경찰학교장들은 반민특위 특경대 해산과 경찰관의 신분 보장 등을 요구하며 이 요구가 관철되지 않을 때에는 총사퇴하겠다고 집단 행동을 하면서 정부에 더욱 압력을 가하였다.

친일파 처벌에 대한 국립 경찰의 방해 책동은 여기에 그치지 않고 1949년 6월 6일에는 중부경찰서장 윤기병(尹箕炳)이 경관 40여 명을 이끌고 아침 일찍 특위 사무실을 습격하여 출근하는 특위 직원과 간부들을 체포, 연행하였으며 특경대를 무장 해제시켰다. 정부는 특위 습격에 대해 장경근 내무차관을 통해 특위의 특경대가 경찰권을 불법 행사했기 때문에 해산시킨 것이라고 주장했다. 어쨌든 이 습격 사건을 계기로 무장력인 특경대를 잃어버린 특위는 실질적인 활동을 계속할 수 없게 되었으며 노덕술의 체포 이후 불안해하고 있었던 경찰 간부들은 제자리를 찾을 수 있게 되었다. 게다가 국립 경찰의 간부가 있는 친일 경찰들은 서울시경국장 김태선의 이름으로 특위 위원장 김상덕(金尙德), 부위원장 김상돈(金相敦), 특위위원 김명동, 특별 검찰관 차장 노일환 등 4명을 불법 가택 수색, 폭행, 독직 혐의 등으로 검찰에 고소했다. 6·6 사건 이후 국회의원들로 구성된 반민특위 위원이나 재판관, 검찰관 등은 대부분 활동을 포기하거나 사퇴 의사를 밝혔으며 반민특위의 조사관들도 뿔뿔이 흩어져 활동이 중단되었다. 더욱이 반민특위의 활동을 뒷받침해 주었던 국회의 소장파 그룹이 국회 프락치 사건으로 구속됨으로써 특위는 국회 내의 지지 기반마저 상실하게 되었다. 노덕술의 체포로 촉발된 친일 경찰의 총궐기는 친일 경찰의 압도적인 승리와 반민특위의 와해로 막을 내린 것이다.

이상에서 살펴본 바와 같이 노덕술은 그의 체포 후 친일 경찰 간부들이 주축이 된 제1공화국의 국립 경찰이 공개적으로 반민특위 활동을 저지시키려는 활동을 전개할 정도로 해방 후 이승만 정권 하에서도 거물급 경찰 간부였다. 특위 요인 암살 음모를 지휘했던 4 명의 경찰 간부들은 1949년 5월 29일 열린 제7회 공판(담당 검사 이광희(李光熙))에서 '피고인들이 수사의 권위자로 많은 공로가 있으나 증거가 충분한 만큼 만행을 묵과할 수 없다'고 하여 각각 징역 4년이 구형되었다. 그러나 같은 해 6월 6일 경찰의 반민특위 습격 이후 반민특위 활동이 무력화되어 가던 가운데 열린 그 이후의 선고 공판에서(6월 6일) 특위 요인 암살 음모를 총지휘했던 노덕술은 박경림과 함께 증거 불충분으로 무죄를 인정받았으며 최난수와 홍택희에게는 징역 2년이 선고되었다.

그 후 반민특위는 정부의 반민자 처벌 반대 공작 속에서 김구 암살, 의혹에 쌓인 국회 프락치 사건 등이 터지자 그 와중에서 공소 시효를 49년 8월 31일로 단축하자는 정부의 반민법 개정안이 국회에서 통과됨으로써 실질적으로 해체되었다. 반민특위에 의해 체포된 305 명 중 기소된 자는 221 명에 지나지 않았으며 그중 40 명만이 반민특위 활동 기간 중 재판을 받았다. 재판을 받았던 40 명도 대부분이 공민권 정지나 집행유예, 병보석 등으로 풀려났다. 1949년 9월 경까지 재판을 받았던 40 명 가운데 실형을 선고받은 자는 고작 7 명이었는데 1년 징역이 3 명, 1년 6개월 징역이 1 명, 2년 6개월 징역이 1 명, 무기징역이 1 명, 사형이 1 명 등이었다. 그러나 이들 실형 선고를 받은 자들도 반민특위가 와해되고 분위기가 바뀌게 되자 재심을 청구하여 1950년 봄까지는 모두 자유의 몸이 되었다. 예컨대 실질적으로 최고형 선고를 받은 친일경찰 출신 김태석(고등계 경시를 거쳐 중추원 참의를 지냄)은 무기징역을 선고받았으나 반민특위가 와해되자 재심을 청구하여 1950년 봄에 풀려났다. 노덕술은 그 이전에 석방되었을 것으로 보인다. 노덕술과 마찬가지로 다른 친일경찰 출신들도 6 · 25 이전에 무죄, 혹은 병보석으로 풀려났으며 대부분이 복직되었다.

노덕술은 일신의 출세와 영달을 위해서는 — 인간의 생명도 파리목숨처럼 다루듯이 고문하였고 — 물불을 가리지 않고 덤벼드는 인간의 전형이었다. 자신의 출세를 위해서는 시류와 권력이 바뀔 때마다 재빨리 변신하고 권력자에 빌붙어 갖은 방법으로 충성을 맹세하는 그런 인간이었다. 자신의 죄상이 드러나게 될 때 두려움이나 부끄러움으로 은둔하는 것이 아니라 역으로 자신의 출세에 불리한 인물들의 암살을 기도할 정도로(?) 불굴의 공격성을 가지고 있었다. 그러한 그의 추악한 본성이 그를 일제하에서 일본인들조차 꺼려했던 고문 기술자, 경찰 기술자로 만들었으며, 미군정 하에서는 수도경찰청장 장택상의 비호 하에 애국적인 극우 반공 투사로, 이승만 정권 하에서는 공훈이 많은 국립 경찰의 간판 인물로 만들었다. 민주주의와 진정한 치안을 위해 경찰에 투신하였던 최능진과 같은 인물에 가까이 가지는 못할지라도, 일제의 권력이 영원할 줄 알았었다는 최린의 솔직한 고백이나 말단 순사를 지냈을지라도 자신의 과거의 행위를 부끄러워하여 반민특위에 자수하였던 무명 경찰의 회개와 같은 인간으로서의 한 가닥 양심의 흔적조차 그에게서는 찾아볼 수 없다.

<참고 문헌>

*임종국, 「제2의 매국, 반민법 폐기」, 임종국 저(반민족 문제 연구소 편), 『실록 친일파』, 1991.

*조갑제, 『고문과 조작의 기술자들』, 한길사, 1987.

*수도관구 경찰청, 『해방 이후 수도경찰 발달사』, 1947.

*국회 사무처, 『국회 속기록』, 제1회(제헌 국회), 제40호-제60호.

*「반민자 일람표 작성고」, 『서울신문』, 1949년 1월 7일자.

*「고문왕 노덕술의 범죄」, 『서울신문』, 1949년 3월 31일자.

*「비화 한세대, 반민특위」, 『경향신문』, 1977 2월 -8월.

*「중앙청」, 중앙일보, 1982 5월-7월

*민족 정경 문화 연구소, 『친일파 군상』, 삼성문화사, 1948.

*고원섭 편, 『반민자 죄상기』, 백엽문화사, 1949.

*김학민 외 편, 『친일파 죄상기』, 학민사, 1993.

*『민족정기의 심판』, 혁신출판사, 1949.

*『반민자 대공판기』, 한풍출판사, 1949

제5장 미군정청 전남 경찰 위원장 노주봉(盧周鳳 1901-1945)
— 해방 직후 암살된 친일 경찰의 거두

* 1901년 전남 나주 출생 / 광주 농업학교를 졸업한 후 1920년대 중반 경찰관 시험에 합격 / 1927년 전남도 경찰부 보안과 순사부장, 그 후 경부보, 경부로 승진 / 해방 직전 경시로 승진 / 1945년 9월 말 미군정 전남 경찰 위원장(도 경찰부장에 해당) 에 임명 / 1945년 10월 암살됨.

1. 암살된 친일 경찰 간부

1945년 초가을 10월 말(음력 9월 9일, 노주봉의 기일은 9월 10일로 되어 있다.) 반쯤 차 오르는 달이 하늘에 떠있을 때 광주 구시청 앞 부근에서 쾌청한 가을 공기를 가르고 세방의 총성이 요란하게 울려 퍼졌다. 일제 식민지 지배의 최첨병이었던 총독부 경찰로서 전남 지역에서 조선인으로서는 최고의 지위인 경시(警視) 까지 올랐던 노주봉이 암살된 것이다.

어떤 경로로 그렇게 쉽게 미군정에 의해 발탁되었는지는 모르지만 노주봉은 미군이 전남 지역에 진주하여 전남 미군정이 수립될 초기부터 미군정의 정책 실현을 위해 일하고 있었다. 각 지방에 진주한 미군과 그것의 행정 통치 기구로서 성립된 미군정이 부딪혔던 가장 어려운 과제는 그들이 일제 식민지 통치 기구를 아무런 장애 없이 손상되지 않은 채 고스란히 물려받을 수 없었다는데 있었다. 해방 직후 각 지역에서는 일제 식민지 잔재 청산에 대한 조선 민중들의 요구가 폭발적으로 분출되었고 일제하에서 끝까지 민족 해방 운동을 이끌어 왔던 지도자들의 주도하에 불과 해방된지 며칠만에 자생적인 권력 기구들이 형성되었다. 이와 같이 아래로부터 형성된 다양한 민중 권력 기구들을 토대로 하여 중앙에서 민족 통일 전선체인 조선건국준비위원회(이하 '건준'으로 약함)이 조직되었다. 건준은 미군이 진주할 무렵이 되자 조선공산당 세력의 헤게모니 장악과 함께 인민위원회로 개편되어 실질적으로 지방 정치를 주도하고 있었다. 치안 영역에 있어서도 각 지역에서 자생적으로 치안대, 청년대, 학도대 등이 조직되어 일제 경찰서를 접수하여 건준 산하에 통합되어 치안 유지를 위해 활발히 움직이고 있었다.

따라서 미국은 북위 38도선 이남의 조선 지역에서 자신들의 점령 목적을 수행하기 위해서는 빈 공간 속에서 통치 구조를 수립하는 것이 아니라 기존의 자생적인 민중 권력 기구들을 타파해야만 했던 것이다. 미군정을 이를 위해 남한에 진주한 직후 즉시 일제 총독 기구의 온존과 총독 관료들의 유임을 선포하였다고 그것이 친일 세력의 청산을 근본적으로 불가능하게 했다는 것은 널리 알려진 사실이다. 해방 직후의 혁명적 요구 속에서는 일제 식민지 지배의 주구 노릇을 하였던 친일 경찰과 행정 관료들이 쥐구멍을 찾아 거의 대부분 도피하였지만 미군정의 이러한 비호 속에 친일 세력들은 자신들의 직위에 복귀하여 예전보다 더 악랄하게 권력을 휘두르기 시작했다. 해방 직전 조선인이 오를 수 있었던 일제 경찰 최고직인 경시까지 올랐던 노주봉 또한 일제의 항복 선언 직후 도피해 있다가 기존의 치안대를 분쇄하고 미군정 경찰을 새롭게 재조직하라는 미군정의 시급한 요구를 맡고 초기 미군정 경찰 요직에 복귀한 것이다.

2. 도경찰부장으로 발탁된 친일 경찰

노주봉은 암살 당시 미군정에 의해 전남 도경찰부장에 선임되어 자신의 친일 경찰 경험과 인맥을 바탕으로 전남 지역에서 미군정 경찰을 조직하고 있었으며 건준과 인민위원회 산하의 치안대를 파괴하기 위해 맹활약을 하고 있었다. 초기에 미군정은 중앙의 군정청 경무국에서 일사불란하게 각 도경찰부장을 임명할 수 있었던 상황이 아니었다. 미군정은 각 도경찰부가 도지사의 관할 하에 있었던 기존의 총독부 경찰 체계와 각 주 단위로 경찰이 조직되어 있는 지방 자치제 하의 미국의 경찰 체계에 따라 경찰을 조직하려는 시행착오를 범하였기 때문에 각 지방에 진주한 미군 휘하의 각 도군정장관과 지사에 의해 도경찰부장들이 선임되었다. 따라서 최초로 임명된 각도 경찰부장들은 도군정고문단의 추천을 받거나 청년 단체 등의 후원으로 투표에 의해 뽑힌 이들이었으며, 조선 민중의 일제 잔재 청산에 대한 조선 민중들의 요구가 강했기 때문에 노주봉을 제외하고는 경찰 경험이 거의 없는 사람들이 선임되었다. 물론 나중에 지방의 도군정이 중앙의 미군정청 산하로 중앙 집권화되고 각도 군정장관의 지휘하에 조직되었던 지방의 미군정 경찰들이 중앙의 경무국 산하에 일사불란하게 통합되면서 친일 경찰 간부들의 등용이 차차 더욱 노골화되었지만 노주봉의 경우처럼 미군 진주 직후의 혁명적 정세 속에서 발탁된 친일 경찰 간부는 극히 드물었다.

어쨌든 보기 드물게 전남도 미군정 발족 직후부터 발탁되었던 노주봉은 암살 당하던 날에도 전남 도경찰부에서 저녁 늦게 서야 일을 마치고 호위 경관 두 명과 함께 광주시 구시청 앞의 금동 7번지에 있는 자신의 집으로 귀가하던 중 길에서 총격을 당한 것이었다. 미군정은 조선 내부의 혁명 세력을 진압하기 위해 핵심적 강제력으로 군정 경찰의 조직에 맨 먼저 착수했으며 경찰의 양적 규모 또한 일제 시대보다 엄청나게 비대화되었기 때문에 경찰 조직 초기 당시에는 경찰 인원의 충원을 위해 이름 석자만 쓰면 될 정도의 간단한 시험과 사상 검사를 위한 면접만으로도 경찰이 될 수 있도록 해주었고 조선인 도

경찰부장의 재량권에 의해 특채되는 경우도 많았다.

노주봉이 암살되던 날 그가 자신의 집이 가까운 으슥한 골목에 가까이 왔을 때 한 청년이 불쑥 나타나 "이번 경찰관 시험에 떨어진 사람인데 특채라도 해줄 용의가 없느냐"고 정중하게 물으면서 접근하였다. 노주봉은 예기치 않은 상황에 당황하여 "다음 기회에 한번 더 응시해 보라"고 대답했다. 그 사이 골목 귀퉁이에 숨어 있던 두 청년이 나타나 권총을 꺼내 노주봉을 겨냥했으며 이내 총성이 들렸다. 세 청년들의 행동과 계획은 호위병이 손을 쓸 겨를도 없이 민첩한 것이었기 때문에 노주봉은 그 자리에서 이마와 복부에 총을 맞고 쓰러졌으며 호위병 한 명도 어깨에 총을 맞고 그 자리에 쓰러졌다. 세 청년은 어디론가 재빨리 사라졌고 노주봉은 곧 가족들에 의해 자신의 집으로 옮겨졌지만 말 한마디 못한 채 숨을 거두었다. 세 명의 청년들은 김영일(金永一, 노주봉 암살 후 살인범으로 대전 형무소에 수감되어 있던 중 한국 전쟁 때 국군이 후퇴하면서 암살됨), 정판국(鄭判國,국회의원 역임, 작고), 김이현(金利鉉) 등으로 김영일(작고)과 김이현은 해방 직후 광주 지역에서 자생적으로 결성되어 치안을 맡고 있었던 대표적인 청년 단체인 광주청년단(단장 김석(金 晳), 부단장 주봉식(朱奉植))의 행동 대원이었고 정판국은 성격은 광주청년단과 비슷하지만 결성 시기가 달랐던 화랑단의 단원이었다. 노주봉의 암살 배경을 이해하기 위해서는 해방 직후의 치안 상황에 대해 살펴볼 필요가 있겠다.

화랑단은 일제의 항복 선언이 발표된 8월 15일 저녁 광주서중 강당에서 졸업생 1백여 명이 모여 광주 학생의 전통을 이어받아 신정부 수립에 협력하고 치안 유지에 기여하자는 취지로 결성되었다. 화랑단은 처음에는 단원인 정영범의 집을 본부로 삼았으나 나중에는 광주서중 교사로 옮겨 활발히 활동하였다. 또 8월 18일 오전 10시에는 광주극장에서 광주청년단 결성식이 열렸고 회장에 김석, 부단장에 주봉식이 선출되었다. 이들 청년단은 전남 지역에서 건준이 조직되자 건준 치안부장인 이덕우와 협의하여 건준 치안대의 활동을 맞기로 하였다. 이렇게 하여 건준 치안대장은 광주청년단 단장인 김석이 겸임하였고 부대장, 특무대장(나중에 노주봉 암살을 맡은 김이현)이 선출되었다. 치안대 본부는 당시 광주시 대인동 창평상회에 있었던 건준 사무실에 있었으며 광주청년단 사무실은 도청 앞 무덕전(현재의 상무관) 에 있었다.

이들 청년단은 광주 지역의 각 경찰서를 접수하여 치안 유지를 위해 건준 산하에서 활발히 활동하고 있었고 미군이 광주에 진주했을 때 치안대의 이름으로 그들을 맞이했다. 미군정의 기록에는 이들 청년들이 흰 셔츠를 입고 자신들을 맞이했다고 하여 '화이트 셔츠(White Shirts) 단'이라고 적혀있다(미군정 정보보고서 참조). 그런데 이들이 활동에 의해 친일 경찰이 처벌된 경우는 노주봉 이전에도 벌써 두번이나 있었다.

광주 지역에서 가장 먼저 조직된 화랑단은 가장 시급한 활동은 친일 경찰에 대한 민족 심판이라고 생각하고 1942년 2차 광주 학생 사건 때 서중 5학년생이었던 기한도를 경양 방죽에서 물 고문으로 익사시킨 정모 형사 등 10여 명의 친일 경찰들에 대해 재판을 열고 태형을 가했다.

또 45년 9월 초순경에는 해방 정국에서 적산 관리와 치안 확보에 주력하고 있었던 광주청년단이 광주서중학교에서 해방 기념 축하 운동회를 개최했는데 운동회가 끝날 무렵 교문을 나서던 학생들과 시민들이 일제 때의 고등계 경찰인 강홍섭(姜洪燮) 을 발견하고 집단 구타해 현장에서 즉사시키기도 했다.

그러나 미군은 진주 즉시 일체의 자생적 민중 권력 기구들을 불법화하여 해산 명령을 내렸으며, 따라서 광주에서도 자치적으로 치안 활동을 벌이고 있었던 광주치안대와 청년 단체들이 불법화되었다. 해방 직후에는 친일 경찰들이 발각되기만 하면 린치를 당하는 것이 비일비재하였지만 미군정청의 이러한 정책이 발표되자 친일 세력들은 각지에서 재준동하였고 일제의 식민지 지배에 충성하였듯이 미군정에 충성하면서 자신들의 살길을 찾았을 뿐만 아니라 과거의 권력을 되찾고자 안간힘을 썼다. 그러나 미군정이 친일 세력들을 기용하여 자치적인 권력 기구들을 해체시키고 민족 운동을 억압하려한다고 할지라도 그러한 자생적인 권력 기구들이 일거에 와해될 리는 만무했으며 미군의 무장력과 친일 세력에 의한 지배와 저항이라는 과정이 한동안 계속되었다. 노주봉에 대한 암살 사건 또한 이러한 역사적인 맥락에서 발생했던 것이다.

9월 25일 10시에는 전남 도경찰부 회의실에서는 미군정에 의해 발탁된 친일 경찰들이 모여 치안대와 청년단의 활동을 저지하고 미군정 경찰의 권력을 확립하자는 결의문을 채택하였으며 전남 경찰위원장에 일제 때 전남에서 가장 높은 경사직을 맡았던 노주봉을 전남 경찰위원장(미군정이 경찰 위원 제도 도입에 따른 도 경찰부장의 명칭)에 추대했다. 또 이들은 치안대와 청년 단체들이 치안 유지라는 이름 하에 일본인에게 행패를 가하고 일본인의 재산을 점탈하고 있으며 경찰에 린치를 가하고 있다고 미군정청에 보고하고 치안대와 청년 단체의 해산을 강력히 주장했다.

해방 후 친일파 처단을 주장하며 치안 확보에 전념하고 있었던 광주치안대는 친일 경찰들의 이러한 작태와 미군정의 정책에 분개하였으며 친일 경찰들로 구성된 도경찰과 싸울 것을 다짐하였다. 노주봉이 암살되던 날 당시 친일 경찰과 미군정 도경찰의 조직의 움직임에 대한 정찰을 맡고 있었던 치안대 특무대원 정판국은 광주청년단 본부에 들러 이제는 도경찰이 된 친일 경찰들의 그러한 움직임을 보고하였고 특히 노주봉의 지휘하에 건준치안대, 화랑단, 청년단의 해산 계획이 주도면밀하게 짜여져 있다는 것을 보고하였다. 이 보고를 듣고 광주청년단의 부단장인 주봉식은 미군정이 자치적인 치안대를 불법화하는 것은 참을 수 없는 치욕이라고 분노하였으며, 청년단 본부 건너편에 위치한 도경찰부 청사에 친일 경찰들이 모여 밤늦게까지 치안대와 청년단을 분쇄하기 위해 분주하게 움직이는 모습을 보며 과거의 자신들의 죄상에 대한 반성은 커녕 악질적인 책동을 꾸미고 있는 것을 보고 울분을 터트렸다.[28] 노주봉의 암살은 이에 대해 어떻게 대응할 것인가를 논의하던 맥락에서 발생한 사건이었다.

미군정은 노주봉의 사망 직후 미군정청 포고령 2호 위반 혐의로 광주청년단 단장인 김석과 부단장 주봉식을 체포하였고 암살을 맡았던 김영일과 정판국을 살인 혐의로 구속 수감시켰다. 김이현은 도피 생활을 하던 중 1948년 6월 서울에서 체포되었으나 정부 수립 직후인 같은 해 9월 2일 대동청년단, 민

---

28) 『전남일보사』, 『광복 30년 1』, 1975, pp. 48-49 참조.

족청년단 등 8개 단체의 진정으로 징역 3년에 집행유예 5년의 선고를 받고 정판국과 함께 석방되었다. 광주청년단 부단장인 주봉식은 1947년 7월 8일 미군정 재판에서 징역 2년, 집행유예 5년을 언도받았다.

3. 악명 높은 친일 경찰

그러면 과연 해방 직후 청년단과 치안대의 계획적인 처단의 표적이될 수밖에 없었던 노주봉의 친일 죄상들이란 어떤 것들인가? 식민지 시대 후반기에 전남 지역의 조선인 민중들과 독립 운동가들에게 '노경부'로 알려진 노주봉의 본명은 노주현(盧周鉉)으로 일반 사람들에게 알려진 주봉(周鳳)이란 이름은 그의 자(字)이다. 조선 총독부 전라남도 직원록 또한 노주봉으로 기록되어 있다. 그의 집안 문중에서는 덕망 있는 인물로 존경받았던 노주봉은 자신의 문중에 대한 관심과 지원이 각별하여 일제 시대에 금지되어 있었던 풍천 노씨 문중의 족보 편찬 사업을 하여 문중 사람들의 촉망을 받기도 하였고 자신이 축적한 부를 호남 지역의 남종화 학숙의 탁월한 동양화가들을 오랫동안 후원하기도 할 정도로 유림 풍류객의 면모도 보였다. 노주봉은 1901년 그의 10대조가 이주해온 전남 나주에서 아버지 노재승(盧在昇)의 삼남으로 출생하였다. 그 후 광주농업학교를 졸업한 후 1920년대 중반 무렵을 전후하여 경찰관 시험에 합격하여 경찰에 발을 들여놓았고 『총독부 직원록』에 의하면 1927년 당시에는 전남 도 경찰부 보안과의 순사부장으로 승진하였는데 그 당시 보안과장을 지냈던 구자경(具滋璟)을 제외하고는 보안과에 근무하는 유일한 조선인이었다.[29]

그러나 그가 일제에 의해 능력을 인정받은 것은 광주 학생 운동 관련자들을 수사 고문하면서부터였다. 광주 학생 운동을 담당한 이후에도 계속하여 전남 지역에서 독립 운동가들의 색출과 수사에 악명을 날렸고 사상 관계 사건을 전담하면서 경부보(이기홍 옹의 증언에 의하면 노주봉은 경부보가 되면서 고등계

---

29) 조선총독부, 『전라남도 직원록』, 1927.

로 배치되었다고 함) 와 경부로 승진하였고 해방 직전에는 경시 (警視, 해방 직전 조선 전체를 통틀어 조선인으로서 경시를 지낸 자는 21 명뿐임) 까지 승진하였다.

그러나 노주봉은 반민특위 활동이 있기 전에 암살되었기 때문에 그가 계속하여 보안과에 소속되어 활동하였는지 고등 경찰과로 옮겨 활동하였는지, 또 고등경찰과로 옮겼다면 그 시기가 언제인지에 관한 분명한 조사 기록이 없기 때문에 그의 직위와 담당 부서 이동을 정확히 확인할 수가 없다 (증언자 김이현 옹은 해방 직전 노주봉이 특고과 과장을 지냈던 것으로 기억하고 있음). 또한 그의 친일 죄상 또한 일제하 전남 지역에서 학생 운동을 하였거나 독립 운동을 하였던 인물 등 중 생존해 있는 사람들의 증언을 토대로 살펴볼 수밖에 없으므로 실제의 그의 친일 행적보다 축소될 여지가 크다고 하겠다.